全面预算管理案例全解：

预算编制、案例指引、流程控制

屠建清◎编著

人 民 邮 电 出 版 社

北京

图书在版编目（CIP）数据

全面预算管理案例全解：预算编制、案例指引、流程控制 / 屠建清编著. -- 北京：人民邮电出版社，2022.6
ISBN 978-7-115-58971-2

Ⅰ. ①全… Ⅱ. ①屠… Ⅲ. ①企业管理－预算管理－研究 Ⅳ. ①F275

中国版本图书馆CIP数据核字(2022)第052429号

内 容 提 要

全面预算管理是根据企业经营计划，对企业各部门的资源进行分配、调节和控制，以便有效地组织和协调日常生产经营活动，实现经营目标的过程。本书从企业全面预算管理概述入手，教会读者预算编制流程和方法，掌握投资、咨询公司经营预算、财务预算的编制，投、融（筹）资预算的编制，制造业企业财务预算的编制，房地产企业全面预算管理和建筑施工企业经营预算等。

本书从预算编制，到预算执行、预算控制、预算考评、预算分析与调整、预算激励等，结合大量成功案例，层层深入地介绍了经营计划与全面预算的实施步骤、实施方法、使用技巧和注意事项，并且提供了大量行之有效的表格和管理制度实战范本，帮助企业提升战略管理能力和资源使用效率，提升核心竞争力。本书既可以作为管理者转变思维、提升战略规划能力的指导手册，又可以作为全面预算管理落地的实操手册。

◆ 编　　著　屠建清
　　责任编辑　李士振
　　责任印制　周昇亮

◆ 人民邮电出版社出版发行　　北京市丰台区成寿寺路 11 号
　　邮编　100164　　电子邮件　315@ptpress.com.cn
　　网址　https://www.ptpress.com.cn
　　北京天宇星印刷厂印刷

◆ 开本：700×1000　1/16
　　印张：23　　　　　　　　　　2022 年 6 月第 1 版
　　字数：458 千字　　　　　　　2025 年 3 月北京第 13 次印刷

定价：99.00 元

读者服务热线：**(010)81055296**　印装质量热线：**(010)81055316**
反盗版热线：**(010)81055315**

　　"凡事预则立，不预则废。"这是古人对预算重要性最好的描述，强调凡事要预先想好怎么做，事前都要有一个计划、谋略的过程，要对可能出现的各种情况及不同的结果状态有充分的预计，进而做出不同计划和执行各种计划的决策，从而降低风险以获取最大的收益。

编写本书的理由

　　企业预算管理是在企业战略目标的指引下，通过预算编制、执行、控制、考评、分析与调整、激励等一系列活动，全面提高企业管理水平和经营效率，实现企业价值最大化的一种管理方法。企业全面预算管理是一项重要的管理工具，能够帮助管理者进行计划、协调、控制和业绩评价。

　　在当今企业管理实践中，各种经济关系日趋复杂，企业管理者只有广泛采用现代管理理念，充分认识全面预算管理的重要意义，既懂得如何科学地编制全面预算，又善于运用全面预算管理，才能使企业不断提高经济效益。

　　本书是本人在多年从事企业全面预算实践的基础上，吸收了几十家有代表性的企业全面预算成功经验，经进一步开发精心编写而成的。

　　全面预算具有"三全"（全员参与、全方位管理、全程控制）和"三上、三下"的特点，因而，在预算年度之前，必须有足够的时间和充分的精力从事这项工作。这就决定了每年的第四季度是企业编制下一年度全面预算的关键时段。

本书的优点

　　优点 1：紧跟时代。本书紧密结合时代背景，关注大数据下的财务分析与预算管理。大数据下不仅要关注实际数据量的多少，还要关注数据处理方法，让数据产生巨大的创新价值。

　　优点 2：注重实操。本书以企业实际案例开展财务预算问题研讨，同时辅以操作性强的工具和表单，能够帮助管理者有效改善工作效益。同时，本书提供详尽的预算流程、实战技法、案例解析，旨在为财务预算工作提供全面、准确的实务操作指南。

　　阅读本书，你会获得以下能力：

（1）掌握企业全面预算基本理论，并用理论指导全面预算工作；

（2）掌握全面预算的几种管理模式；

（3）掌握全面预算编制方法；

（4）掌握如何设计合理的预算管理体系，包括组织、制度、流程；

（5）掌握经营预算编制、投融（筹）资预算编制和财务预算编制的实操技能；

（6）掌握预算控制、预算分析、预算调整和预算考核有效方法；

（7）透析企业全面预算案例；

（8）具备编制与管理企业全面预算的业务能力。

本书面向的读者

本书并非财务会计专业书籍，而是一本面向企业管理者的经营管理方法论，适合阅读的群体是企业管理者和相关专业研究人员。

在本书编写过程中，我们参考了相关资料以及相关专家的观点，在此谨向这些文献的作者致以诚挚的谢意。由于编者水平有限，书中难免存在疏漏之处，恳请大家批评指正。

屠建清

目录
CONTENTS

第 3 章　企业经营预算的编制

第 4 章　财务预算的编制

第 1 章
企业全面预算管理概述

全面预算管理，简单地说是指通过事先确定的一系列财务指标为主的目标，实现对过程的控制，并以预算目标为依据对结果进行评价。它是一种具有会计数据管理特性的组织内部控制机制。

全面预算管理基础是业务流、信息流、人力资源流与资金流整合于一体并进行优化配置的管理系统。

1.1　企业全面预算管理内容及特征

1.1.1　全面预算管理的框架

预算属于计划的范畴，它是一种以量化形式表现的计划，用于规划、安排预算期内有关资源的获得、配置和使用。

（1）形式上：以数量或货币为计量单位，涵盖企业经营活动、投资活动和财务活动的一张张具体而详尽的计划表。

（2）内容上：是企业对预算期内所有经济活动，包括供、产、销各个环节，人、财、物各个方面所作的统筹安排。

（3）本质上：是企业为实现战略规划和经营目标，对预算期内经营活动、投资活动、财务活动进行管理控制的方法和工具。

全面预算包括经营预算、投资预算、财务预算，全面预算管理的框架如图1-1所示。

战略规划 经营目标

投资预算

固定资产投资预算

权益性投资预算

债券投资预算

其他投资预算

项目筹资预算

经营预算

供应预算
产品存货预算
材料存货预算
材料采购预算
应付账款预算

生产预算
产品产量预算
直接材料预算
直接人工预算
制造费用预算
产品成本预算
在产品存货预算

销售预算
发货数量预算
销售收入预算
应收账款预算
销售成本预算

期间费用预算
销售费用预算
管理费用预算
财务费用预算

其他经营预算
固定资产变动预算
计提折旧预算
应交税费预算
职工薪酬预算

财务预算

利润状况预算
营业外收支预算
利润预算
利润分配预算

现金预算
现金收支预算
现金流量预算
筹资预算

财务状况预算
所有者权益预算
资产负债预算

图 1-1　全面预算管理的框架

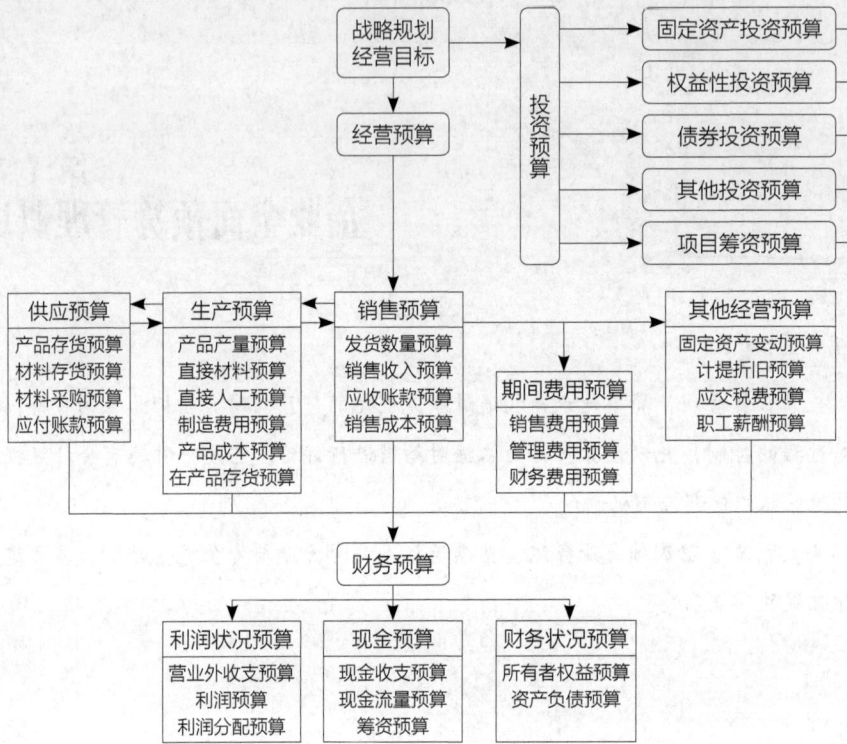

对全面预算管理的理解要具有全局性：经营预算、财务预算、投资预算具有相关性，经营预算与业务活动相辅相成，财务预算以经营预算为基础，投资预算是在前两者基础上的企业筹资和投资的战略布局。

1.1.2　全面预算管理的概念和内容

全面预算管理涉及企业经济活动的方方面面，是一项全员参与、全方位管理、全过程控制的综合性、系统性管理活动。

"全员参与"是指企业内部各部门、各单位、各岗位都参与到全面预算管理中。

"全方位管理"是指全面预算管理涉及企业的一切经济活动，包括人、财、物各个方面，供、产、销各个环节。

"全过程控制"是指全面预算管理涉及企业各项经济活动的事前、事中和事后控制。

全面预算是年度业财融合的起点，包括年度工作计划和财务预算两大部分。

第一，年度工作计划。年度工作计划可以理解为具体的阶段性战略规划分解，是企业各部门的年度工作规划，各部门的年度工作规划汇集成为企业的年度工作计划。

第二，财务预算。财务如同数据翻译官，在保留业务数据的同时，将各部门的年度工作规划及其汇集而成的企业年度工作计划翻译成通用的数据语言，同时校验整体目标是否符合企业管理层的期望。

全面预算反映业务的各个方面，销售预算是各种预算的编制起点，它是生产费用预算、期间费用预算、现金预算和资本预算的编制基础；现金预算是销售预算、生产费用预算、期间费用预算和资本预算中有关现金收支的汇总；预计损益表要根据销售预算、生产费用预算、期间费用预算、现金预算编制。

预计资产负债表要根据期初资产负债表和销售、生产费用、资本等预算编制，预计财务状况表则主要根据预计资产负债表和预计损益表编制。

全面预算管理的基本环节和内容如图 1-2 所示。

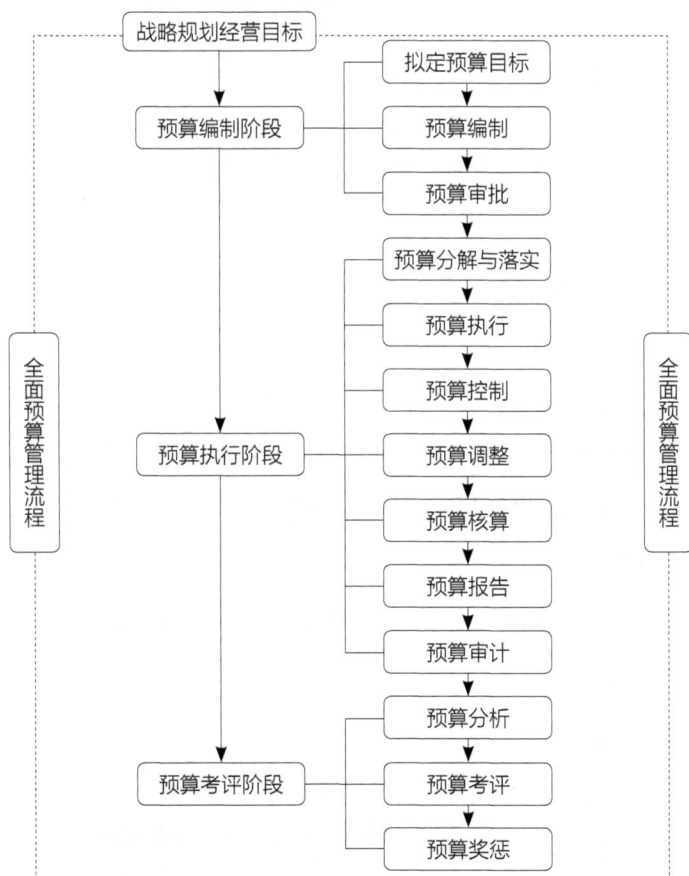

图 1-2 全面预算管理的基本环节和内容

流程中几个关键环节如下。

（1）拟定预算目标

在安排各预算部门编制预算草案之前，首先需要企业管理层根据战略规划和年度经营目标拟定企业及各预算部门的预算目标，作为编制全面预算的主线和方向。

（2）预算编制

预算编制需要自上而下、自下而上、上下结合，并结合预算目标和预算编制大纲，考虑预算期市场环境、资源状况、自身条件等因素。

（3）预算审批

预算审批的流程：各预算部门上报预算草案—预算管理部门审查—返回给预算部门调整意见—预算部门提交最终预算—预算管理部门汇总编制企业全面预算草案—总经理签批—董事会、股东会审议批准。

（4）预算分解与落实

预算分解与落实：全面预算审批下达—企业管理层签订预算责任书—预算指标（横向和纵向）落实到各预算执行部门。

（5）预算执行

预算执行，主要是指业务活动中费用的发生。

（6）预算控制

预算控制包括以下两方面：

第一，预算编制，即为预算期各项经济活动制定目标和依据；

第二，预算控制，即确保预算执行不偏离预算方向和目标。

（7）预算调整

预算调整，即在预算执行过程中，对现行预算进行修改和完善。其包括调整程序（流程通过后触发预算额变动）、调整记录。

（8）预算核算

完善的预算核算体系是各部门责任预算口径相一致的"责任会计制度"。

核算内容包括原始凭证的填制、账簿的记录、费用的归集和分配、内部产品及劳务的转移结算、收入的确认、最终经营业绩的确定、决算报表的编制。

（9）预算报告

预算报告包括日常预算执行情况报告和全年预算执行结果的决算报告。

（10）预算分析

预算分析包括事前、事中、事后分析。通过预算分析能够确定预算执行结果与预算标准之间的差异。

预算分析的问题定位在于找到差异产生的原因，并由此追溯责任归属。

1.1.3　全面预算管理的特征与功能

企业发展过程中，不仅要满足客户的多样化需求，还要面对来自同行的各种冲击，想要在如此激烈的市场角逐中占得一席之地，做好内部管理是重中之重。

如今，越来越多的企业开始将重心由市场向内部管理倾斜。企业内部管理的中心点是内部控制，而内部控制的核心就是企业的全面预算管理。

全面预算管理具有以下 5 个特征。

（1）以经济效益为出发点

全面预算管理以提高企业整体经济效益为根本出发点。全面预算管理将企业管理的职能化整合为企业管理的整体化，讲究联合管理、联合行动，大大提高了管理效率，从而增进了企业经济效益。

所有有关预算目标的优化，长远来看都是为了提升企业核心竞争力，从而提高企业整体经济效益，所以企业所有的生产经营活动也都应该围绕着增加经济效益这一主题开展。

（2）以价值形式为主的定量描述

全面预算是以价值形式为主的定量描述。定量描述性分析是对企业全面预算进行定量的分析与描述的一种感官评价方法。作为一种描述性分析方法，定量描述分析不仅对企业全面预算进行定性分析，还将定性分析与定量分析结合。

（3）以市场为导向

在全面预算管理过程中，要以市场销售为预算编制的前提；为确保预算的合理性，在预算编制的过程中，也要考虑市场的不稳定性。一般以市场为导向进行预算目标管理的企业，预算承担的风险可能比不以市场为导向进行预算目标管理的企业低。市场导向不仅是企业预算管理的方向，而且也是预算目标制定的方向。

在企业全面预算的编制、监督、控制与考核中必须始终牢牢树立以市场为导向的管理意识，注意把握市场的特点和变动，揣摩市场规律，并在实际工作中较好地运用规律为企业创造效益。

（4）以全员参与为保障

只有企业全体人员重视并积极参与预算编制工作，企业制定的预算才易于被员工接受，才能减少企业管理层和一般员工之间的信息不对称造成的负面影响，才能为顺利实现企业全面预算管理目标提供保障。

（5）以财务管理为中心

在全面预算管理过程中，全面预算管理是主要围绕企业财务管理部门展开的，而财务管理部门作为企业管理部门"心脏"一般的存在，从预算的编制到预算的执行、控制等一系列环节，还有众多信息的搜索过程、传递过程等都与财务管理息息相关。

全面预算管理基础是业务流、信息流、人力资源流与资金流整合于一体并进行优化配置的管理系统。全面预算管理的环节如图 1-3 所示。

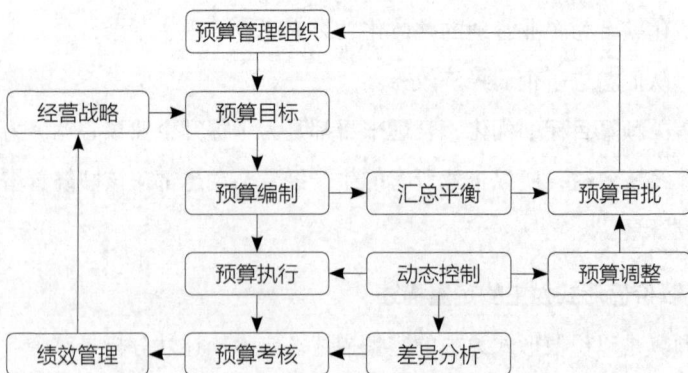

图 1-3　全面预算管理的环节

预算的编制、执行、控制和考评等一系列环节，以及众多信息的搜集、传递工作都离不开财务管理工作，财务管理部门是全面预算管理的中坚力量，具有不可替代的重要作用。

总之，预算是一种系统的方法，用来分配企业的财务、实物及人力等资源，以实现企业既定的战略目标。企业可以通过预算来监控战略目标的实施进度，这样有助于控制开支，并预测企业的现金流量与利润。企业全面预算管理流程如图 1-4 所示。

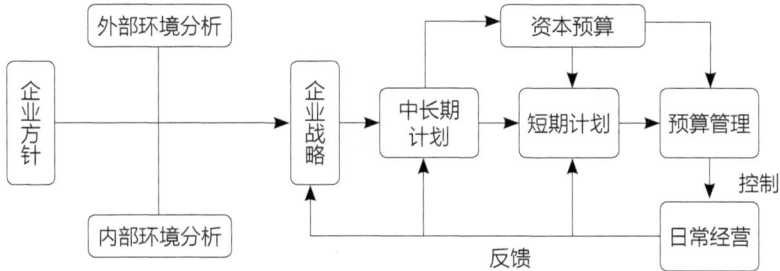

图 1-4　企业全面预算管理流程

全面预算与企业各方面内容息息相关，主要表现在以下 4 个方面。

（1）上衔战略：全面预算是战略实施的年度步骤。

（2）下接绩效：全面预算执行结果通过绩效管理彰显，并指导下一年度全面预算。

（3）左勾核算：全面预算的每一步，需要核算确认成果。

（4）右搭分析：分析是对核算的升华，是对预算下一步的指导。

全面预算管理的意义主要表现在以下 5 个层面。

第一，战略支持。全面预算管理通过规划未来的发展指导当前的实践，因而具有战略性。战略支持功能在动态预算上得到充分的体现，通过滚动预算和弹性预算形式，将未来置于现实之中。

第二，管理协调。对于企业尤其是大企业，管理跨度加大，需要通过一个机制来强化管理的协调。全面预算管理通过制度运行代替管理，是一种制度管理而不是人的管理。

第三，自我控制。全面预算管理是一种控制机制，预算作为一根"标杆"，使所有预算执行主体都知道自己的目标是什么、应该如何去完成预算，预算完成与否如何与自身利益挂钩等，从而起到一种自我约束和自我激励的作用。

第四，资源配置。全面预算管理能将企业资源加以整合与优化，通过内部化来节约交易成本，达到资源利用效率最大化。

第五，管理升级。全面预算管理的推行，能使高层管理者的职能逐渐集中于对资源的长远规划与对下级的绩效考核上，使企业内部的层级制从"形式"转变为"实质"。

实施全面预算管理，可以明确并量化企业的经营目标、规范企业的管理控制、落实各责任中心的责任、明确各级责权、明确考核依据，为企业的成功提供保证。可以说全面预算管理的过程，就是战略目标分解、实施、控制和实现的过程。

总之，全面预算管理是企业内部管理控制的一种主要方法，是对企业业务预算、专项预算以及财务预算的管理。全面预算管理以实现企业的目标利润为目的，以销售预测为起点，进而对生产、成本及现金收支等进行预测，并编制预计损益表、预计现金流量表和预计资产负债表，反映企业在未来期间的财务状况和经营成果。

全面预算管理的特点是对未来精确规划，以提高企业整体经济效益为根本出发点，是以价值形式为主的定量描述，以市场为导向，以企业全员参与为保障以及以财务管理为中心。

1.2 全面预算管理组织体系与经营预算应考虑的因素

全面预算管理组织体系是由全面预算管理的决策机构、工作机构和执行机构三个层面组成的，是承担着预算编制、审批、执行、控制、调整、监督、核算、分析、考评及奖惩等一系列预算管理活动的主体。它是全面预算管理有序开展的基础环境。全面预算管理的组织体系对企业全面预算管理的正常运行起着关键性的主导作用。

1.2.1　全面预算管理组织体系应考虑的因素

（1）预算管理组织体系

全面预算管理组织体系由预算管理决策机构、预算管理工作机构和预算管理执行机构三个层次构成。

预算管理决策机构是指组织领导企业全面预算管理的最高权力组织；预算管理工作机构是指负责预算的编制、审查、协调、控制、调整、核算、分析、反馈、考评与奖惩的组织机构；预算管理执行机构是指负责预算执行的各个责任预算执行主体。

预算管理决策机构和工作机构不仅承担相应的预算管理责任，而且其中的某些成员在预算管理执行机构中担任负责人的职务。因此，企业的大多数职能管理部门都具有预算管理工作机构和预算管理执行机构的双重身份。所以，预算管理决策机构、工作机构和执行机构并非绝对相互分离的三个层次。

（2）全面预算管理组织体系设置原则

各企业的经营规模、组织结构、行业特点、内外环境等因素各不相同，在全面预算管理组织体系的具体设置上可采取不同方式，并遵循以下基本原则。

①科学、规范原则。

科学、规范是指设置的全面预算管理组织体系既要符合全面预算管理的内在规律，又要符合《中华人民共和国公司法》（以下简称《公司法》）、本企业的《公司章程》中有关公司法人治理结构的有关规定。例如，《公司法》明确规定：预算的制定责任由公司董事会承担，预算的审定权力由公司股东会享有。这些条款都是各企业在设置全面预算管理组织体系、划分有关机构责任与权力时必须遵循的。

②高效、有力原则。

高效、有力是指全面预算管理机制的运行要反应敏捷、作用有力、执行坚决、反馈及时，这是现代经济社会对组织管理的基本要求。设置全面预算管理组织体系的目的在于充分、有效地实施预算管理职能，确保全面预算管理活动的顺利运行。显然，只有高效、有力的组织机构才能保证此目的的实现。

③繁简适度、经济适用原则。

全面预算管理组织体系的建立一定要结合本企业的实际，既不能摆花架子，又不能过于简单。繁简适度的组织体系是全面预算管理机制高效运行的基础。庞大、臃肿的预算管理机构，不仅会增加预算管理的成本，而且会降低管理效率、造成管理混乱，甚至危及全面预算管理的运行。提高经济效益是全面预算管理的根本目的，如果因为开展全面预算管理而使费用上升、效益下滑，那将得不偿失。相反，过于简单的预算管理机构，又难以担当全面预算管理的重任，易顾此失彼、疲于应付，最终导致全面预算管理的失败。因此，繁简适度、经济适用地设置全面预算管理组织体系，并配备数量适中的工作人员，对每一个实施全面预算管理的企业而言，都是非常重要的。

④全面、系统原则。

全面预算管理是以预算为标准，对企业经营活动、投资活动、财务活动进行控制、调整和考评的一系列管理活动。它既涉及企业人、财、物各个方面，又涉及企业供、产、销各个环节，是一个全员参与、全过程控制的系统工程。因此，企业应本着全面、系统的原则，从以下两个方面建立健全全面预算管理组织体系。

一是明确企业全面预算管理决策机构、工作机构和执行机构的设置及组成人员，落实各机构在预算管理中的责任和权力。

二是全面预算管理组织体系的建设要与企业组织机构相适应。在由多级法人组成的集团公司、母子公司，应相应建立多级预算管理决策机构、工作机构和执行机构，避免出现全面预算管理活动相互脱节，甚至管理空白的现象。

⑤权责明确、权责相当原则。

全面预算管理是以人为本的管理活动，全面预算管理的各个组织机构必须有明确、清晰的管理权限和责任。只有做到权责明确、权责相当，才能在实施全面预算管理中减少或杜绝"扯皮"现象。

权责明确是指应根据全面预算管理组织体系所从事的具体活动，明确规定其应承担的经济责任，同时赋予其履行职责所必须的权力。

权责相当是指有多大权力，就应该承担多大的责任；反之，承担多大的责任，就应该拥有多大的权力。有责无权、责大权小，责任无法落实；有权无责、权大责小，就会造成权力滥用。只有权责匹配，将责、权、利有机结合起来，预算管理活动才能充满生机和活力。

（3）全面预算管理组织的职责

全面预算管理组织包括：企业预算管理委员会、预算管理办公室、预算执行机构。具体职责如下。

①企业预算管理委员会的主要职责。

该机构职责包括：拟订企业全面预算编制与管理的原则、目标和制度；组织有关部门或聘请专家对预算中重大项目的确定进行评估；审议企业全面预算方案和全面预算调整方案；协调解决企业全面预算编制和执行中的重大问题；根据全面预算执行结果提出考核和奖惩意见。

②预算管理办公室的主要职责。

该机构由各部门主管和相关岗位工作人员兼职组成，在企业预算管理委员会领导下开展以下工作：对各部门的预算草案进行必要的初步审查、协调和综合平衡；组织企业全面预算的编制、审核、汇总及报送工作；根据各部门的管理职能下达预算，监督全面预算的执行情况；根据预算管理委员会的要求，制定全面预算调整方案；协调和解决企业全面预算编制与执行中的有关问题；分析和考核企业内部各业务机构预算完成情况。

③预算执行机构的主要职责。

预算执行机构的主要职责包括：负责本单位（部门）的全面预算编制和上报工作；配合预算管理机构做好预算的综合平衡、执行、监控等工作；负责将本单位（部门）全面预算指标层层分解，落实到各环节、各岗位；按照授权审批程序严格执行各项预算，及时分析预算执行差异原因，解决全面预算执行中存在的问题。

1.2.2　经营预算应考虑的因素

经营预算是规划和控制预算期间日常生产经营活动的预算。经营预算的内容可分为两部分：一部分是直接反映生产经营活动的预算，包括销售预算、生产预算、供应预算、期间费用预算和其他经营预算；另一部分是反映企业生产经营活动的财务状况、经营成果和现金流量的预算，包括预计利润表、预计资产负债表、现金预算等。

经营预算应考虑的因素如下。

（1）设计关键预算驱动因素。要找到影响企业经营的关键因素，把这些因素落实到相关单位，如制造业的销售数量、销售价格、材料单价、单位定额、单位成本等。

（2）多维度预算，如销售预算要综合分析产品、时间、部门等因素，如图1-5所示。

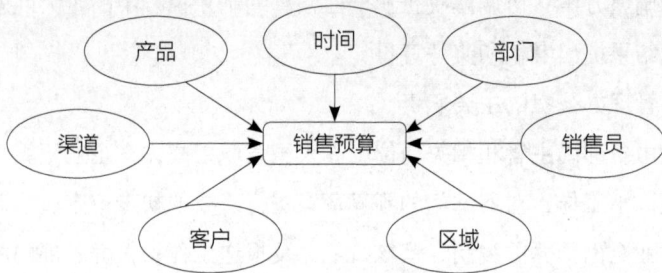

图1-5　销售预算考虑的因素

销售预算是指执行各种市场营销战略、政策所需的最适量的预算以及在各个市场营销环节、各种市场营销手段之间的预算分配。

（3）建立由业务预算、资本预算驱动财务预算的完整模型。

（4）坚持责、权、利清晰的原则。

（5）考虑会计核算的基础。

（6）对费用预算进行分类管理。

经营预算中最基本和最关键的是销售预算，它是销售预测正式的、详细的说明。由于销售预测是计划的基础，加之企业主要是靠销售产品和提供劳务所获得的收入维持经营费用的支出和获利的，因而销售预算也就成为预算控制的基础。

生产预算是根据销售预算中的预计销售量，按产品品种、数量分别编制的。生产预算编好后，还应根据分季度的预计销售量，经过对生产能力的平衡排出分季度的生产进度日程表，或称为生产计划大纲；在生产预算和生产进度日程表的基础上，可以编制直接材料预算、直接人工预算和制造费用预算。这三项预算构成对企业生产成本的统计。

销售及管理费用预算，包括制造业务范围以外预计发生的各种费用，例如销售费用、广告费、运输费等。实行标准成本控制的企业，还需要编制单位生产成本预算。

1.2.3 公司经营战略与销售预算

销售预算通常是一个公司最早要确定的预算项目，是公司运营的重要控制工具。一般来说，对主要依靠某种产品或者服务取得收入的公司而言，通过它可以看出公司该年度的预期盈利。营销预算中每一个项目全部用财务指标来表达，通常一年编制一次，同时要做好后两年的滚动预算。后两年的滚动预算一般并不需要很详细，只需对收入和支出有粗略的趋势性预测。

销售预算一旦获准执行，它意味着销售主管对该预算承担直接责任，也意味着对管理层的承诺，并且一般情况下不会改变，除非更高级别的管理层因为某种特殊的原因需要修改、重新审批，或者在制定该预算时面临的环境已经有了巨大的变化，现有的预算不再适用。

销售预算是公司经营战略的细化，它直接表现出为经营战略服务的特征，因此是执行经营战略的重要环节。比如公司的经营战略决定公司将继续在某个产品领域扩大影响，追求更大的市场份额，那么，该年度以及以后的若干年度销售预算就应该体现这一特征，销售收入要增加，同时用于进一步扩大市场份额所需要的资源也应该增加。

销售预算是协调各个部门工作的重要工具。销售预算的各项重要指标与企业的生产、供应、财务、研发等息息相关。销售预算中的产品销售数量预算要求生产部门要配备匹配的资源，供应部门要提供生产部门完成生产任务所需的各种包装、原辅材料甚至机械设备，财务部门要确保公司的现金流不会出现缺口，等等。相关部门一旦发现与销售预算存在不协调之处，都必须讨论解决。

销售预算也是企业评价销售部门工作绩效的标准和依据。销售部门同时会把总体的销售预算再细化，分派到更下一级的预算单位，因此销售预算也是销售部门内部工作的绩效评价标准。一般来说，至少每月评估一次，主要观察预算指标与实际执行的对比情况，如果存在差异，要对差异进行分析，并找到解决的方案。所以，销售预算同时也是一种控制工具。

销售预算通常有销售收入预算、销售成本预算、销售费用预算三个部分，而公司的经营预算除了这三个部分以外，还有行政管理费用预算、研究开发费用预算、税务预算等。完整的经营预算，还应该有资本预算、预计资产负债表、预计现金流量表等。

销售收入预算是最为关键的，也是最不确定的。不同的行业、不同的企业的这种不确定性程度不同。比如波音公司的飞机制造合同交货时间早已经排到三年以后，那么这样的业务销售收入就比较确定；有的公司的业务与国家政策或国际经济环境有关，其不确定性往往较大；还有的企业，比如经营消费品的企业，其收入受消费者可支配收入、竞争形势等因素的影响，不确定性很大。但是无论如何，必须尽可能对收入进行准确的预算，所以在进行预算时需要先确定一些基本的原则和条件假设。

销售成本预算似乎可以由标准的材料和人工成本结合产品销售数量计算得来，但是对生产部门而言，要复杂很多。销售预算必须列清每种规格产品的销售数量预算，这样生产经理才可以做出销售成本预算。一般来讲，生产经理做出的销售成本预算与销售预算计算出来的销售成本会有所不同，这主要是由产品的库存状况造成的；同时，在生产经理的概念里面，组合成产品的各种材料还需要有一定的库存，这些对成本和现金流都会有影响。

销售费用预算基本上可以分为市场费用预算和行政后勤费用预算两大类。市场费用是为了取得销售所产生的费用，比如广告费用、推销费用、促销费用、市场研究费用等，而行政后勤费用主要是指订单处理费用、运输费用、仓储费用、顾客投诉处理费用、后勤人员薪酬等。这些行政后勤费用因为主要与市场营销有关，因此也被列入销售费用里面。

对绝大多数企业而言，销售中最大的开支是广告费用，广告费用最大的开支是媒体费用。特别是对快消品而言，如对日化、饮料等品牌而言，媒体费用占其销售预算的 80% ~ 90%，有些企业甚至高达 95%。

因此，企业需要将整个销售流程进行梳理、简化。当我们将企业销售的起点与销售终点拉成一条直线的时候，我们可以看到整个流程、各个环节所潜藏的机会与风险。

第一，在产品调研、市场研判及销售诊断方面，企业首先要有严密而科学的判断。

第二，在前期调研诊断的基础上，决定销售导向（产品导向、销售导向、品牌导向、竞争导向），销售的目的越有针对性，执行就越具操作性、效果就越具备可评估性。

第三，确定企业的销售目标后，可以规划区域市场、明确消费群体、确定传播内容以及建立效果评估指标。值得一提的是，效果评估指标的建立一般从销售量、招商额以及品牌知名度、美誉度等方面进行。

第四，在确定企业营销目标、传播目标的基础上，根据消费群体规划企业的媒体类别以及选择指标。不同媒体评估指标差异较大，传统的 CPM（每千次展示的成本）并不具备横向可比性。因此，企业选择媒体评估指标主要考虑两个因素：受众价值（规模、比重、消费行为等）、媒体价格（折扣、政策等）。判断这两个因素的指标，应尽可能量化。

第五，在对媒体有定量与定性的判断后，媒体的管理职能就凸显出来，就可以对品牌的传播展开有效的媒体资源开发了。一般由具备媒体与广告方面两年以上经验的经理人管理。媒体的管理是一项复杂的考量企业家战略、策略、战术的工作，需要广泛的专业积累、人脉与经验。开发企业有效媒体资源，需要在企业的两大战略（企业战略与品牌战略）下，有原则且有技巧地进行。只有这样，才能保证企业的媒体投放更有针对性，更具实效。

1.3　企业全面预算管理 10 种模式

全面预算管理已经成为现代化企业不可或缺的重要管理模式。可以说，企业的每一位员工都应该懂得全面控制思想，作为管理者和财务人员更应该掌握这一多功能的管理控制工具，为企业的发展提供高效、科学的方法。

下面将介绍制造业企业全面预算管理的 10 种模式。

1.3.1 以销售为起点的预算

以销售为起点的预算基本上是按"以销定产"的体系编制的。

以销售为起点的预算管理模式的预算体系，主要包括销售预算、生产预算、供应预算、成本费用预算、利润预算和现金流量预算，如图1-6所示。

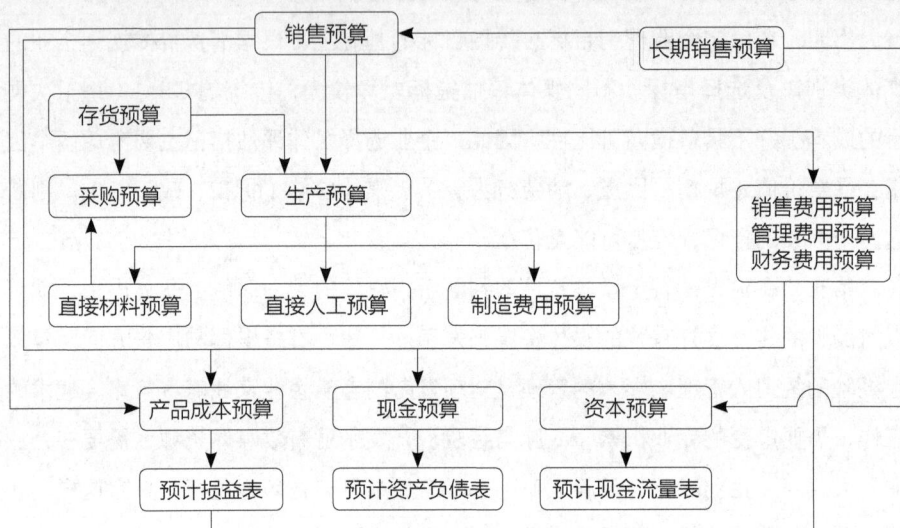

图1-6 以销售为起点的预算管理模式

以销售为起点的预算管理模式编制程序如下。

（1）企业根据市场销售预测，参考企业预算期间的目标利润，采用科学的方法，合理地确定预算期间企业的销售指标。

（2）各部门在销售预测的基础上，编制采购、生产、存货和成本费用预算。

（3）财务部门根据这些预算，结合所掌握的各种信息，在销售预算、成本费用预算的基础上，编制利润预算，确定企业预定期内可获取的利润。

以销售为起点的预算管理模式的特点：以销售收入为主导考核指标，以利润和现金回收为辅助考核指标。

以销售为起点的预算管理模式主要适用企业：以快速增长为目标的企业、处于市场增长期的企业、季节性经营的企业。

以销售为起点的预算管理模式的优点：符合市场需要，能够实现以销定产；有利于减少资金沉淀，提高资金使用效率；有利于不断提高市场占有率，使企业快速增长。

以销售为起点的预算管理模式的缺点：可能会造成产品过度开发，不利于企业长远发展；可能会忽略降低成本，不利于提高企业利润；可能会出现过度赊销情况，增加企业坏账损失。

1.3.2　以利润为起点的预算

以利润为起点的预算管理模式的特点是：企业以利润最大化作为预算编制的核心，预算编制的起点和考核的主导指标都是利润。

以利润为起点的预算管理模式的预算体系基本上与以销售为起点的预算管理模式相同，主要包括利润预算、销售预算、成本费用预算、现金预算，如图 1-7 所示。

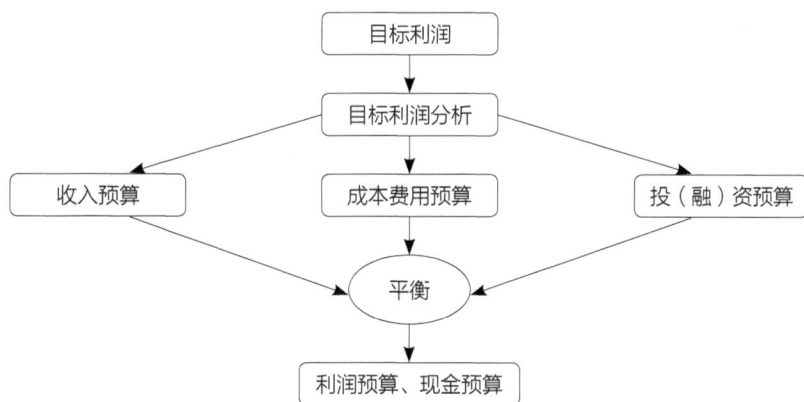

图 1-7　以利润为起点的预算管理模式

以利润为起点的预算管理模式编制程序如下：第一，以市场收入为起点编制收入预算；第二，根据收入预算和成本费用预算等编制利润预算。

以利润为起点的预算管理模式的特点：以收入和利润为主导考核指标，以成本为辅助考核指标。

以利润为起点的预算管理模式适用企业：以利润最大化为目标、销售比较稳定的大型企业集团利润中心和大型企业。

以利润为起点的预算管理模式的优点：有助于企业管理方式由直接管理转向间接管理；明确工作目标，激发员工工作的积极性；有利于增强企业集团的综合盈利能力。

以利润为起点的预算管理模式的缺点：使企业只顾预算年度利润，忽略企业长远发展；只顾追求高额利润，增加财务和经营风险；虚降成本，忽略新产品开发，对企业长远发展不利。

1.3.3 以成本为起点的预算

以成本为起点的预算管理模式就是以成本为核心，预算编制以成本预算为起点，预算控制以成本控制为主轴，预算考评以成本为主要考评指标的预算管理模式。

在以成本为起点的预算管理模式下，预算编制主要包括三个基本环节，即设定目标成本、分解落实目标成本、实现目标成本，如图1-8所示。

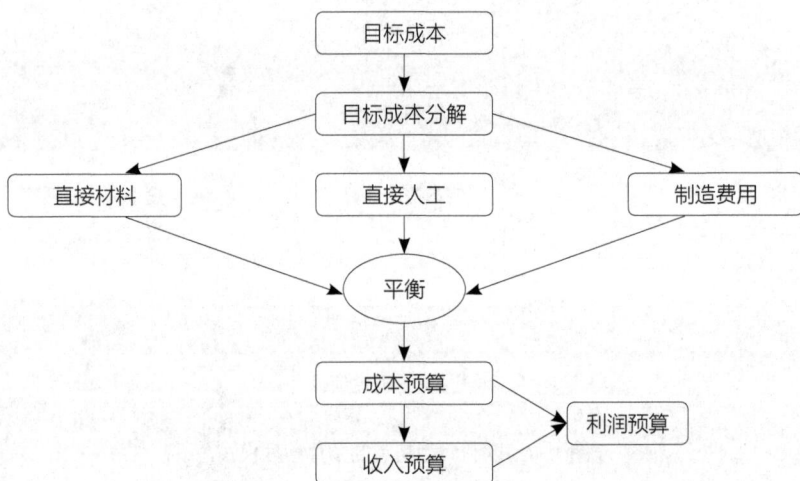

图1-8 以成本为起点的预算管理模式

在以成本为起点的预算管理模式中，目标成本的设定是整个以成本为起点的预算管理模式的起点，以成本为起点的预算管理模式编制程序如下。

（1）以市场竞争为原则确定目标成本。

（2）将目标成本按照项目和责任中心进行分解。

（3）以市场收入为起点编制收入预算。

（4）根据收入预算和成本预算等编制利润预算。

以成本为起点的预算管理模式的特点：以成本为主导考核指标，以收入和利润为辅助考核指标。

以成本为起点的预算管理模式适用企业：销售比较稳定的传统企业和大型企业。

以成本为起点的预算管理模式的优点：有利于促进企业采取降低成本的各种办法，不断降低成本，提高盈利水平；有利于企业采取低成本扩张战略，扩大市场占有率，加快企业成长速度。

以成本为起点的预算管理模式的缺点：可能会只顾降低成本，而忽略新产品开发和产品质量。

1.3.4　以现金流量为起点的预算

以现金流量为起点的预算管理模式是主要依据企业现金流量预算进行预算管理的一种模式。现金流量是这一预算管理模式下预算管理工作的起点和关键所在。

实践中，以现金流量为起点的预算管理模式有两种形式：一种是企业日常财务管理以现金流量为起点的预算管理模式，另一种是产品处于衰退期的企业以现金流量为起点的预算管理模式。二者均对企业的现金流量管理极为重视。

以现金流量为起点的预算管理模式编制程序如下。

（1）资金管理部门根据各预算单位的责任范围，下达现金预算应包括的内容等相关规定。

（2）各责任单位根据资金管理部门的要求和自身的实际情况，编制相应的现金流量预算并向上级汇报，逐级汇总。

（3）预算管理部门将各责任单位编制的现金流量预算进行汇总，并就预算的调整数与各责任单位进行协商。

以现金流量为起点的预算管理模式的特点：以现金净流量为考核指标。

以现金流量为起点的预算管理模式适用企业：资金较紧张、财务较困难的企业和处于衰退期的市场。

以现金流量为起点的预算管理模式的优点：有利于增加现金流入；有利于控制现金支出；有利于实现资金收支平衡；有利于尽快摆脱财务危机。

以现金流量为起点的预算管理模式的缺点：预算中安排的资金投入较少，不利于企业高速发展；预算思想比较保守，可能错过企业发展的有利时机。

1.3.5 以资本投入为起点的预算

由于预算管理一头连着市场，另一头连着企业内部，而不同的市场环境与不同的企业规模与组织，其预算管理的模式又是不同的。因此，企业要根据自身所处的发展阶段，选择能够满足自身需要的预算管理模式。

开发投产期选择以资本投入为起点的预算管理模式。

在开发投产期，企业面临极大的经营风险，这种较高的经营风险来自两方面。一方面是大量的现金流出，净现金流量为绝对负数，这一时期的现金投入包括研究与开发费用、市场研究费用和固定资产投入。在此期间进行市场研究，可以为产品研制成功后的战略决策提供依据，减少市场增长和成熟期的不确定性。产品开发成功并决定投产后，企业即面临着大量的固定资产投资。另一方面是新产品开发的成败及未来现金流量的大小具有较大的不确定性以及较大的风险，并需要较大的投资。

因此，由于开发投产期的不确定性，企业需要从资本预算开始介入管理全过程，以资本投入为中心的资本预算也就成为该阶段主要的预算管理模式。

以资本投入为起点的预算管理模式编制程序如下。

（1）从资本需要量方面对投资总支出进行规划。

（2）对项目的可行性进行分析决策，选择风险小、收益高的项目。

（3）考核项目资本支出的时间安排。

（4）研究筹资方式，制定筹资预算。

以资本投入为起点的预算管理模式的特点：以投资的净现值为主导考核指标，以现金收支平衡为辅助考核指标。以资本投入为起点的预算管理模式适用范围：初创期企业的投资中心和迅速成长的市场。

以资本投入为起点的预算管理模式的优点：贯彻"量入为出"的原则，追求企业高速发展。

以资本投入为起点的预算管理模式的缺点：可能会产生盲目投资行为，造成浪费。

1.3.6　综合平衡预算

综合平衡预算管理模式编制程序：以财务指标中的盈利指标为起点，分析企业内外部环境和关键成功因素，确定企业的战略规划和目标；分别从财务、客户、内部运营、学习与成长四个方面确定与各责任单位相关的考核指标和目标值。

综合平衡预算管理模式的特点：考核不是单纯考核某项指标，而是对四类指标进行综合考核。

综合平衡预算管理模式适用企业：注重战略、以可持续发展为目标的企业。

综合平衡预算管理模式的优点：能够综合考虑影响企业发展的各个方面的因素，促使企业从长期、战略方面考虑问题。

综合平衡预算管理模式的缺点：编制过程比较复杂，仍需其他预算管理模式的配合。

1.3.7　基于经济增加值的预算

基于经济增加值的预算管理模式编制的起点是经济增加值的估计。以经济增加值为基础的预算管理模式的特点是以企业价值最大化为目标，预算编制的起点和考核的主要指标都是经济增加值，管理者将通过编制各种预算来控制和保证经济增加值目标的实现。

1.3.8　基于企业战略的预算

基于企业战略的预算管理（也称为战略全面预算管理）是以企业战略为导向，通过预算实现有限经济资源的有效分配，量化企业经营目标，落实企业各责任中心的职责，维护企业日常经营运作的重要管理工具。它将全面预算管理贯穿企业业务活动的全部过程，是以企业的发展战略、中长期规划及年度经营计划为基础的预算管理。基于企业战略的预算管理需要企业上下所有员工的共同参与，以使预算的编制符合企业的业务活动要求，并正确指导企业的经营活动。

1.3.9　作业基础预算

作业基础预算是建立在作业层次上的一种管理过程，以达到对成本和经营业绩的持续改善。作业基础预算模型从战略和顾客需求出发，通过预测计划期生产、销售产品或劳务的需求量，预测相应的作业需求量，并在此基础上预测资源的需求量，将之与企业目前的资源供应量比较，使资源配置更加可信客观。它最大的优势在于能达到企业资源的有效配置。

1.3.10　基于平衡计分卡的全面预算

由于企业的平衡计分卡是以企业的使命、远景和战略为核心建立的，又通过分级平衡计分卡体系将战略目标和具体指标渗透到企业组织的各个方面。所以以平衡计分卡驱动的全面预算管理将战略置于预算的中心地位，各项预算的确定取决于影响战略性目标的能力，平衡计分卡所带动的行动成为联系全面预算与企业战略的纽带。

案例　某钢铁企业以现金流量为起点的预算管理模式

某钢铁企业现金流量预算根据"以收定支，与成本费用匹配"的原则，采取零基预算的方法编制。它按收付实现制反映企业业绩。在编制过程中，采取自上而下的方式，由资金管理部门制定统一格式，并对各部门的子项目进行细化，对所有数据均要求提供计算公式及对应的业务量；由各预算责任单位根据成本、费用预算编制现金流量预算；由资金管理部门汇总评审后报预算委员会审查，其间经过多次上下反复、平衡，并与企业的经营目标相对应，最后形成企业年度现金流量预算。

同时，根据企业年度预算制定各部门的动态现金流量预算。各责任部门在执行预算的过程中，需按月上报执行情况，由资金管理部门汇总各部门的资金使用情况，跟踪分析，及时反馈信息，以利于各部门调整现金流量。

对于现金流量预算的调整，该钢铁企业建立了逐项申报、审批制度，由预算责任部门提出申请，资金管理部门提出调整意见，预算委员会批准。预算调整分为预算内调整和预算外调整。预算内调整指总流量不变，在某些项目或部门间调整；预算外调整则指要求增加流量的调整。各部门始终执行调整过的最新预算，以确保口径统一，即时跟踪经营情况的变化。

现金流量预算的监督、考核，则根据各部门现金流量使用的特点，建立起以预算为基准的指标考核体系。由资金管理部门根据各部门实际执行预算的业绩，按月、季、半年及年度进行分析，提出相关建议。关于考核，对预算编制部门考核预算制定精度，对预算执行部门考核预算完成情况。有效的监督、考核手段为提高企业资金使用效率打下了良好的基础。

案例　某冶炼厂以资本投入为起点的预算管理模式

某冶炼厂始建于 1956 年，目前已发展为一家大型综合性有色金属冶炼企业，年产锌、铅及其合金 33 万吨，并综合回收 20 多种有色金属产品和化工产品，是我国主要铅、锌生产和出口基地，为国家 520 家重点调度企业之一。

该冶炼厂以资本投入为起点的预算管理模式如下。

首先，对整个项目及各个子项目都进行了充分的可行性论证，在多套方案中反复比较择优，从而确定整个项目的投资规模，各子项目哪些该实施、哪些先实施，并以此作为编制资本支出总预算和项目预算的基础。正因为如此，才确保了整个工程投资决策的正确性。

其次，对整个工程投资项目的资金来源、各个子项目的资金投入都进行了周密细致的预算安排。通过吸收直接投资、申请国债贴息技改贷款和银行长期贷款等融资方式及时筹集了工程建设所需要的资金。工程资金严格按照工程进度和预算额度及时安排支付，不允许提前支付、超额支付。

最后，对确定需要变更设计、突破项目预算金额的，经工程总指挥部专家委员会研究决定同意变更后方可执行。正因为实行了严格有效的预算管理，才保证了投资决策的正确性、资金安排的及时性和投资的节省性。该冶炼厂对扩建工程的资本预算采取的是自上而下式的程序。

由此例可以看出，该冶炼厂在其扩建阶段，对其项目进行了充分的可行性研究，并对资金的投入进行了周密的安排，实施了以资本投入为起点的预算管理模式，达到了可喜的成效。

由此可以借鉴，在资本预算中，应坚持以下原则：

（1）量入为出，量力而行；

（2）资本预算应与企业发展战略和长期目标保持一致；

（3）资本预算项目在技术上必须是可行的，或预期有极大把握能达到项目投资的要求；

（4）资本预算应考虑未来的现金流量；

（5）严格控制资金实际支出，确保实际支出与计划相一致。

1.4 企业发展阶段预算管控模式

全面预算对企业管理有重要的战略支持和管理协调作用，因此，在不同发展阶段，企业也要采用不同的预算管控模式。

1.4.1 不同阶段预算管控模式

企业发展的四个阶段及预算管控模式如下。

（1）创业期——以资本预算为核心

创业伊始，企业面临极大的经营风险。一方面是大量的现金流出，净现金流量为绝对负数，现金投入包括研究与开发费用、市场研究费用和固定资产投入；另一方面是新产品开发的成败及未来现金流量的大小具有较大的不确定性及较大的风险，需要较大的投资。

创业期充满不确定性，企业需要从资本预算开始介入管理全过程，以资本投入为中心的资本预算就成了该阶段主要的预算管理模式。

（2）成长期——以销售为起点

成长期的产品逐渐为市场接受，市场需求总量直线上升，进入市场增长期。尽管这一时期企业对产品生产技术的把握程度都较为确定，但仍然面临较高的经营风险，这主要是由于需要大量的市场营销费用投入，且现金流入大小仍然不确定，净现金流量为负数或处于较低水平。

这一时期的管理重心是通过市场营销来开发市场潜力和提高市场占有率。市场营销费用的投入仍然属于针对整个成长期的长期投资。

因此成长期以销售为起点编制销售预算，从而通过以销定产编制生产及费用预算，进而编制财务预算，这能够帮助企业提升市场应变能力，获得竞争优势。

（3）成熟期——以成本控制为起点

这一时期市场增长速度减缓，但由于有较高且较为稳定的销售份额，现金净流量也为正数且较为稳定，经营风险相对较低。

这一时期企业面临的市场风险有两个：一是成熟期长短变化所导致的风险；二是成本降低风险。前者是不可控风险，而后者是可控风险，也就是说，在产品价格既定的前提下，企业收益取决于成本这一相对可控因素。

因此，成本控制至关重要，以成本为控制点、以成本为预算起点的成本管理模式应运而生。

（4）转型期——以现金流量为起点

转型期的生产经营特征在于原有产品已经被市场抛弃或被其他替代产品替代。这一时期的财务特征主要是大量应收账款收回，而潜在的投资项目并未确定，因此有大量的现金流量（正值）产生。如何针对企业经营特点，做到监控现金有效收回、对收回现金有效利用等，均应成为管理重点。

以现金流量为起点的预算管理、以现金流入流出控制为核心，是这一阶段的生产经营特征所决定的，具有必然性。

1.4.2　预算管控现状

实务中的预算管控并不理想，大多数企业职员（除了财务）都轻视、排斥预算管理，理由是预算无能、预测不准，或未能解决实际问题，但归根结底是害怕暴露自身的战略目光不足、业务能力不够、知识技能欠缺。预算管理犹如试金石，只有接受它，企业才会有安全保障。

（1）目标确定靠随意拍脑袋

预算主导者确定目标时缺乏务实心态：目标没有支撑依据，随意拍脑袋确定；有意高估未来预期，以凸显自身战略高度。

在这种心态主导下，预算指标尤其是营销类、利润类指标年年都很高，却次次实现都不尽如人意，形成"年年高指标，次次低实现"的怪异现象。

（2）指标分解靠吵闹

预算执行者普遍认为自身面对的市场环境恶劣，却要被动承接很高的指标，即使自己奋力开拓，也难以完成，于是纷纷通过吵闹来谋求目标低值和资源高配，造成"指标分解难上难""会哭的孩子有奶吃"的局面。

即使指标分解下去了，预算执行者也认为指标是被动接受的，自己只能尽力而为，给预算执行辩解埋下伏笔。

（3）预算执行靠蒙混

预算执行者自我分析预算执行情况时，往往认为大多数任务完成靠主观努力，而任务完不成是因为客观环境艰险无比，预算与实际差距太大就想着在绩效考核中如何蒙混过关。

（4）运营分析靠"甩锅"

运营分析会议本是一场总结过去、指导前行的业务、财务共力会议，现实中却成了互甩责任的扯皮会。

会前业务、财务各自闭门造车，会中数据"打架"、你争我吵，注意力又顿时转移至核算水平……整场运营分析会议就成了"吵闹甩锅会"。

1.4.3　全面预算管控的要点

预算正是管理控制行之有效的措施，也是为数不多的能把组织的所有关键问题融于一体的管控方法之一，是实现战略目标、提升经营绩效、实现企业内控的有力工具，更是企业防范风险、应对危机的好手段。

预算本身是一种对业务未来实现的预测，与实际存在差异是其本质所在，因此差异甚至较大差异的存在不能否定预算管理的作用。预算管理的基础动力是为经济业务提供参照物。

在全面预算管控中，企业必须把握以下要点。

（1）预算目标要务实

目标确定要结合市场环境、行业特点、自身战略等务实地确定。只有务实的目标才能激发团队的责任心与执行力；只有务实的目标和实际结果相近，才能激发团队的积极性，不管完成与否，来年奋力再拼搏。相反，浮夸的目标更容易造成团队的懈怠与消极。

目标设定和资源配置要相对合理。如果目标太高，资源约束过紧，则会引发不符合企业长远利益的短期行动。反过来，如果目标太容易实现，则会失去预算管理的主导意义。

（2）目标分解有策略

目标分解遇到的最大难题就是业绩承接者都处于个性化、差异化的环境中，那么目标分解的策略就是创设同等或类似竞争环境。

同时，目标分解要结合年度目标，一份设计优秀的试卷应该通过分数将参考者有效分层为优秀者、良好者、合格者、淘汰者，既不能全军覆没，也不能皆大欢喜。

（3）预算模板"功倍增"

工欲善其事，必先利其器。预算模板用得好，事半功倍；预算模板用得不好，事倍功半。

好的预算模板必须具有稳定的逻辑、固化的格式，尽量做到预算、记录、分析、考核、预测五位一体，格式共享、数据共享。

（4）运营分析会议"齐协力"

运营分析会议原则上以一个月为召开周期，但也可选择以两个月甚至一个季度为召开周期。

运营分析会议属于各业务部门的考核答辩会，财务作为业务数据记录审核方主要确保业务数据的真实性、指标分析的合理性，各业务部门主要负责答复实际与计划的差异原因及其改进思路。

运营分析要做到：会前财务部门和各业务部门合力做好数据分析，会中财务部门和各业务部门接力答复数据疑问，会后各业务部门共力确保后续数据同频。

（5）预算调整莫提起

预算是对未来的预计，当预期假定发生较大变化时，预算部分甚至全部会失去存在的基础，此时预算调整就成了必然，具有必要性。

现实中，预算部分失效的情况时有发生，但预算全部失效的概率微乎其微。

预算调整工作量几乎相当于预算编制工作量，所以，建议预算期间不调整，预算期间汇集预算执行重大情况报告表，年末决算时再讨论。

（6）进行全面预算编制

预算编制是预算管理的起点，预算编制必须以预算目标为依据，而预算目标正是通过预算编制得以具体化和数量化的。

根据预算组织层级的不同，预算目标可分为企业预算目标和部门预算目标，所编制的预算也相应包括企业预算和部门预算。

1.5　全面预算管理存在的共性问题

我国企业的全面预算管理还存在很多共性的问题，只有全面认识到存在的这些问题，才能提出解决的对策。

1.5.1　预算意识问题

预算意识问题，也即对全面预算管理的认识不到位。在企业中，大部分员工对全面预算管理的内涵不了解，他们的认识仍停留在传统预算层次上，认为预算指标只是财务指标，与其他方面没有联系，比如企业战略、业务管理等。

一些部门的领导觉得预算只是财务部门的事情，自己扮演的是执行者角色；甚至，还有人认为市场因素是不断变化的，没法预测，花费精力编制预算也会局限于形式。

1.5.2　预算基础体系问题

预算基础体系问题，也即预算编制与执行的全面性不够。预算的全面性是指预算管理需要所有员工的共同参与才能完成，任何一个步骤出现问题都会对企业的整体利益产生一定的影响。

预算无论是编制还是执行都应该全方位地反映企业的财务状况，由上到下齐心协力完成企业的目标，而不是仅靠一人之力，也不是只依靠一方面的财务指标，片面的数据并不能反映企业的全貌，也不具有说服力。在我国，预算管理的工作大多局限在一个部门即财务部门，其他部门参与度很低。

1.5.3　预算目标问题

预算目标问题包括：

（1）缺乏对企业整体战略、发展目标和年度计划的进展状况进行细化的明确手段；

（2）缺乏有效的预算目标制定和分解模型；

（3）预算目标的制定与企业战略目标不一致。

加强企业全面预算管理的认识，不能局限于企业的领导者或直接参与其中的员工，应当让企业的每一位员工都认识到预算管理的重要性，从而实现企业既定的利润目标，或者其他与企业有关的预算目标，强化员工对全面预算管理的观念认识。企业可以在每一位员工入职之前，对其进行专业的培训，让他们知道预算管理的最终目的是实现企业目标，实现企业利润最大化，以提升员工的预算管理观念。

企业应该在预算管理实施之前进行深度的市场调研、企业资源相关分析，在对市场环境和企业自身状况进行分析之后，明确企业自身的发展战略，确定自身的长远发展目标，并在此基础上编制预算。企业在制定年度预算目标的前提下，还应对下年度的市场和企业自身状况做一些分析，把下年度的初步预算目标也制定出来，从而提高全面预算的效率。

企业要加强全面预算管理作用的宣传。要想提高企业员工的认知，就要积极开展宣传教育活动，让管理人员和普通员工都能充分认识到预算管理的重要性，使得管理人员能更加重视预算管理工作，员工更好地配合预算管理工作的开展。此外，企业还应该注重日常的预算管理，使各阶段的预算能够相互衔接，从而减少盲目性的预算。

全面预算目标制定与分解时存在的问题包括以下 3 个方面。

（1）制定时缺乏制度保障

在普遍企业预算编制过程中，绝大多数的预算内容都是由财务部门编制的，其他项目部门和行政部门都是根据财务部门编制的预算来执行的，参与程度低，执行结果和各个部门的实际预算规划出入也比较大，由此造成预算编制的执行力度不够。在企业整体预算编制过程中，没有实现自上而下的全员参与，由此造成的环节缺失，使得完整预算的编制没有制度保障，也没有内控部门的监督与审核。

（2）目标分解不科学

如何合理、科学地对全面预算管理目标进行分解是全面预算管理实施过程中的重中之重。在过往的目标分解中，往往是"通知" 对目标利润进行了简单的分析，再机械地传达到各个分属。这样的状态是缺乏积极性和协调性的，是不利于总体目标的完成和总体效益增长的，阻碍了企业的发展与进步。

（3）考核目标设置不合理

考核目标设置的合理性也至关重要，过低的考核目标缺乏约束效力，过高的考核目标缺少完成积极性。适当合理的考核目标才有助于充分利用资源，准确战略定位，完善经营情况，从而综合发挥全面预算管理的作用。

全面预算目标制定与分解的建议及对策如下。

首先，明确预算管理战略。要将全面预算目标和企业的总体战略进行有效整合，将其细化分解，逐步实施，从而确保整个预算管理能够实现企业的整体发展战略目标。在实现全面预算目标的过程中，要确保分目标的实现。只有做到从高层纵观全局，从低层把握细节，才能使全面预算发挥应有的作用，为企业的发展添砖加瓦。

其次，全员参与预算编制。全面预算目标管理是一个庞大的工程体系，在执行全面预算的过程中，要重视提升细节与具体的预算管理质量，不能仅仅依赖财务部门的单一力量去推动整个预算目标的完成，更需要加强建设全员参与的管理机制，将预算目标逐层分解并落实到每个单位、部门或个人身上，以便充分发挥全面预算的作用。

1.5.4 预算编制问题

预算编制问题包括：

（1）往往以年度为单位，缺乏季度和月度预算；

（2）以考虑上年完成情况的变动幅度为主，缺乏当年工作计划的支持和链接，导致预算审批部门在审核预算时缺乏有效的依据。

全面预算管理对企业的发展起到了十分重要的作用，是推动企业发展的加速剂。它不仅能够降低企业发展过程中的风险，还能明确企业的目标、协调各部门的工作，让企业的员工围绕企业目标的实现开展工作。企业应该提高对全面预算管理的重视程度，分析全面预算管理存在的问题，提出相应的解决策略，当然，最重要的是将这些解决策略应用到企业的全面预算管理中。

为此，企业中高层领导者应该足够重视，加强对员工的宣传与教育工作；要建立科学严谨的预算管理制度，加大惩罚力度，促进预算管理更好地实施；挑选高素质的员工，定期注入新鲜血液，提升企业的总体竞争力。

案例　某汽车集团"人人成为经营者"的全面预算管理

某汽车集团通过有效运用全面预算管理工具，为集团经营目标的合理制定和有效执行提供了坚实的数据基础。

全面预算管理作为该汽车集团的特色管理应用实践，有以下四个特点。

一是管理层视预算管理为重心，不仅专设预算管理委员会，并由集团总裁亲自牵头部署和下达预算工作。

二是重点突出"全面"。该集团独创并长期实践"人人成为经营者"的管理模式，将每个员工或若干员工组成的基准单位，设定为独立核算的"经营体"，将核算单位分解细化为与集团相关的管理资源和技术资源的最小利用单位。

三是始终将预算跟踪和分析作为预算管控的重点，不仅关注数据，更深入挖掘造成偏差的经营实质，为管理层决策提供支持。

四是推行全面预算管理信息化。

案例　某公司的"五特色"全面预算管理

某公司作为一家集采矿、选矿、冶炼、铜材加工于一体的国有特大型铜冶炼企业，在管理会计的全面预算体系建设中取得了显著成效。

该公司的预算管理取得如此成功得益于五大举措。

一是从公司和厂矿两个组织层面建立了公司预测和年度预算的双闭环预算管理体系。

二是将预算主体向下延伸至班组，真正实现了成本从最基层作业环节开始的有效控制。

三是实行定额管理，并作为公司预测、年度预算和成本管控的基础。

四是在公司内部大力推行对标管理，全面建立指标对标比对库，寻找短板，树立标杆，持续改进，制定规划，限期达到。

五是实行超利分成的预算考核制度，真正实现了将预算执行与生产单位业绩直接挂钩。

1.6　企业全面预算管理存在的问题

全面预算管理是影响企业综合实力的重要因素，科学有效的管理手段能够促进企业资源的合理配置，进而促进企业的可持续发展。因此，在企业管理中，应该正确认识全面预算管理，找出企业全面预算管理中存在的问题，不断探寻提高企业生产质量和生产效率的可行性方案。

在企业全面预算管理中，存在以下几个问题。

1.6.1　认为全面预算是财务行为

全面预算管理工作主要依赖组织的保证。实践中，很多企业在实行全面预算管理过程中没有建立健全预算管理组织体系，无法从组织上保障预算管理的规范性、严肃性和权威性，使预算流于形式而起不到应有的管理作用。

如一些企业未设置专门的全面预算管理机构，片面地认为预算仅仅是财务部门的事情，指定由财务部门编制预算并实施。虽然财务部门由于其特殊的职能定位，比较了解企业的预算制定情况和企业经济活动中各种预算项目的实际执行情况，理所当然应成为预算管理组织体系中的重要组成部分，但如果仅靠财务部门来推动预算管理，经常会出现一些矛盾和冲突，而企业内部又没有一个权威机构进行协调和仲裁，显然不利于处理好各部门之间的关系，同时也降低了预算的权威性，不利于当期预算的有效执行和以后预算的科学制定，使预算管理达不到预期的目的。

企业管理者应充分认识到全面预算的内容涉及业务、资金、财务、信息、人力资源、管理等众多方面，并非财务部门所能确定和左右的。

1.6.2　未能实现充分的沟通协调

实践中，很多企业全面预算管理的全员参与度不够，存在上下达不成共识的情况，主要表现为：上层管理者将预算指标的压力简单地通过预算分解层层传递，且程序过于保密，往往对下级不做出合理的解释，只是通过自己的权威来让下级服从，不认真听取下级的呼声，导致下级失去对其及企业的责任心，不认真执行企业预算，导致预算管理失效，影响企业目标的实现。

部门之间、上下级之间，在预算编制、控制、分析过程中缺乏有效的协调，预算执行结果与企业整体目标不吻合。

1.6.3　预算刚性弱化

预算缺乏一定的刚性，将起不到指导和约束业务活动的作用，存在预算外开支不按规定程序履行；预算调整随意性大，业务部门现场把关不严等现象。

在没有企业战略的背景下做预算管理，不可避免地会重视短期行为，忽视长期目标，使短期的预算指标与长期的企业发展战略难以融合适应，各期编制的预算衔接性差，各年度、季度和月度预算的推行无助于企业长期发展目标的实现。这样的预算管理难以取得预算效果。

长期以来，企业经营者的任期考核与企业的预算目标密不可分，不可避免地出现经营者在任期"突击利润"的现象。例如某企业主管业务较差，而通过出售优质资产或股份获取收益完成利润目标，其"资本运作"往往与企业中长期战略规划严重脱节。

1.6.4　缺乏有效的考核与激励机制

考核体系不健全，难以反映企业财务状况全貌；考核制度与方法不完善，考核不能制度化；考核标准随意性强，致使预算考核不能保证全面预算管理切实实施。

实践中，很多企业缺乏健全有效的财务预算管理制度，采用以目标值为主、各部门分别控制各自的预算指标为辅的预算管理手段，缺乏明确的预算执行流程及有效的监控措施，预算考核未落实到具体责任中心，使得各费用发生部门缺乏费用控制的意识，造成总体支出超标等情况，致使预算考核未能很好地起到奖勤罚懒、调动员工积极性的作用。

同时，薪酬激励与企业预算目标不匹配，预算执行的奖惩不够明确及约束不严，企业对超预算的支出并没有过分关注，预算的调整对被考核方的积极性并没有明显的影响，考核的刚性差等，挫伤了被考核方的利益，影响了预算的约束和激励作用。

全面预算是指企业以发展战略为导向,在对未来经营环境预测的基础上,确定预算期内经营管理目标,逐层分解、下达于企业内部各个经济单位,并以价值形式反映企业生产经营和财务活动的计划安排。

全面预算体系包括利润预算、资本性支出资金平衡预算、现金收支平衡预算、资产负债预算、现金流量预算等。

2.1 预算编制流程

预算编制是企业根据自身经营目标,科学合理地规划、预计及测算未来经营成果、现金流量增减变动和财务状况,并以财务会计报告的形式将有关数据系统地加以反映的工作流程。

2.1.1 预算编制程序的分类

预算编制程序可分为权威式预算(自上而下)和参与式预算(自下而上)。

在权威式预算中,预算是财务计划和过程控制的工具,从战略目标至各个单元的具体预算项等,均由管理高层决定,较低层级的员工只是按照预算原则执行。

权威式预算的优点在于考虑战略目标,更好地控制决策;不足在于缺乏执行预算的低级别管理者和员工的参与。权威式预算适用于小企业或所处行业相对较稳定的企业。

在参与式预算中，各个层级的经理和关键员工一起共同制定本执行单元的预算，管理高层保留最后的批准权。

参与式预算的优点在于能让员工积极参与以实现企业的目标，是很好的沟通工具；不足在于不考虑战略目标，可能会产生预算松弛或预算操纵的问题。参与式预算适用于分权制企业或所处环境变化幅度较大的企业。

实务中的预算编制程序一般是介于两者之间的混合式预算（上下结合）。

混合式预算能够有效保证预算目标的实现，体现公平公正的原则，既考虑考核主体的实际情况又兼顾全局利益；一般按照"上下结合、分级编制、逐级汇总"的程序进行。具体而言，混合式预算包括确定目标、上报编制、审查平衡、审议批准、下达执行。

其具体编制程序包含以下内容。

（1）确定预算参与者，包括各个层级管理者及拥有特定专长的员工。

（2）预算管理委员会与预算参与者就战略方向、战略目标等事项进行沟通。

（3）各执行单元根据具体目标要求编制本单元预算草案。

（4）由预算管理委员会平衡与协商调整各单元的预算草案，并进行预算的汇总与分析。

（5）审议预算并上报董事会，最后通过企业的综合预算和部门预算。

（6）将批准后的预算下达给各执行单元执行。

2.1.2　年度业务计划要预先确定

企业要赚钱，就需要向社会提供产品，满足一定消费者的需求。企业经营活动需要有明确的目标和计划，目的是保证企业经营活动能够有效、有序、可控，能够在计划的指引下，达到企业预想的目标。

每到年末或年初，很多公司或事业部都会启动新一年的业务计划。年度业务计划要预先确定以下内容。

（1）未来要做什么。（目标）

（2）未来由谁做。（责任人）

（3）未来何时做。（时间）

（4）未来如何做。（措施）

好的计划是成功的基础，有一个好的计划，并高效地执行，才能达成目标。

2.1.3　年度工作计划的 5 项内容

年度工作计划是战略要求与战略落地之间的一座桥梁，起到承上启下的作用，即向上承接战略规划，向下作为一年工作安排的主要依据。那么，年度工作计划应该包括哪些内容呢？

（1）指明业务单位战略规划及经营计划预算前提。为达到战略的年度目标，需要制定一些实施计划，完成这些实施计划后，就实现了战略的年度目标。实现了各年的战略目标，就实现了公司的战略目标。

（2）主要经营业绩指标及计划。企业的存在都是有其经营目标的，企业的管理就是为实现战略目标服务的，实现的过程就是一个完整的绩效管理循环过程。

（3）为达到战略目标以及主要经营业绩指标的主要经营举措、时间表、责任人及资源需求。有了目标，就要有措施来保证达成这些目标，但也并不是需要将所有措施都描述出来，而只需将关键的措施描述出来。

（4）影响经营计划目标完成的主要风险及其发生的可能性、影响程度和防范措施。风险分析主要针对系统风险、经营风险（非系统风险）、财务风险（非系统风险）进行分析和对突发事件进行预测，估计风险可能带来的对目标计划的影响并提出防范措施。

（5）损益、投资、筹资、资金等财务计划。实现工作计划，以达成计划的目标，是需要消耗资源的。资源是有限的，消耗有限的资源以达成工作计划的目标，才是合适的。在做资源配置之前，需要弄清楚的是实现这些工作计划需要消耗多少资源，这样才能在做预算时，尽量满足优先度高的工作需要的资源，让资源配置到真正对公司有用的地方去。

2.1.4　预算编制流程

企业编制预算，一般应按照"上下结合、分级编制、逐级汇总"的程序进行，如图 2-1 所示。

董事会	预算管理委员会	预算管理部	预算责任中心
批准预算目标 ←	审议预算目标 ←	测算预算目标	
	下达预算目标 →	分解预算目标	
		开展预算准备工作	编制预算草案
		初步审查	主管领导审议
批准预算 ←	质询审议预算 ←	汇总平衡	修改草案
	下达预算 →	下达预算 →	执行预算

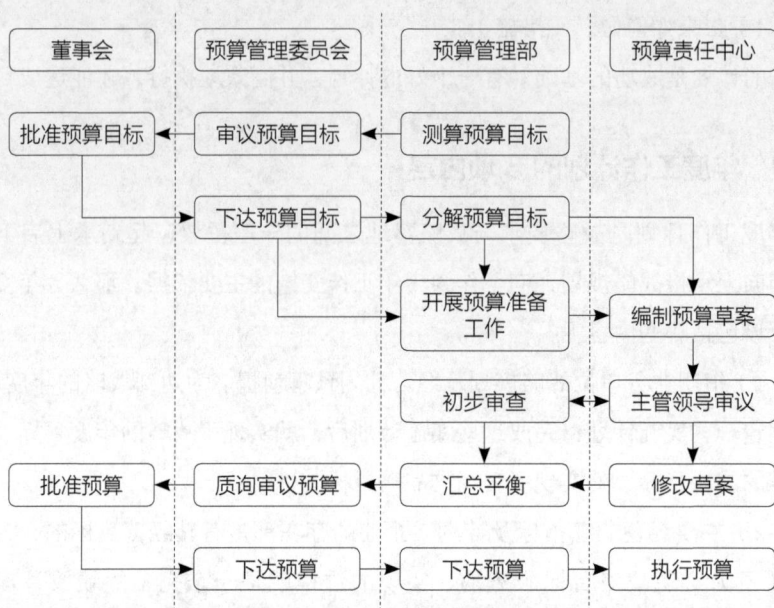

图 2-1　企业预算编制程序

（1）下达目标

企业董事会根据对企业发展战略和预算期经济形势的初步预测，在决策的基础上提出下一年度企业财务预算目标，包括销售目标、成本费用目标、利润目标和现金流量目标，并确定财务预算编制的政策，由预算管理层下达各部门。

（2）编制上报

各部门按照预算管理层下达的财务预算目标和政策，结合自身特点及预算的执行条件，提出详细的本部门财务预算方案上报企业财务管理部门。

（3）审查平衡

企业财务管理部门对各部门上报的财务预算方案进行审查、汇总，提出综合平衡建议。在审查、平衡过程中，预算管理层应当充分协调，对发现的问题提出初步调整意见，并反馈给各有关部门予以修正。

（4）审议批准

企业财务管理部门在各部门修正、调整的部门财务预算方案的基础上，编制出企业财务预算方案，报预算管理层讨论。对不符合企业发展战略或财务预算目标的事项，企业预算管理层应当责成有关部门进一步修订、调整。在讨论、调整的基础上，企业财务管理部门正式编制企业年度财务预算草案，提交董事会或总经理办公会审议批准。

（5）下达执行

企业财务管理部门将董事会或总经理办公会审议批准的年度财务预算草案，分解成一系列指标体系，由财务预算管理层逐级下达各部门执行。

案例 某石化集团预算编制程序

某石化集团的预算编制是三层级关系。该石化集团总部作为预算编制目标的制定者，以预算管理的形式将企业发展战略分解到各期间的预算目标中，引导公司实现长期战略，统领预算管理全局。

该石化集团各事业部作为不同板块的集成管理部门，将总部下达的预算目标结合板块特色进行有效地分解，对下属分（子）公司提出明确的预算目标和要求。在事业部下达的分解目标的基础上，各分（子）公司进一步细化执行预算目标。该石化集团全面预算目标顺利地与实际执行相结合。

年度预算编制按照"上下结合、分级编制、逐级汇总"的程序进行，预算编制时间如表2-1所示。

表2-1 预算编制时间

程序	……	9月	10月	11月	12月	1月
预算启动及初步测算	√	√				
确定初步目标并下达条件			√			
预算对接			√	√		
审议批准				√	√	
下达执行					√	√

（1）年度预算编制的5个程序。

①预算启动及初步测算。根据该石化集团中长期发展规划和对下一年度的经济形势预测，9月总部各职能部门、事业部及各单位同时启动下一年度预算编制工作，开始编制业务、资本和财务预算。

②确定初步目标并下达条件。事业部在汇总、分析和调整公司下一年度业务和

成本费用预算的基础上，于10月向财务部提交下一年度预算的建议。总部在10月完成下一年度的预算初稿，并与事业部对接，确定初步目标、预算编制价格条件及其他政策，然后下达各单位财务预算编制基础条件。

③预算对接。11月各单位完成预算编制工作，分别上报所属各事业部（专业公司和研究院上报财务部）。11月底前事业部完成和各单位主要预算指标的对接（财务部组织有关部门完成与专业公司和研究院的对接），将审查意见、汇总结果和调整建议上报公司财务部。

④审议批准。在事业部对接完成后，财务部提出综合平衡的意见，编制调整后的预算方案，报公司总裁班子审议。经审议调整后，提交董事会审议批准。

⑤下达执行。年度预算经董事会审议批准后，各部门于年底前将预算目标分解为各业务预算指标或财务预算指标，正式下达各单位执行。下一年度1月底前各单位以最终下达的各业务和财务预算指标为准，完成预算指标内部分解和落实工作，并完成预算信息系统的填报工作。

（2）该石化集团月度预算编制程序。

月度预算是在年度预算基础上编制的月度运行预算，是对年度预算工作的细化和分解。具体的编制流程如下。

①下达月度预算条件。总部事业部将公司下达的预算条件发给各分（子）公司，各分（子）公司积极组织相关人员做好月度预算的准备，包括相关支持性资料的整理和对月度目标的分析整理。

②月度预算对接。各单位应不晚于规定日期，将当月预算上报事业部，事业部审核汇总后报财务部。

③月度预算审查。财务部结合总部测算和事业部经审核上报的分（子）公司月度预算，将当月预算主要指标在指定日期前报公司主要领导审批。

④月度预算批复。根据审批结果，各事业部将月度目标分解下达各单位执行，如需要调整，则反馈至分（子）公司进行修正。

⑤月度预算执行。各单位在事业部下达月度指标的基础上，完成内部各预算指标的分解落实工作。根据总部事业部批复的月度计划组织生产经营活动，并确保汇总月度预算控制在年度预算之内。

（3）该石化集团全面预算编制内容。

该石化集团财务预算站在公司战略要求和发展规划的角度上，以业务预算和资本预算为根基，以经营利润为目标，围绕现金流编制并主要通过财务报表的形式予以反映。

预算编制的内容如图 2-2 所示。

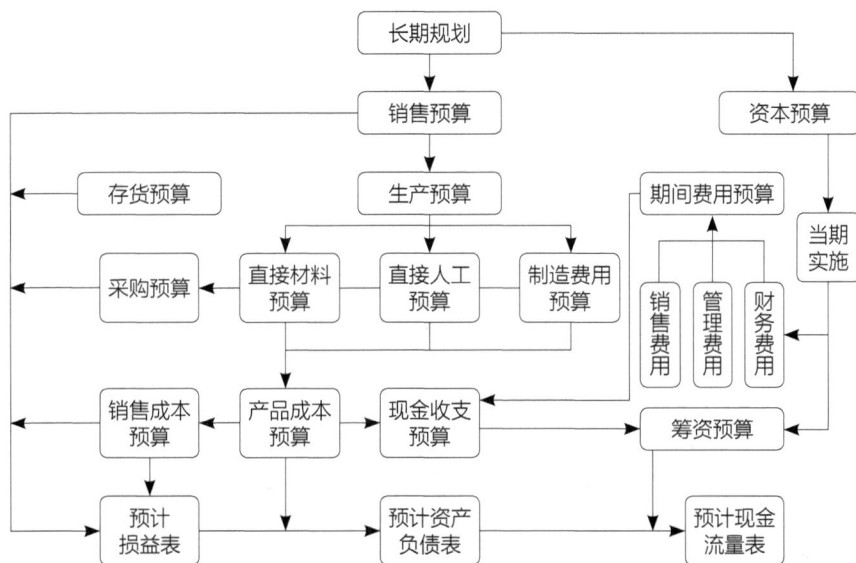

图 2-2　预算编制的内容

（4）该石化集团全面预算执行。

预算下达各单位后，需要各单位将预算目标进行分解并落实执行，根据各自实际情况制定相应措施以确保预算顺利完成。预算执行属于"事中控制"，公司建立了预算分析及报告制度以便掌握预算执行情况。各预算执行单位在执行过程中，要对执行情况进行及时检查及追踪，形成预算差异报告。

公司预算管理委员会建立月度预算执行例会制度，定期分析预算执行情况，督促检查预算实施情况。财务部对月度预算执行情况进行简单汇报后，指出执行过程中存在的问题，各职能部门和二级单位分析存在的问题，找出问题产生的原因，并提出解决方案，由公司做出决定，对症下药，让归口部门进行检查和督促。

预算执行循环过程如图 2-3 所示。

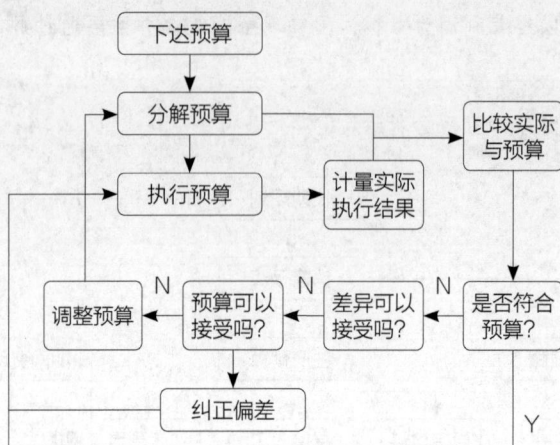

图 2-3 预算执行循环过程

（5）该石化集团全面预算的考核与分析。

为了保证预算能有效实施及完成，该石化集团建立了完整的预算考评体系，将价值化管理思路引入预算考核，解决了以往考核力度弱及考核激励机制复杂的问题。公司以价值贡献为主要标准进行主体生产单元的考核，包括三个内容：

一是产品成本完成情况；

二是产品边际贡献完成情况；

三是部门占用的资本成本。

预算分析在全面预算管理循环中也具有很大作用，它通过各类分析来反馈预算的执行结果，进而找出预算管理运行中的问题，以便提出解决措施和下一步实施措施。

基本的预算分析方法为因素分析法，分析对象除资产、负债和损益外，也侧重于对作业的分析，以便挖掘和提升价值。预算考核与分析都属于预算管理的"事后控制"。

（6）该石化集团全面预算的调整。

为引导长期管理行为，实现公司战略目标，该石化集团建立了预算调整制度。

预算调整，一方面满足了上市公司季度财务信息披露的硬性要求，另一方面也更好地发挥了全面预算的管理职能。系统并周期性地调整预算能使公司适应不断变化的经营环境。

该石化集团通过编制月度滚动预算来实现预算调整。月度滚动预算不仅可以调整年度损益，也是公司各部门经营控制和考评的基础。

（7）该石化集团全面预算管理中存在的问题。

①预算与实际脱节。

②对预算执行的跟踪不够。

③预算指标调整滞后。

④过度重视小目标而忽视了总目标。

⑤部门间的协作不够到位。

⑥未能正确发挥预算考核的导向作用。

2.2　预算编制方法

凡事预则立，不预则废。预算管理已经成为企业实务中不可或缺的重要管理模式之一。预算编制方法如下。

2.2.1　固定预算法

固定预算法是指根据预算内正常的、可实现的某一业务量水平编制预算的方法，一般适用于费用固定或者数额比较稳定的预算项目。

固定预算法又称静态预算法，它是按固定的预期业务量编制成本费用预算的方法，不考虑预算期内业务量可能发生的变动。

2.2.2　弹性预算法

弹性预算法又称变动预算法，是指根据预算期内可能发生的多种业务量水平编制预算的方法。通过该方法编制的预算具有一定的伸缩性，适用于一系列业务量变化的预算项目。运用弹性预算法时，必须选择能以"量"表示的业务作为标准，因为量的多少对成本费用有直接影响；所选标准业务要便于了解，力求简便。

在一定的业务量范围内，固定费用是不变的；变动费用与业务量成正比例变动。总费用 y、固定费用 a、单个业务费用额 b、业务数量 x 之间的关系为：$y=a+bx$。

2.2.3　增量预算法

增量预算法是指以基期成本水平为基础，结合预算期业务量水平、有关降低成本的措施，通过调整有关原有费用项目预算额编制预算的方法。

由于此种方法是在前期预算执行结果的基础上进行调整的，就不可避免地受前期既成事实的影响，使上个预算期的不合理因素延续。

2.2.4　零基预算法

零基预算法是对预算收支以零为基点，对预算期内各项支出的必要性、合理性或者各项收入的可行性及预算数额的大小，逐项审议决策从而予以确定收支水平的预算编制方法。零基预算法一般适用于不经常发生的或者预算编制基础变化较大的预算项目，如对外投资、对外捐赠等。

也就是说，零基预算法不考虑以往所发生的费用项目和费用数额，而是以所有预算支出均为"零"为出发点，逐项审议，确定预算期的费用项目及预算额，在综合平衡的基础上编制。

2.2.5　滚动预算法

滚动预算法是随时间的推移和市场条件的变化而自行延伸并进行同步调整的预算编制方法，一般适用于季度预算的编制。

滚动预算法又称连续预算法或永续预算法，是在编制预算时，使预算期与会计年度脱离，随预算的执行不断延伸补充预算期，逐期向后滚动，使预算期永远保持为 12 个月的一种方法。

第一步，以利润表各项要素为基础，编制与利润表有关的业务预算，如合同签约额预算、收入预算、各项费用预算等，形成预计损益表。

第二步，以经营活动现金流量表各项要素为基础，编制与现金流量有关的业务预算，如内部应收款预算、应收账款预算、应付账款预算、人力资源成本预算等，形成经营活动现金流量预算表（总部结合投资预算及筹资预算形成现金流量预算表）。

第三步，根据预计损益表、经营活动现金流量预算表及与资产负债表要素有关的业务预算，如存货预算、固定资产预算，形成预计资产负债表。

2.2.6　概率预算法

由于在预算期内市场变化较大，变量较多，人们难以对这些变量准确预测（如油品销售价格），而这些变量又会对整个预算产生重大影响。因此，在没有办法的情况下，估计变量变化范围，分析其在此范围内出现的可能性（概率），然后据此对其他预算数进行调整，计算期望值。这种方法叫概率预算法，它实际上也是一种弹性预算法。

2.2.7　基础预算法

各部门（单位）的初始预算是根据基础数组设定的，基础数组反映和定位的是一个预算责任单位维持最低水平的运营所需要的最少资源。这是预算的底线，在基础数组上的每一个增量数组，都表示增加业务量或活动所需要的资源。这种编制方法叫作基础预算法，其可以很好地解决传统产业预算编制问题。

全面预算的编制过程中，需要若干次平衡与调整，但都应该在原则上确保基础数组预算水平。

具体编制预算过程中，销售预算、采购预算、生产预算以业务量为基础，参照历史基础数组的水平，在编制增量数组预算时，采用弹性预算法；财务费用预算、管理费用预算、销售费用预算及资本投资预算采取零基预算法，在参照基础历史数据的前提下根据企业新的情况和要求灵活编制。

2.2.8　预算编制方法的选择

根据管理的不同要求，可将预算方法分为不同类别。按预算范围是对企业全部活动还是只对企业局部活动，可分为全面预算法和局部预算法；按业务量水平是否固定，可分为固定预算法和弹性预算法；按预算是否依据以前年度数据，可分为增量预算法和零基预算法；按预算期间是否固定，可分为定期预算法和滚动预算法；按预算规定的松紧度，可分为标准预算法（对各预算项目都严格规定标准）和目标预算法（只规定预算的目标，并不对所有项目做规定）；按预算变动性大小，可分为刚性预算法和柔性预算法；按预算确定性，可分为确定预算法和概率预算法；按预算项目是否按常规分类，可分为常规预算法和作业预算法；等等。

这些方法均有所长，也有所短，企业应该根据自身的业务特点和需要，选择适当的方法进行预算编制，尤其应该注意各种方法的结合应用。

（1）企业规模与预算方法选择

对于规模较大的企业，预算工作在财务中以及在整个企业管理中的地位都较高，预算的准确性和全局性较强，企业应选择全面预算法、弹性预算法、作业预算法等。对于一些中小型企业，管理要求相对较松，这时企业可能基于成本考虑及管理水平的限制而无法达到很高的要求，企业可以针对具体情况只对某些事项进行局部预算，如利润预算、现金预算等。另外，可以选择操作简单的固定预算法、常规预算法、增量预算法、柔性预算法等。

（2）管理要求与预算方法选择

管理要求严格的企业，对预算的准确性和全面性要求都比较高。因此，企业应选择全面预算法、弹性预算法、作业预算法、零基预法法、滚动预算法、刚性预算法等。管理要求相对较松的企业，可以针对具体情况只对某些事项进行局部预算，如利润预算、现金预算等。另外，可以选择操作简单的固定预算法、常规预算法、增量预算法、柔性预算法等。

（3）企业文化与预算方法选择

包容性强、文化氛围宽松的企业，预算编制也相对灵活。因此，可选择目标预算法、增量预算法、常规预算法等。包容性弱、文化氛围严谨的企业，预算编制要求相对严格，可选择标准预算法、零基预算法、作业预算法等。

（4）内部控制情况与预算方法选择

如果企业内部控制制度完善，管理基础良好，则预算的准确性就相对较高，可以选择全面预算法、零基预算法、弹性预算法、刚性预算法等。若企业内部控制情况差，管理基础不好，则可选择局部预算法和增量预算法以积累预算的经验，同时要加强管理。

（5）管理方式与预算方法选择

如果企业为集权性管理的企业，可选择刚性预算法、增量预算法、固定预算法、定期预算法和常规预算法。如果企业为实行分权性管理的企业，则可选择柔性预算法、零基预算法、弹性预算法、滚动预算法和作业预算法。

（6）技术手段与预算方法选择

如果企业技术手段强，如采用了物资需求计划、信息资源规划、现代集成制造系统等先进的财务管理系统，预算的准确性提高，则企业可选择标准预算法、弹性预算法、滚动预算法、作业预算法等。如果企业技术手段不够强大，则可选择传统的常规预算法、较易操作的目标预算法等。

（7）环境类型与预算方法选择

企业的环境类型可分为简单稳定、简单变动、复杂稳定和复杂变动四种。如果企业处在简单稳定的环境中，则预算编制会更确定、更易操作，可以选择固定预算法、增量预算法和确定预算法；若企业处在简单变动的环境中，则可选择弹性预算法；若企业处在复杂稳定的环境中，则可选择固定预算法、常规预算法等；若企业处在复杂变动的环境中，则可选择局部预算法、目标预算法、滚动预算法、弹性预算法等。

案例　某公司资金需要增加量预测

采用百分比法预测预算期资金需要增加量的方法和步骤如下。

（1）分析并研究资产负债表中各个项目与销售额之间的依存关系，确定敏感项目（随销售额变动而变动的项目）和非敏感项目。随销售额变动而变动的项目有货币资金、应收账款、应收票据、存货、应付账款、应付票据、应交税费等项目。

（2）计算基期敏感项目金额占基期销售收入的百分比。

销售敏感资产百分比 ＝ 基期资产敏感项目金额 ÷ 基期销售收入 ×100%

销售敏感负债百分比 ＝ 基期负债敏感项目金额 ÷ 基期销售收入 ×100%

（3）根据预算期销售收入增加量计算由敏感项目引起的资金占用增量。

敏感资产引起的资金占用增量 ＝ 预算期销售收入增加量 × 销售敏感资产百分比

敏感负债引起的资金占用增量 ＝ 预算期销售收入增加量 × 销售敏感负债百分比

（4）确定需要增加的资金数额。

资产占用资金增量 ＝ 敏感资产引起的资金占用增量 ＋ 非流动资产增加额

负债占用资金增量 = 敏感负债引起的资金占用增量

（5）根据有关财务指标的约束确定对外筹资数额。

预算期留存收益增量 = 预算期销售收入 × 销售净利率 × 收益留存率

预算期外部筹资增量 = 资产占用资金增量 − 负债占用资金增量 − 预算期留存收益增量

某公司 2020 年销售收入为 20 000 万元，销售净利率为 12%，净利润的 60% 分配给投资者。2020 年 12 月 31 日该公司的资产负债表（简表）如表 2-2 所示。

表 2-2　资产负债表（简表）

2020 年 12 月 31 日　　　　　　　　　　　　　　　　单位：万元

资产	金额	负债及所有者权益	金额
货币资金	1 000	应付账款	1 000
应收账款	3 000	应付票据	2 000
存货	6 000	长期借款	9 000
固定资产	7 000	实收资本	4 000
无形资产	1 000	留存收益	2 000
资产总计	18 000	负债及所有者权益总计	18 000

该公司 2021 年计划销售收入比 2020 年增长 30%。为实现这一目标，该公司需新增一台设备，价值为 148 万元。据历年财务数据分析，该公司流动资产与流动负债随销售额同比率增减。假定该公司 2021 年的销售净利率和利润分配政策与 2020 年保持一致。计算 2021 年该公司需增加的营运资金。

2020 年流动资产占销售收入的百分比 = 10 000 ÷ 20 000 × 100% = 50%

2020 年流动负债占销售收入的百分比 = 3 000 ÷ 20 000 × 100% = 15%

2021 年增加的销售收入 = 20 000 × 30% = 6 000（万元）

2021 年增加的营运资金 = 流动资产占用资金增量 − 流动负债占用资金增量

= 6 000 × 50% − 6 000 × 15% = 2 100（万元）

预测 2021 年需要对外筹集的资金量。

2021 年新增留存收益 = 20 000 × （1 + 30%） × 12% × （1 − 60%）

= 1 248（万元）

2021 年对外筹集资金量 = 148 + 2 100 − 1 248 = 1 000（万元）

第 3 章
企业经营预算的编制

　　企业生产经营预算是以销售预算、生产预算和成本预算为主要依据而编制的。企业在每年的经营活动中，都会围绕既有的战略规划，制定下一年度的经营目标。而为了实现这个经营目标，就必须对下一年度的市场环境、经营情况进行预测，在预测的基础上合理配置企业的各项资源，协调各项经营活动，最终以财务报告的形式编制有关经营成果、财务状况和现金流量等要素的预算方案，从中选择最优的方案下达执行，并且在执行中及时发现和解决出现的问题，根据实际情况进行相应的调整，确保目标顺利实现。

　　在整个决策执行的过程中，财务预算、财务分析可以很好地起到预测、计划、协调、执行、监控和评价等重要作用。

3.1　企业全面预算内容和程序

　　为什么要编制预算？

　　预算可以用来优化企业资源配置。通过预算，人们可以总括地考量和观察企业的生产能力，加工方式，人力、财力、物力各个要素，供应、生产、销售各个环节之间的配置是否最佳，生产经营的瓶颈等，从而为重新配置企业资源提供信息。

　　预算可以使企业管理面向未来。管理人员可以利用预算实现预防性管理，做到未雨绸缪。它是在标准成本制度上发展而来的。

预算可以用来分析评价实际结果的优劣，以便针对薄弱环节采取纠正性措施。没有预算，实际结果只能与上年实际比，这很难说明问题。

3.1.1　全面预算编制的内容

全面预算编制的内容包括两大块：

第一，业务预算，如销售预算、生产预算、采购预算、生产成本预算等；

第二，财务预算，如资本预算、现金预算、预计报表等。

二者之间的关系是没有业务预算就不会有财务预算，所以预算不仅仅是财务部的事情，更是全体员工的事情。

全面预算的编制需要各部门一同完成，财务部起到支持与辅导作用。其他部门需要给财务部提供数据，财务部需要辅导和讲解如何填写表格、填写依据是什么和如何获取填写数据。如果所有预算都由财务部编制，即使财务部能够尽职尽责按时完成，最终其他部门也不一定会认可这份预算。

3.1.2　全面预算编制的程序

企业全面预算编制的程序如下。

（1）准备阶段

第一，召开预算启动大会。企业每年编制预算时，为了凝聚共识，使各部门全员参与，都要明确告诉各部门企业全面预算已经启动，让各部门清楚今年企业编制预算的原因、要实现的目标、方针和思想等。

第二，确定企业的预算编制大纲。预算编制大纲是预算编制的蓝图，包括预算的目标、编制方法、编制程序和编制的组织架构，企业要将每一项内容都界定清楚。

（2）编制阶段

编制预算时，每一阶段、每一节点的衔接合理与否决定着预算执行效果的好坏。在整个预算过程中，编制时间虽然占的比重很小，但却能决定预算编制的准确性。

（3）初审阶段

各部门把预算草案提交预算管理委员会或预算管理部后，预算管理委员会或预算管理部要对各部门上交的预算草案进行初审，查看是否符合企业的编制规范。比如，预算表中应该填写销售收入，有些部门却将其填写成销售量。此阶段不需要许多人参加。预算管理委员会或预算管理部需要将不符合企业编制标准的预算草案返回原部门重新编制。

（4）执行阶段

预算的执行阶段由财务部或预算管理部主导，相关部门一起参加，对各部门预算的可执行性进行讨论，讨论该预算是否全面、可行、科学、重要等。由于有些预算在编制时都是部门负责人随意写一个预算数字，不管是否合理，就告知领导预算表已经上交，如果在执行阶段不认真审查，就会导致执行结果存在隐患。所以，执行阶段是控制预算质量的关键阶段。

（5）下发阶段

预算决策被审核通过后就进入下发阶段，决策下发通常在每年的 12 月底之前完成。企业要明确对各部门的要求与职责，并严格执行。

（6）签订业绩合同阶段

决策下发之后，企业要把预算指标以及各项预算数据结合起来形成一份业绩合同，这份业绩合同需要逐级签订，如总经理与部门经理签、部门经理与职员签。每一级的工作开展都围绕着这份业绩合同进行，所有人对业绩合同负责。此时，业绩合同便转化成绩效考核的数据来源。

3.1.3　战略规划制定

全面预算编制的步骤包括以下十步。

第一，制定战略与计划。这一步骤要明确企业 3 ~ 5 年的发展目标或发展愿景。

第二，编制预算大纲。当企业有自己的年度预算目标与业务计划时，各部门需要依据年度预算目标来执行预算。

第三，编制销售与应收账款的预算。企业有销售目标，销售部要按照销售目标编制预算，如销售量、销售的产品、销售价格、回款、销售费用等。

第四，编制生产预算。根据企业的销售量以及企业的库存控制政策得出企业的生产产量。

第五，编制采购预算。例如企业生产产品需要采购原材料，所以要编制原材料的采购预算。

第六，编制生产成本预算。例如企业产品产量 1 000 台，根据生产材料价格与直接人工、制造费用可以计算出企业的生产成本。

第七，编制运营成本预算。

第八，编制资本预算。资本包括内部投资资本与外部投资资本。投资的收益率如何，企业在投资前需要做预算。

第九，编制现金预算。

第十，编制预计报表。

第一步制定战略与计划时，企业需要明确以下七方面的内容。

（1）行业发展趋势

很多企业在发展中有波动周期，周期顶峰与周期波谷对管理的要求不同。所以管理者应清楚企业所处态势是向上还是向下的，以及处于不同态势时企业应该如何执行预算。

（2）客户

客户是企业的第一资源，如果客户的消费需求发生改变，企业的经营过程就需要随之改变。如果企业生产和研发的产品不能满足客户需求，就会造成产品滞销，从而导致企业预算无法达成。

（3）竞争对手

竞争对手的改变会使企业的经营策略发生改变。如果企业管理者不能预知竞争对手的改变，后果将非常严重。需要注意的是，与其被动改变，不如主动迎接改变，这样反而会产生截然不同的效果。

（4）供应商

企业有三项表外资产，分别是人力资源、客户资源、供应商资源。

第一，人力资源。人力资源无法从资产负债表、利润表、现金流量表中看到，所以经常被企业管理者忽视。

第二，客户资源。客户是企业的第一资源，也是企业重要的资产，所以对客户的盘点是非常重要的。盘点内容包括某个季度企业流失了多少客户、增加了多少客户、流失客户的级别和原因分别是什么、流失客户怎么挽回等。

第三，供应商资源。供应商不仅是企业紧密的战略合作伙伴，也是企业赖以生存的基础。稳定的供应商能保证企业产品质量的稳定，从而提升客户的满意度。所以说，对供应商的管控也是非常重要的。

（5）核心技术发展

当今时代，很多行业都面临互联网高度发展的情况，例如网购在 20 世纪 80 年代算得上遥不可及的事物，现在却成了一种流行趋势，给传统零售业带来了很大的挑战。所以说，企业掌握行业核心技术发展方向是非常关键的。

（6）法律环境

法律环境是指国家政策是鼓励还是限制，这对企业发展非常重要。企业只有从事国家政策倡导的行业才会有前途，如果企业从事的是高污染的行业，国家已经开始限制该行业的发展，而企业还加大投入，结果只能是投入越多回报越少。

（7）人力资源

企业的核心人才是谁，核心人才有没有异动，企业未来的发展需要什么样的人才，企业是否具备这样的人才等，这些都是企业在做商业分析时需要考虑的问题。

3.1.4 年度计划与年度目标

企业发展战略确定下来之后需要逐个落实。中长期的战略目标规划的是企业 3 ~ 5 年的发展，企业需要把战略目标划分为年度目标，逐年实现战略。

（1）十二个内容

年度计划和年度目标包括十二个内容：外部经营状况分析、内部经营状况分析、机会与威胁的对应、设定年度经营目标、确立年度基本策略、组织优化目标策略、营销目标策略计划、生产目标策略计划、研究目标策略计划、设备投资策略计划、人力资源策略计划、其他部门策略计划。

（2）细分目标

年度计划的细分目标如图 3-1 所示。

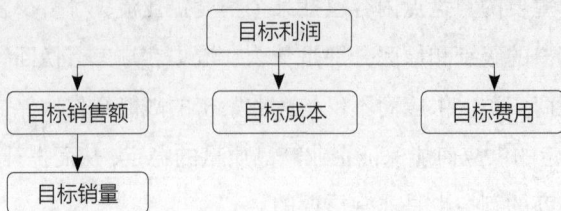

图 3-1　年度计划的细分目标

目标利润。企业追求的根本是资金和利润，目标利润的确定方法有两种。

一是量本利的分析方法，其计算公式如下。

$$量本利 =（固定成本 + 目标利润）/（1-变动成本率）$$

二是总资产回报率法。假如企业资产有 100 万元，企业期望的回报率为 20%，目标利润 = $100 \times 20\% = 20$（万元）。

企业有了目标利润，开始进入下一阶段，即制定年度销售额。根据目标利润，企业可以通过多种方法得出年度销售额。例如销售利润率，假设企业的目标利润为 3 000 万元，销售利润率为 30%，目标销售额 =3 000÷30%=10 000（万元）。

目标销量。企业确定目标销售额后，需要进一步确定目标销量，因为销售额最终由销量实现。当企业产品为单一品种时，销量 = 销售额 / 单价。假如企业的产品为多品种，这时应该考虑产品政策的问题。例如某公司有 3 个产品，分别为 A 产品、B 产品、C 产品，公司需要根据 A、B、C 三个产品的市场定位来分配市场占有份额，主打产品的市场占有份额比重应该略高，边缘产品应该略低，如 A 产品占 30%、B 产品占 60%、C 产品占 10%。对于 1 亿元的销售额来说，A 产品市场占有份额为 0.3 亿元，B 产品为 0.6 亿元，C 产品为 0.1 亿元。此时再根据"销量 = 销售额 / 单价"分别计算每种产品的销量。

目标成本和费用。计算方法有两种：一是倒挤法，由于"利润 = 收入 - 成本 - 费用"，在知道销售额和利润的前提下，目标成本和费用就不难计算了；二是通过其他财务指标计算，假设销售费用率为 5%，销售成本率为 60%，管理费用为 5%，毛利率即为 30%。假如销售额为 1 亿元，产品成本就为 6 000 万元，销售费用为 500 万元，管理费用为 500 万元。

预算编制的过程是最为核心的环节，有了以上各种指标，企业的蓝图被轻松勾勒出来，各部门要围绕这个蓝图进行预算分解，环环相扣，齐心协力共同完成目标。

（3）年度预算编制大纲

年度目标制定好之后，预算管理委员会就会出台年度预算的编制大纲。企业是否编制这份大纲，取决于企业规模大小，企业规模较大时一定要有年度预算编制大纲，企业规模较小时则可以简化大纲内容。通常而言，年度预算编制大纲包括以下方面的内容。

总纲。总纲是预算编制大纲的基本原则，是预算编制大纲的骨干和灵魂。总纲一般包括三方面内容：预算要达到的目标、企业年度经营方针、预算编制的指导思想。

预算编制的组织领导。编制预算编制大纲时要明确企业预算的组织机构、预算的组织领导，要将责任落实到机构和个人。

预算编制方法与要求。当企业做全面预算时，每人有不同的预算方法和不同的预算内容，所以企业必须在预算编制大纲中明确每一模块采用的方法，使企业的预算编制大纲更具指导性，让各部门都知道编制什么和如何编制。例如某部门拿到费用预算后，应该采用增量预算法还是零基预算法，在预算编制大纲中应明确指出。

预算和审批程序。年度预算编制大纲要明确每一步做什么、每步对应的时间节点及审批环境。

预算编制的时间安排与要求。预算编制的时间安排与要求不要泛泛而谈，如"10 月下旬"，一定是一个具体的时间节点。

预算表的填写说明与要求。随着企业的发展与各项要求的提高，预算表也在优化当中逐渐升级，企业对表格的相关说明也要做到与时俱进。

附件。附件一般包含两项内容：一是编制的相关政策，如假设基本前提和与定额相关的资料；二是编制预算的表格格式。

3.2　销售预算的编制

销售预算是指在销售预测的基础上编制的，用于规划预算期销售活动的一种业务预算。销售预算是整个预算的编制起点。

销售预算一般是企业生产经营全面预算的编制起点，生产、材料采购、存货费用等方面的预算，都要以销售预算为基础。销售预算把费用与销售目标联系起来。销售预算是一个销售计划，它包括完成销售计划的每一个目标所需要的费用，以保证企业销售利润的实现。销售预算是在销售预测完成后才进行编制的，销售目标被分解为多个层次的子目标，一旦这些子目标确定后，其相应的销售费用也被确定下来。

3.2.1　销售预算的内容

销售预算以销售预测（预测的主要依据是对各种产品历史销售量的分析）为基础，结合市场预测中各种产品发展前景等资料，先按产品、地区、顾客和其他项目分别加以编制，然后加以归并汇总。销售预算根据销售预测确定未来期间预计的销售量和销售单价后，求出预计销售收入。

$$预计销售收入 = 预计销售量 \times 预计销售单价$$

销售现金收入的基本原则是收付实现制，关键公式如下。

$$销售现金收入 = 当期现销收入 + 收回前期的赊销收入$$

企业应该先按照销售市场区域、销售品种和销售人员分别编制具体的销售预算，之后再汇总编制企业的全部销售预算。

（1）销售收入预算

根据企业综合销售的目标值分解各种产品的销售量和销售单价，并预算销售退回、折让和退货情况，从而确定销售收入预算总额。

（2）销售成本预算

按地域类别和销售量、每单位产品制造成本编制销售成本预算。

（3）销售毛利预算

用销售收入预算减去销售成本预算即得销售毛利预算。

（4）销售费用预算

广义的销售费用是指市场活动成本，狭义的销售费用是指销售部门的费用。确定销售费用的范围有下列方法：以过去实际销售费用为准；依据销售收入或销售毛利目标值确定；从净利润目标倒推；依据是否随销售收入变化确定；依据单位数量计算。

变动销售费用：差旅费、促销费、广告宣传费、运输费、业务（交际）费等。

固定销售费用：销售部门的人员工资、折旧费、租金、保险费等。

总之，销售预算编制内容包括以下几点：销量预算、销售价格预算、销售收入预算、回款预算、销售费用预算、成品期末存货预算。企业在执行预算时会遇到回款困难的问题，可以根据收现率指标界定客户的信誉。

3.2.2　编制销售预算前要注意的内容

编制销售预算前要注意以下几点内容。

（1）销售政策。编制销售预算前，企业要先明确自身的销售政策是否合理，如发现不合理之处，就要做出相应调整。

（2）信用政策。企业的信用政策一般分为两项内容：一是信用期限，例如企业给客户的信用期限去年是 30 天，今年就要考虑是将信用期限缩短还是延长，缩短和延长的理由分别是什么；二是信用额度，例如企业给某客户的信用额度是 30 万元，今年给 30 万元还是给 40 万元取决于对方的信用。这两个环节会影响企业应收账款的收回管控，所以在编制销售预算前要明确。

（3）定价机制。企业需要了解竞争对手价格的变化，即企业所属行业的产品价格的变化。

（4）客户政策。分析发现，并不是所有客户都是"上帝"，在众多客户中，真正有贡献的客户永远遵循"二八原则"。所以客户政策就是要明确企业应该优化哪些客户、留住哪些客户，不要把有贡献的客户优化掉。

（5）渠道政策。企业的销售任务是靠渠道完成的，即使在同一个城市，每个企业渠道的类型也会有所不同。企业在编制销售预算前，要考虑清楚渠道拓展的重点。例如企业现在的市场为一级，是否需要二级、三级市场，拓展方向如何，会带来什么好处等。

（6）广告促销政策。广告促销可以影响销售额度和销售费用，企业要考虑广告促销的策略，如去年在哪些方面投入了广告、广告效果如何等。

（7）销售人员与业绩提成策略。如销售人员是否需要优化、薪酬如何改变、激励政策是否需要修正等，这些策略的改变会影响产品销售量及销售成本。

3.2.3　销售预测应考虑的因素

销售预测应考虑的因素分为内部因素和外部因素。

（1）内部因素：企业的销售政策与营销策略，如信用政策、付款条件、产品政策、价格政策、渠道政策、促销政策，以及企业销售人员的素质等。

（2）外部因素：经济形势、季节变动、市场需求，以及竞争对手的销售量、价格、渠道等。

编制销售预算时，一般由销售部门主导，财务部、生产部、研发部等部门辅助参与。

3.2.4　销售预测方法

销售预测的方法有以下几种。

（1）经验判断法

第一，经理人员判断法，即将企业销售、生产、采购、企划和财务等部门的经理人员集中在一起，运用各自的专业知识和经验，对市场的发展趋势做出分析和预测的方法。

第二，销售人员判断法，即将一线销售人员的数据综合到企业，从而对企业的销售做出预算的方法。该方法先让每个销售人员预测下一阶段的销售最高值、最低值和最可能值，求出每个销售人员对销售预测的期望值，再根据加权平均法求出平均销售预测值。

加权平均数是不同比重数据的平均数，加权平均数就是把原始数据按照合理的比例来计算，若 n 个数中，x_1 出现 f_1 次，x_2 出现 f_2 次，……，x_k 出现 f_k 次，那么 $(x_1f_1+x_2f_2+\cdots+x_kf_k)/n$ 叫作 x_1，x_2，…，x_k 的加权平均数，f_1，f_2，…，f_k 是 x_1，x_2，…，x_k 的权。

算术平均数是加权平均数的一种特殊情况，即各项的权重相等时，加权平均数就是算术平均数。

比如，A公司某一名销售经理和某销售员，他们对销售期望值预测如表 3-1 所示。

表 3-1　销售期望值预测

销售人员		销售量（件）	概率	销售量（件）× 概率
销售经理	最高	500	0.3	150
	最可能	450	0.5	225
	最低	300	0.2	60
	期望值			435
销售员	最高	500	0.3	150
	最可能	400	0.5	200
	最低	300	0.2	60
	期望值			410

（2）定量分析法

定量分析法也称数量分析法，主要是指数学方法，如加权平均法，指数平滑法等。

①加权平均法，即将不同历史时期的销售量按不同权重相加，再除以权重的方法。

比如，某销售公司 2021 年 1—6 月产品销售量分别为 55 万件、50 万件、60 万件、55 万件、70 万件、60 万件。该公司采用最近三个月的实际销售量，运用加权平均法预测 7 月的销售量，其中 4 月销售量按 25%、5 月销售量按 30%、6 月销售量按 45% 的权数计算。

7 月预测销售量 =55×25%+70×30%+60×45%

=13.75+21+27

=61.75（万件）

②指数平滑法。该方法通过平滑系数 a 的幂对最近一期销售量的预测值和该期的实际销售量进行加权，求得预算期销售量的预测值。

指数平滑法公式为 $S_t=aY_t+(1-a)S_{(t-1)}$。其中，S_t 为时间的平滑值；Y_t

为时间的实际值；$S_{(t-1)}$ 为时间（$t-1$）的平滑值；a 为平滑常数，取值范围为 [0，1]。指数平滑法实际上是一种特殊的移动加权平均法。指数平滑法是生产预测中常用的一种方法，也用于中短期经济发展趋势预测。所有预测方法中，指数平滑法是用得较多的一种。

例如，某公司 2020 年预测销售产品 400 吨，实际销售量为 543 吨，根据该年的销售情况，设产品销售量的平滑系数为 0.7，预测 2021 年的销售量。

2021 年预测销售量 =0.7×543+（1-0.7）×400

=380.1+120

=500.1（吨）

案例 乙公司年度销售收入预算

乙公司为甲产品生产企业，2018—2021 年销售收入预算情况如表 3-2 所示。

表 3-2　2018—2021 年销售收入预算情况

项目	2018 年	2019 年	2020 年	2021 年
预计销售量（万件）	10	15	20	25
预计销售价（元/件）	2 000	2 100	2 150	2 180
销售收入（万元）	20 000	31 500	43 000	54 500

乙公司 2021 年销售收入预算各季度现金流入预算见表 3-3，其中在各季度的销售收入中预计 70% 货款在本季度收到，30% 在下季度收到。

表 3-3　2021 年销售收入预算各季度现金流入预算

项目	第一季度	第二季度	第三季度	第四季度	合计
预计销售量（万件）	6	7	6	6	25
预计销售价（元/件）	2 180	2 180	2 180	2 180	—
销售收入（万元）	13 080	15 260	13 080	13 080	54 500
预计现金收入（万元）					
第一季度	9 156	3 924			13 080
第二季度		10 682	4 578		15 260
第三季度			9 156	3 924	13 080

项目	第一季度	第二季度	第三季度	第四季度	合计
第四季度				9 156	9 156
上年应收账款	3 225				3 225
现金流入合计	12 381	14 606	13 734	13 080	53 801

3.3　生产预算的编制

生产预算的编制首先要确定销售品种，分别编制各品种的生产预算，然后汇总成总生产预算。

3.3.1　生产预算需要思考的问题

在生产预算过程中，需要思考一些问题。

（1）企业的现有产能水平。一般企业可怕的是随意增加固定资产，因为固定资产增加之后，有可能就使用一次，造成资源浪费。假如企业现有 1 500 万元产能，通过内部改造，企业的产能水平能否提升，这是生产部门需要思考的问题。

（2）员工政策。企业人员很多，人员的薪资水平和工作效率会发生怎样的改变，都是需要思考的问题。

（3）生产现场工艺水平。企业要思考生产现场的工艺水平是否需要改善。

（4）库存政策。企业保持一定库存的目的是销售，但很多企业却认为库存就是企业资产，所以不是致力于把企业越做越大、把业绩越做越好，而是致力于把仓库越做越大，这是一个谬论。库存量过大有五大危害：占用资金、耗用资源、容易贬值、易毁损、易过质保期。

第一，库存是为大客户准备的，而不是为所有客户准备的。因为大客户需求量大，能够解决企业 60% 的销量问题。第二，库存是为畅销品准备的，而不是为销量小的产品准备的。很多企业认为经常生产销量小的产品会使得生产成本上升，因此在库房中存放很多，但实际上这种做法反而造成成本不断上升。第三，库存是为下期销售准备的，因此预算当期库存要以下期销售为依据，进行合理的政策假设。

3.3.2　生产预算编制及方法

生产部门是生产预算编制的主体，销售、采购、工程技术、仓储、人力资源、财务等部门参与编制。

生产预算包括产量预算和产值预算。

第一，产量预算。企业的生产预算分成四个季度，各季度的销量可以从销售预算表中得知，第一季度的期初库存已知，可以由这两个数字计算各季度的期末库存和生产量，并由此计算全年产量。

第二，产值预算。产值等于产量乘以对应的生产成本。

生产预算的特点是没有金额指标，只有数量指标，所以生产预算是企业整个预算过程中比较特殊的部分，需要特别关注。

生产部门根据销售部门提供的销售量预算，按照产品的生产周期平衡生产能力和安排生产，分品牌、品种、规格、月份、车间编制产量预算，最终平衡企业总体的生产能力。其计算公式如下。

预计生产量 = 预计销售量 + 预计期末产成品数量 − 预计期初产成品数量

例如，某公司 2021 年预算销售 A 产品 500 吨，年初库存为 100 吨，预计年末库存为 50 吨。据此，编制 2021 年 A 产品产量预算，如表 3-4 所示。

表 3-4　2021 年 A 产品产量预算

项目	单位	数量
2021 年预计销售量	吨	500
加：预计年末库存	吨	50
合计	吨	550
减：年初库存	吨	100
2021 年预计生产量	吨	450

3.3.3　生产消耗定额预算编制程序

生产部门根据生产预算、设备新旧程度和历史数据，以及品牌系列和不同产品的实际情况，计算出各生产车间产品分步损失率、原材料的消耗定额和工时定额，编制生产消耗定额预算。

3.3.4　能源消耗定额预算编制程序

生产部门根据生产预算、历史数据、节能业务计划等，并考虑品牌系列和不同产品的实际情况，编制各车间、辅助部门和非生产部门的能源消耗定额预算。

3.4　采购预算的编制

采购预算是指采购部门在一定计划期间（年度、季度或月度）编制的材料采购用款计划。在政府采购中，采购预算是指政府部门批复的采购部门编制的采购项目的用款计划，当出现投标人的报价均超过采购预算时，该次采购将作为废标处理。

3.4.1　采购预算编制注意事项

采购预算由采购部门牵头编制，生产部门、财务部门、工程技术部门都要参与。

采购预算完成了三项预算，资产负债表中的以下 3 个项目可以确定：第一，应收账款；第二，应付账款；第三，增加库存。

材料采购预算。材料的采购单价已知，可以得出采购金额。进项税 = 采购金额 × 适用的增值税税率，采购金额和进项税相加可得出采购总金额。计算出第一季度的采购量和采购总金额之后，就可以推导出其他季度的数值及全年的数值。学会计算一种材料的采购量后，可以推算出两三种材料的采购量。

应付账款预算。企业要向供应商采购商品，就要做付款的预算，即应付账款预算。企业可以根据采购支付率（采购支付率＝付款总额÷采购金额×100%）计算付款总额。通常而言，企业可以根据历史数据约定采购支付率，确定采购金额之后，付款总额也就知道了。此外，企业还要支付上期的应付账款余额，因此上期应付账款余额加上本期应付账款就是本期支付的总额。

增加库存预算。库存预算的基本公式：期初库存＋预计期间送货＝预计销量＋预计损耗＋价格变更＋期末库存。库存预算的要点：和销售预算挂钩的预计进货；分部门的预计损耗金额；细化到各小部门的周转天数。

在编制采购预算过程中，需要思考一些问题。

BOM 的准确性和完整性。编制采购预算之前，企业要知道生产一定产品的直接材料需用量。每个产品都有一个 BOM，企业可以根据 BOM 计算出直接材料需用量。比如，一支笔的 BOM 包括上盖、笔筒、笔芯和墨水，如果企业自己生产上盖，则需要把上盖进一步分解到原材料的层次，如塑胶料和色粉，企业可以根据 BOM 求出生产笔所需的笔筒、笔芯、墨水、塑胶料和色粉的量。随着加工熟练程度的提高，材料的消耗会越来越少，因此企业要思考 BOM 的准确性与完整性，做定期修正，促使生产部门把生产的消耗降到最低。

生产耗费问题。直接材料需用量的预算有生产耗费问题，比如投产产生的头尾料，放在聚塑机里就变成了废料，企业把这部分计算在内，采购预算才会准确。

期末库存。产成品有期末库存，原材料也会有期末库存，所以在编制采购预算的过程中，也要思考期末库存的问题。

供应商的政策。供应商不同，价格有可能会不同，付款周期也有可能不同，因此企业要考虑优化哪些供应商、增加哪些供应商。

采购价格。价格决定采购金额，从而影响资金流出的金额。企业要思考采购价格的合理性，如果不合理，则要考虑需要降低多少。

付款政策。付款周期影响企业的现金流量。例如，大多数企业大部分的负债是信用负债，即应付账款，给企业的期限越长，现金周转的时间就越长。所以，企业要思考自身的付款政策。

期末材料的库存。企业要界定第一季度的期末库存与年末库存，第一季度的期末库存可以按照生产预算的原理编制。

3.4.2　为什么要编制采购预算

预算就是根据企业战略，制定企业运作计划，并对销售收入、费用支出进行预测、监督和控制。采购部门作为一个企业中费用支出最大的部门，要根据销售预测，测算下一年度的费用支出情况，确定某个时间内预计费用支出情况（采购运作计划）；同时，还要确定采购降本预算（采购降本行动计划），以实现利润目标。

3.4.3　怎么编制采购预算

编制采购预算，需要注意以下几点。

（1）销量预测数据

根据销售部门提供的销售预测产品和数量，同时结合历史销售数量，确定未来采购产品的种类和数量。

（2）详细分解采购清单

根据销售部门提供的销售预测产品和数量进行详细原材料采购清单确认，并结合销售预测数据，确定分时间的采购支出清单。

（3）采购支出分析

采购部门根据销售预测数量和品种，结合预计月度需求，进行月度分品类、分供应商、分型号的详细采购量和采购金额的采购支出分析，以确定明年要买什么、从哪里买、买多少、如何买。

（4）采购降本预算

根据采购支出分析，确定明年要买什么、从哪里买、买多少、如何买后，要结合原材料市场预测、采购价格历史轨迹、物料采购量变化趋势等，确定明年的分品类的采购降本策略，并预测全年的预计降本金额，编制实现降本目标所需要的降本执行计划。

3.4.4　采购预算管理如何执行

在完成采购预算编制后，就要按照运作计划，保证预算可执行，采购重点开展的运作计划包含以下七个方面。

（1）采购策略实施

汇总分品类的采购金额和历史分品类的交付数据、降本完成数据、质量数据、行业数据，分析判断品类的健康度，制定分品类的差异化采购策略。

（2）供应商管理战略运作

根据分品类的采购策略分析，确定品类供应商的健康度，编制供应商的开发、管理、淘汰的管理计划。

（3）成本控制运作

根据采购支出分析和采购降本预算分析，实施降本运作、成本管控运作、定价标准运作等。

（4）应付账款改善

根据供应商商务条款分析应付账款周转天数，匹配企业应收账款天数，确定分品类的商务条款标准，改善企业资金流。

（5）库存控制

根据采购参数安全库存设置，分析月度库存余额，测算库存周转天数，实施库存控制，提高库存健康度。

（6）资金支出分析

分析月度应付账款金额，指导企业月度资金占用分析，确定月度资金占用目标。

（7）交付管理运作

改善交付管理，优化采购周期，确保交付可靠、稳定。

3.5　生产成本预算的编制

成本预算是把估算的总成本分配到各个工作细目，以建立预算、标准和检测系统的过程。通过这个过程可对系统项目的投资成本进行衡量和管理，从而事先弄清问题，及时采取纠正措施。通过对工作分析结构中确认了的项目细目成本进行估算，可得到基准成本。

3.5.1　生产成本的组成

通俗来讲，产品的成本由三项组成，分别为料、工、费。料指原材料，工指员工工资，费指制造费用。在编制生产成本预算时，这三项内容的编制难度不同。

料。界定原材料的成本在预算过程中也是个难题，因为实际中的成本有可能与预算中的成本存在一定的误差。例如价格波动时，企业不论是采用平均价格法、先进先出法还是加权平均法，都会影响企业的成本。

工。相对来讲，员工工资比较容易计算。如果企业采用计件法，用员工生产的产品数量乘以每件产品的员工成本就可以计算出员工工资；如果企业采用计时法，就要首先确定产品的标准工时和员工在标准工时内的工作率。

费。界定制造费用有一点技术性难度，如机物料的消耗、水电费等的界定；但有些费用是很容易界定的，比如生产主管的工资、厂房的折旧、机器的折旧等。这时老企业可以在定额的基础上把费用测算出来，如果企业刚刚成立，则不能采用增量预算法，要采用零基预算法。

有料，有工，有费，企业的成本就算出来了，成本总额也就算出来了。

生产成本预算分为以下三部分。

直接材料预算。直接材料预算一般由生产部门主编，采购部门、工程技术部门、财务部门参与。

直接人工预算。直接人工预算由生产部门主编，人力资源部门和财务部门参与。

制造费用预算。制造费用预算由生产部门主编，财务部门参与。

例如，在直接人工预算中，工资有很大的学问。很多管理者认为就是一两千元的事情，其实一个员工的成本是工资的 3 倍～5 倍，因为企业招进一个人后，需要为其提供办公场所、办公设备和培训等，这些都需要成本。所以，把以上成本加上去才能算出正确的人工成本。

期初的产成品库存已知，本期生产入库的产成品已知，期末库存成本可以算出来。这个预算确定之后，企业对销售部门考核的销售毛利率也能得出，资产负债表的另一个指标产成品期末余额也可以得出。

3.5.2　直接材料预算的编制

（1）直接材料使用预算的编制。直接材料使用预算的编制单位为生产部门的各车间，生产部门需要根据预算期内的生产量，考虑期初和期末的产品库存，按每月单价和每月消耗定额，分品牌、规格和品种分别编制直接材料使用预算。产品生产对某材料的消耗总量和消耗总金额计算公式分别如下。

$$产品生产对某材料的消耗总量 = \sum 产品生产量 \times 材料消耗定额$$
$$产品生产对某材料的消耗总金额 = \sum 产品生产量 \times 材料消耗定额 \times 材料预算价$$

（2）直接材料采购预算与库存材料预算的编制。该预算由采购部门、信储部门、生产部门和生产车间联合编制，由财务部门审核。该预算主要包括采购品种预算、采购量预算、采购价格预算、库存材料储备预算、期末存货预算和应付账款预算。

直接材料采购预算以生产预算为基础，需要确定材料预计采购量和预计现金支出额两部分。

$$材料预计采购量 = 预计生产量 \times 材料消耗定额 + 预计期末库存量 - 期初库存量$$
$$预计现金支出额 = 前期应付账款预算期偿还额 + 本期采购材料当期支付额$$

例如，某公司 2021 年预计生产产品 100 吨，生产每吨产品的材料消耗定额为 1.03 吨，年初库存 20 吨，预计年末库存 10 吨。

2021 年材料预计采购量 $=100 \times 1.03 + 10 - 20 = 93$（吨）

（3）确定最佳采购批量，降低采购成本。

例如，某公司使用甲材料，单价为每件 5 元，每次订货成本为 10 元，单位存货年平均储存变动成本为 1 元，甲材料全年需求量为 10 000 件。

$$经济订货批量 = \sqrt{\frac{2 \times 年订货量 \times 平均一次订货准备所发生成本}{每件存货的年储存成本}}$$

$$= \sqrt{\frac{2 \times 10\,000 \times 10}{1}} = 447（件）$$

最佳采购批量为 447 件，年经济订货批量 $=10\,000 \div 447 = 22$（次）

3.5.3　直接人工预算的编制

直接人工预算是指以生产预算为基础，用来确定预算期内生产车间人工成本、人工工时消耗水平和其他相关因素的预算。直接人工预算编制内容主要包括人工工时、产量、单位产品工时、每小时人工成本和人工总成本。

直接人工预算由各生产车间编制，包括年度预算、季度预算、月度预算。在涉及不同产品的时候，企业也可以按不同的产品来编制直接人工预算，最后将所有的直接人工预算汇总得出总直接人工预算。

预算工时和直接人工工资总额的计算公式如下。

$$预算工时 = 产量 × 标准工时$$

$$直接人工工资总额 = 预算工时 × 标准工资率$$

例如，某公司 A 产品的单位产品标准工时为 20 小时，标准工资率为 2 元 / 小时，则该公司的直接人工预算如表 3-5 所示。

表 3-5　产品直接人工预算

项目	第一季度	第二季度	第三季度	第四季度	全年
预计产量（件）	100	120	110	100	430
标准工时（小时）	20	20	20	20	——
预算工时（小时）	2 000	2 400	2 200	2 000	8 600
标准工资率（元 / 小时）	2	2	2	2	——
直接人工工资总额（元）	4 000	4 800	4 400	4 000	17 200

直接人工预算的人员范围包括在岗、在编、内退、待岗、聘用、休长假和其他员工；工资包括企业为员工交纳的附加费用，如养老保险、工伤保险、医疗保险、失业保险、生育保险、企业年金、住房公积金等。

3.5.4　制造费用预算的编制

制造费用预算是指企业生产车间为生产产品和提供劳务而发生的各项间接费用预算，通常由生产部门编制。

（1）固定制造费用预算

固定制造费用一般与本期产量无关，但是企业可以根据产量对其进行修正。固定制造费用包括固定资产折旧、车间管理人员工资及附加、租赁费、低值易耗品摊销、模具摊销、劳保费、维修费等。

（2）变动制造费用预算

变动制造费用预算是以企业生产预算为基础编制的预算，费用包括机物料消耗、水费、电费、加工费等。

例如，某企业预计 2021 年制造费用为 1 000 万元，预计直接人工工时为 200 000 小时，平均每种产品耗用工时 4 小时。

每小时制造费用 =10 000 000÷200 000=50（元）。

产品单位制造费用 =50×4=200（元）

3.5.5 产品成本预算的编制

产品成本预算是指将上述直接材料预算、直接人工预算和制造费用预算进行汇总后得出的企业产品的总成本和单位成本的预算。产品成本预算表如表 3-6 所示。

表 3-6 产品成本预算表

项目	上年实际					本年预算				
	第一季度	第二季度	第三季度	第四季度	年度	第一季度	第二季度	第三季度	第四季度	年度
甲产品										
直接材料成本（元）										
直接人工成本（元）										
制造费用（元）										
产品成本（元）										
生产数量（件）										
单位产品成本（元）										

预算期产品生产成本计算公式如下。

预算期产品生产成本 = 本期预算发生的产品生产成本 + 在产品本期期初余额 − 在产品本期期末余额

3.6　期间费用预算的编制

期间费用是指企业日常活动中发生的不能计入特定核算对象的成本，而应计入发生当期损益的费用。

期间费用是指管理费用、销售费用和财务费用。

3.6.1　管理费用预算

管理费用预算要求各职能部门先编制本部门的预算，再由财务部门负责汇总。在分析基期预算执行情况的基础上，要求考虑预算期内各项费用的变动情况以及影响因素，并对其进行适当的修正。

管理费用预算表一般可分为本年计划数、上年同期实际数、本月实际数和本年累计实际数等部分。其格式如表 3-7 所示。

表 3-7　管理费用预算表

单位：元

项目	本年计划数	上年同期实际数	本月实际数	本年累计实际数
职工薪酬				
折旧费				
修理费				
办公费				
差旅费				
保险费				
租赁费				
咨询费				
排污费				
绿化费				
机物料消耗				
无形资产摊销				
长期费用摊销				
研究开发费				
业务招待费				

项目	本年计划数	上年同期实际数	本月实际数	本年累计实际数
劳动保护费				
劳动保险费				
税金				
其他				
合计				

管理费用预算表的填制方法如下。

（1）本年计划数应根据本年度管理费用计划资料填列。

（2）上年同期实际数应根据上年同期本表的本月实际数或本年累计实际数填列。

（3）本月实际数应根据管理费用明细账的本月合计数填列。

（4）本年累计实际数应根据管理费用明细账的本月末的累计数填列。

3.6.2 销售费用预算

销售费用预算，是指为了实现销售预算目标所需支付的费用的预算。它以销售预算为基础，要分析销售收入、销售利润和销售费用的关系，力求实现销售费用的最有效使用。

销售费用预算可以分为变动销售费用预算和固定销售费用预算。变动销售费用预算是为了实现产品的销售量所需支付的变动销售费用的预算。变动销售费用预算要以预计的销售量为基础分费用项目确定。

固定销售费用预算就是为了实现产品销售所需支付的固定销售费用的预算。确定上述费用，需要对过去发生的上述费用进行分析，考查上述费用支出的必要性和效果，或者采用零基预算法来确定上述各项费用的预算数额。

销售费用预算应与销售收入预算相配合，应有按产品品种、销售区域、费用用途的具体预算额。销售费用预算表如表3-8所示。

表 3-8　销售费用预算表

单位: 元

项目	本年计划数	上年同期实际数	本月实际数	本年累计实际数
一、变动销售费用				
差旅费				
包装费				
运输费				
促销费				
广告宣传费				
业务招待费				
其他				
二、固定销售费用				
销售部门薪酬				
办公费				
折旧费				
租赁费				
保险费				
其他				
三、销售费用合计				
减: 折旧				
现金支出				

3.6.3　财务费用预算

财务费用预算包括以下几项内容。

（1）利息支出

利息支出包括长期贷款利息、短期贷款利息、应付票据利息、应付债券利息、票据贴现利息等支出。与利息支出相关的计算公式如下。

$$季度借款利息支出 = 借款金额 \times 月借款利率 \times 3$$

$$票据到期价值 = 票面价值 \times (1 + 年利率) \times 票据到期天数 \div 360$$

$$票据贴现利息 = 票据到期价值 \times 贴现天数 \times 贴现率 \div 360$$

（2）利息收入

利息收入包括定期存款利息、活期存款利息、带息应收票据到期利息等收入。与利息收入相关的计算公式如下。

$$季度银行存款利息收入 = 月平均每日存款金额 \times 月存款利率 \times 3$$
$$应收票据利息 = 应收票据票面金额 \times 利率 \times 期限$$

（3）汇兑损益

汇兑损益是指在各种外币业务的会计处理过程中，因采用不同的汇率而产生的会计记账本位币金额的差额。

（4）手续费

手续费包括办理银行业务等所需要支付的费用，包括凭证的工本费。

（5）其他

其他财务费用包括现金折扣等。

该项预算最难估计，它涉及企业该年的信贷规模，并牵涉到专门决策预算。所以，首先应进行信贷预算和专门决策预算，再在此基础上进行财务费用预算。

总之，期间费用预算包括销售费用、财务费用与管理费用的预算。销售费用预算由销售部门编制，财务费用预算由财务部门编制，管理费用预算由除销售部门和生产部门以外的部门编制。

在编制期间费用预算时，要注意：确认哪些是现金费用，哪些是非现金费用。比如折旧费、摊销、坏账计提、存货跌价的计提，这些都是非现金费用。

3.7 其他经营预算的编制

其他经营预算编制包括资本预算编制、现金预算编制、预计报表编制等。

3.7.1　资本预算编制

资本预算包括内部投资、外部投资、投资收益的预算。投资收益预算可以影响企业利润表，内部投资预算与外部投资预算可以影响资产负债表与现金预算。

内部投资预算包括固定资产的改良、固定资产的扩建、固定资产的新建等内容；外部投资预算包括企业兼并公司、买公司、入股公司等方面的预算。因为在投资过程中会涉及企业资金方面的支出，所以这方面也需要纳入预算。

3.7.2　现金预算编制

现金预算的编制是在前几步基础上进行的。把各个阶段涉及现金的项目汇总在一起，就可以得到现金预算：第一，期初现金已知；第二，有现金的流入，主要是应收账款，如果企业变卖固定资产，不管是盈还是损，都与现金没有关系；第三，预算期的现金流出项目比较多，现金流出之后有一个期末余额。

企业编制现金预算的目的是：第一，确认预算期的现金期末水平；第二，找到异常，提前解决问题。如果预算期期末有资金 100 万元，而企业预计需要120 万元，企业就会存在 20 万元的资金缺口。管理者要提前解决这个资金缺口，否则一旦这 20 万元资金缺口真正存在，企业就会很难融资。

企业出现资金缺口时，管理者解决资金缺口有两大方式，即"造血"与"输血"。"输血"无非两种途径：一是债权融资，如到银行借款、发行债券等；二是股权融资，如上市、增发股票、吸收新股东等。"造血"比"输血"更重要，"造血"要做到以下三点：付得慢、收得快、中间环节不沉淀。做到"收得快"的方法有：第一，提高收现率，比如把收现率从 80% 提到 82%；第二，收现率不变，提高销售额，比如把销售额从 1 000 万元提到 1 200 万元。做到"中间环节不沉淀"的方法有：企业资金紧张时，现金费用尽量少开支，原先计划出差的推迟出差，原来计划招待的晚一点儿招待，原先计划做固定资产投资的晚点投资。

3.7.3　预计报表编制

企业如果将前面的预算编制做好了，预计报表编制就顺理成章了。预计报表由财务部门负责编制，包括利润表、资产负债表、绩效评价的预算。

3.8 年度经营目标的制定与分解

预算管理经过长期的发展，经历了起源、成长、成熟阶段，管理对象已经从以存货和现金流为主的财务资源扩大到包括财务资源、人力资源、信息资源等的全面资源，管理功能也从单一的计划、控制功能发展为计划、控制、协调、激励、评价、组织学习的管理机制。预算管理逐步成为企业内部管理系统的核心和战略系统。

这一发展，使预算管理的终极目标已经从通过规划和控制财务资源和非财务资源提高绩效，发展为通过有效地利用资源，通过关注、寻找、开发客户价值、股东价值，通过管理创新、制度创新、组织创新、产品创新等来创造和增加价值。

3.8.1 年度预算管理目标

预算管理的直接目标是使战略目标分阶段实现，并通过预算的执行和管理机制的建立，最大限度地使用、配置、控制、协调可以运用的一切人力、财力、物力、组织、信息资源，以取得最大的经济价值、品牌价值、社会价值。

某公司预算管理目标如图 3-2 所示。

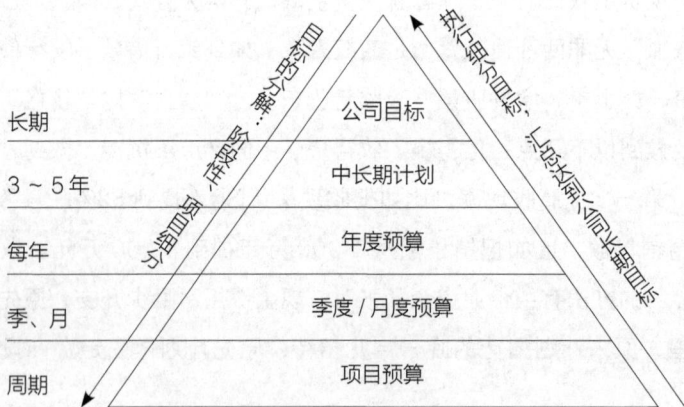

图 3-2 预算管理目标

全面预算是一个系统、科学的指标体系，并不是企业中所有人员都能掌握和运用的。为此，企业引入了与全面预算紧密联系的关键业绩指标考核体系，先将主要预算指标分解到各层级，成为该层级所承担的关键业绩指标，而后对其进行考核和管理。关键业绩指标的考核，使复杂的预算简单化，便于执行和考核，对企业全面预算指标的完成起到重要的支撑作用。

制造业企业全面预算关键业绩指标如表 3-9 所示。

表 3-9　全面预算关键业绩指标

指标类别	关键业绩指标
关键财务指标	权益资金利润率、销售利润率、资金周转率、资产负债率、经营活动现金流量、销售收入完成率、成本完成率、可控费用完成率等
关键非财务指标	生产（工程）进度完成率、产品（工程）质量达标率、客户满意度、员工满意度、部门协调满意度、研发产品周期、制度实施情况等
预算准确指标	预算准确率
否决指标	质量、安全和其他责任事故

如何提高企业盈利水平？

权益资金利润率是企业净收益与权益资金（平均数）的比值。所谓权益资金指投资者权益或业主权益，即企业自有资金加上保留作资金的盈利。这一比率反映了投资获利能力，所以为企业的投资方所关注。在投资利润率一定的条件下，如借入资金的利率较低，则权益资金利润率较高；但当借入资金的利率高于投资利润率，或利息和所得税支出的费率超过投资利润率时，则权益资金利润率反而会低于投资利润率。这一比率的经验标准一般要求大于投资利润率和借入资金的利率。权益资金利润率指标如图 3-3 所示。

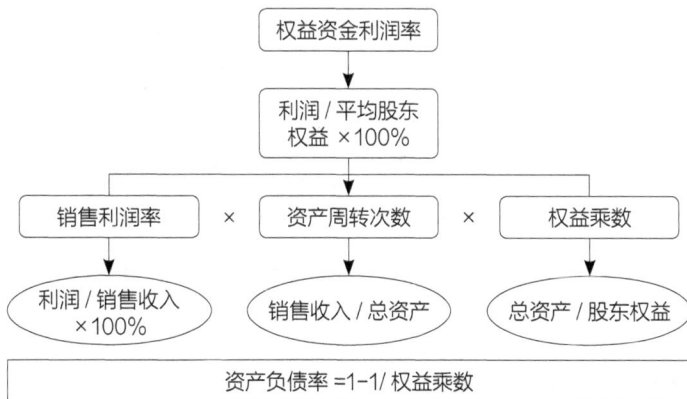

图 3-3　权益资金利润率指标

3.8.2 预测销售额

某公司上年实际销售额为 5 000 万元，本年预计增长 15% 的可能性为 40%，增长 5% 的可能性为 30%，不增长的可能性为 20%，下降 10% 的可能性为 10%。

$$加权平均增长率 =15\% \times 40\%+5\% \times 30\%+20\% \times 0\%-10\% \times 10\%$$

$$=6.5\%$$

$$本年预测销售额 =5\,000 \times （1+6.5\%）=5\,325（万元）$$

3.8.3 预测目标利润

接上例，该公司上年实际变动成本率为 60%，本年预计降低到 58%；上年实际固定成本为 1 500 万元，本年预计增加到 1 600 万元。

$$预测目标利润 = 本期预测销售额 \times （1-变动成本率）-固定成本$$

$$=5\,325 \times （1-58\%）-1\,600$$

$$=636.5（万元）$$

3.8.4 以行业平均净资产收益率为基准计算目标利润

某公司净资产为 4 000 万元，行业净资产收益率为 20%，固定成本为 3 000 万元，变动成本率为 60%。

该公司目标利润预测程序和测算步骤如表 3-10 所示。

表 3-10 目标利润预测程序和测算步骤

预测程序	测算步骤
目标利润	4 000×20%=800（万元）
销售收入	（3 000+800）÷（1-60%）=9 500（万元）
成本费用	变动成本 =9 500×60%=5 700（万元） 固定成本 =3 000（万元）
目标分解	分解到各责任单位

3.8.5 年度经营目标分解法

年度经营目标分解方法如表 3-11 所示。

表 3-11　年度经营目标分解方法

年度经营目标分解方法	内容
倒挤法	首先把不确定性因素较小的责任单位的具体经营目标确定下来，然后在企业整体年度经营目标中逐一扣除，逐步倒挤出企业内部各级责任单位的具体经营目标
固定比例法	充分考虑企业内部各级责任单位以往在实现企业整体经营目标中的贡献能力，合理确定一套固定的分配比例，据此将已经确定的企业整体经营目标按比例分解、落实
基数法	以各级责任单位上年完成经营目标或前几年完成经营目标的平均数为基础，预测预算期发展速度，在此基础上分解年度经营目标，确定各级责任单位的经营目标
因素分析法	将有可能影响各级责任单位预算期经营目标完成情况的各有关因素综合起来，采用一定的分析方法分析，最终合理分解，落实企业整体年度经营目标，确定各级责任单位的具体经营目标
自主申报法	由企业预算管理委员会召集各级责任单位，在说明预算期企业整体经营目标和相关企业内外部环境的情况下，动员各级责任单位根据自身实际能力与实际情况，自主申报其在企业整体经营目标中愿意承担的份额，并由预算管理委员会修正，据以分解年度经营目标的方法
联合基数法	上级单位每年根据发展目标，对市场进行分析和预测，并结合企业的具体情况，提出下级单位的年度经营目标

3.9　作业基础预算的编制

作业基础预算（Activity-Based Budget，ABB），是以作业成本计算（Activity-Based Cost，ABC）为基础的一种新型预算管理方法。作业基础预算方法是在传统预算方法的基础上，结合经实践证明行之有效的全面质量管理、作业成本法、作业基础管理的理念设计的一种新的预算管理方法。

3.9.1 作业基础预算编制概述

作业基础预算的基础是作业成本法，而作业基础预算的编制路径正好与作业成本计算的路径相反。

（1）作业基础预算编制原则

①战略原则。重点对企业全局进行总体策划和对企业未来进行长期谋划。

②作业原则。其成本计算过程渗透到整个作业链中，包括产品设计与开发、生产、供应、销售和售后服务等。

③动因原则。采用多成本动因分配不同的间接成本费用。

（2）作业基础预算编制步骤

作业基础预算的关键编制步骤如下。

①将战略与预算联系起来。编制作业基础预算，首先需要将战略目标分解为作业层次的目标，分解过程中常用的方法包括顾客调查法、核心竞争力分析法、标杆法等。

②对现有的作业进行分析。通过作业分析，尤其是增值作业和非增值作业的区分，可以了解作业存在的必要性，并据以进行岗位的分撤、组合等。进行作业分析，不仅能增强业务的可控性，也能从根本上达到降低成本、提高效益的目的。

③按照改进后的作业和流程估计未来的作业量，并以此为依据进行资源分配，编制预算草案。

④按照战略目标确定的作业优先顺序调整资源需求和资源限额之间的差异，并形成最终的作业基础预算。

（3）作业基础预算编制流程

作业基础预算的编制目的在于预测未来期间组织对资源的需求量，而这些需求量是由未来期间生产的产品或劳务的数量决定的，因此作业基础预算编制的起点是下一经营期间产品或劳务的需求量水平。

由于作业基础预算追踪组织的流程是如何生产产品或劳务的，因此与建立在成本分配观基础上的作业成本法不同的是，它建立在资源消耗观的基础上，根据"作业消耗资源，产品消耗作业"的原理，首先预测产出量，再预测产出消耗的作业量，最后预测作业消耗的资源量。

作业基础预算基本模型如图 3-4 所示，可以总结为 7 个步骤，构成一个动态可循环的过程。

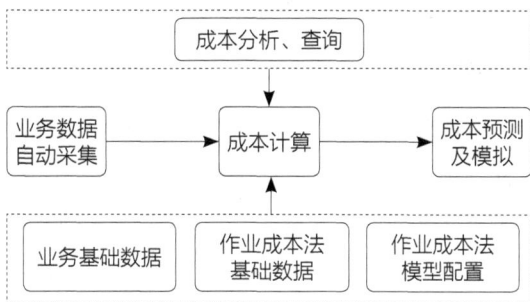

图 3-4 作业基础预算基本模型

①预测产品或劳务（即成本标的） 在下一经营期间的需求量。

②确定作业消耗比率，即每单位产品或劳务消耗的作业量。

③用作业消耗比率乘以产品或劳务的预测需求量，预测出下一经营期间可以满足成本标的消耗需求的作业量。

④确定资源消耗比率，即每单位作业消耗的资源量。

⑤用资源消耗比率乘以③中预测出来的作业量，预测出下一经营期间可以满足作业消耗需求的资源量。

在这一步中，必须寻求资源的经营平衡，即资源需求量必须与资源供应量一致。如果预测的资源需求量等于或大致（在一个可接受的限度内） 等于资源供应量，则资源达到了经营平衡，进入步骤⑥ 。如果没有达到经营平衡，则增加或减少资源供应量（例如引进新设备或出租闲置生产设备，雇佣或解聘临时工等），或者重新回到步骤①修订步骤①～④的投入量（例如重新预测需求量、降低作业消耗比率、改变产品或劳务的功能等） ，计算新的资源需求量，以此达到经营平衡。

⑥用资源供应量乘以资源的预计单价，预测出资源需求成本数据。

⑦分配资源需求成本到预测产品或劳务中。

在这一步中利用作业成本法计算原理，把步骤⑤中达到经营平衡时的资源供应总成本分配到作业和成本标的中,计算相关的财务指标(利润、投资回报率等)，并与组织确定的财务目标进行比较，判断财务目标是否达到。如果计算出来的利润、投资回报率等指标超过或达到财务目标，则预算达到了财务平衡。如果没有达到财务平衡，回到步骤⑤修订步骤①～④的投入量和资源供应量，重新寻求经营平衡并转化为财务数据，以达到新的财务平衡。

（4）作业基础预算作业

战略管理对组织取得竞争优势具有重要的作用和意义。战略管理由确定业务范围、建立战略目标、制定战略、贯彻和执行战略、评估战略业绩以及进行战略调整等部分组成，每个环节都需要大量内部和外部的、财务和非财务的、绝对和相对的、历史和现实的管理会计信息，于是企业战略管理实务产生了对战略管理会计的需要。其中，作业基础预算在战略管理中也具有很大的作用。

①加强了预算与战略规划的联系。企业的战略目标往往是一套存在着内在一致性的多重目标，它既包括诸如营业利润这样的财务指标，也包括衡量企业经营业绩的非财务指标，如市场占有率、增长率、产品质量及与客户的关系等。作业基础预算的作业安排是考虑了企业长远发展战略的，而不仅仅是为了完成预算期的财务业绩指标，它有利于提高企业的综合素质，增强企业市场竞争和持续发展能力。

②以作业、流程、价值链为预算组织基础，强调整体业绩，增强了预算系统处理跨部门事项的能力。作业基础预算首先确定各职能部门、业务部门提供的作业量和服务对象，在这个作业确定过程中，各部门要充分沟通协调，以求实现最佳作业安排，这样就有利于打破各部门之间的壁垒，将预算视作一个整体，而不仅仅是每个部门的目标。

③优化企业资源配置。作业基础预算的前提是作业分析后的作业基础管理，即已经识别了增值与非增值作业。作业预算在考虑完成预算目标时，首先对上期经营情况进行作业分析，找出各项作业和企业价值增值之间的联系，以便在以后的预算中能清除、替换或减少非增值作业和低效率的增值作业。企业是根据作业本身的增值能力确定资源分配的优先顺序的。作业基础预算的编制过程有利于降低成本，消除无效的作业，实现作业和流程的持续改进。

④可增强基层管理者和员工的参与积极性。作业基础预算提供了作业量的预算数据，使得基层员工对预算年度内每个月分别需要完成的作业量有了很清楚的认识，从而使得预算更易被基层员工接受和理解，有利于增强基层员工参与预算

制定的积极性和改进工作的热情，避免出现传统预算中员工有抵制情绪的情况，使预算更顺利地执行，使基于预算的业绩考评更加合理，也使企业的战略可以在日常的运营活动中得以体现和被理解。

综上所述，作业基础预算在企业推行战略管理、提高竞争优势、克服传统预算的缺陷等方面，均拥有不可忽视的作用。

3.9.2　作业成本管理

作业成本法是个性化的成本核算方法。在推行科学和流程管理的企业，一定要以客户和作业流程为中心对工作任务进行管理，即开展作业成本管理。

作业成本管理（Activity-Based Costing Management，ABCM）是以提高客户价值、增加企业利润为目的，基于作业成本法的新型集中化管理方法。它通过对作业及作业成本的确认、计量，最终计算产品成本，同时将成本计算深入作业层次，追踪并动态反映企业所有作业活动，进行成本链分析（包括动因分析、作业分析等），为企业决策提供准确信息，指导企业有效地执行必要的作业，消除和精简不能创造价值的作业，从而达到降低成本、提高效率的目的。

许多国际性的大型制造业企业和信息技术企业（如惠普公司）都已实施了作业成本管理，我国的一些领先型制造业企业，如许继电气集团等也开展了作业成本管理，作业精简和效能提高的作用十分明显。

作业成本核算模型是实施作业成本管理的基础，是对作业成本法核算体系的描述，在作业成本法的实施过程中具有重要地位。作业成本要素是构成作业成本核算模型的元素，它们按照一定规则组合在一起形成作业成本核算模型。

（1）作业成本管理的实施

尽管作业成本管理在不同行业、不同经济技术条件、不同规模的企业中实施各具特点，但是根据作业成本管理的基本原理，借鉴西方企业的实施经验，我国企业具体实施作业成本管理时，一般应遵循下列程序。

第一，分析累积顾客价值的最终商品的各项作业，建立作业中心。既然企业最终商品的顾客价值均由作业链创造，那么作业成本管理的着眼点就应放在这条作业链上，对构成作业链的各项作业进行分析，确认主要作业和作业中心。一个作业中心即生产程序的一部分。按照作业中心汇集和披露成本信息，便于管理者控制作业，考评绩效。

第二，归类汇总企业相对有限的各种资源，并将资源合理分配给各项作业。企业的生产经营活动消耗作业，作业则消耗资源，而企业的资源总是有限的。因此，作业成本管理强调要对企业的各种资源分类汇总，建立资源库，根据需要科学合理地对各项作业进行资源配置，并对各项作业耗费资源所创造的顾客价值进行跟踪和动态分析，尽可能降低必要作业的资源消耗，杜绝不必要作业的资源浪费。

第三，分类汇总生产经营的最终商品或劳务，明确成本对象。成本对象的确定必须包括所有的最终商品或劳务，不能遗漏某种商品或劳务，否则，其他商品或劳务就会承担过高的成本，从而造成成本信息的失真。但是，作业成本管理并不直接以最终商品或劳务为成本管理的对象，而将与其相关的作业、作业中心、顾客和市场纳入成本管理体系，从而抓住资源向成本对象流动的关键。

第四，发掘成本动因，加强成本控制。发掘成本动因，就是摒弃传统的狭隘的成本分析方式，代之以宽广的、与战略相结合的方式进行成本动因分析，并以成本动因为标准，将各项成本聚集到最终商品或劳务。加强成本控制，主要强调两个方面：一是控制成本动因，只有了解了主要价值链活动的成本动因，才能真正控制成本；二是通过改造和优化企业的主要作业链活动，如商品设计与研究开发、生产、营销等，来取得成本竞争优势。

第五，建立健全业绩评价体系，加强成本管理的绩效考评。实施作业成本管理，必须结合责任会计制度建立健全成本管理的绩效评价体系，将作业中心的确立与责任中心的划分衔接一致，明确经济责任和权限范围。通过使用合适的成本动因，保证成本指标和经营绩效的真实性与可靠性，从而帮助管理层从非财务的角度进行业绩评价，进一步从理论上完善责任会计。

作业成本管理将控制成本、降低成本的视野由以"商品"为中心转移到以"作业"为中心，它不是以"成本"论成本，而是联系成本发生的原因（成本动因）与结果（成本耗费）来寻求控制成本的途径和方法；它不是简单、盲目地削减成本，而是通过对作业的跟踪和动态反映，通过对事前、事中、事后的作业链及价值链分析，实现企业持续低成本、高效益目标。

作业成本管理的实施程序大体上有以下环节。

①建立作业中心，认定增值作业，消除非增值作业。

②建立作业成本预算控制指标。

③计算实际作业成本。

④作业成本差异的计算与分析。差异分析的一般步骤：计算差异额并分析其种类；进行差异调查，寻找原因；判明责任，采取措施，改进工作。

（2）作业成本管理的现实意义

作业成本管理以作业为成本管理的起点与核心，相较于传统的以商品或劳务为中心的成本管理是一次深层次的变革并有质的飞跃。

第一，适应新经济技术环境的客观要求。随着全球经济一体化和资本国际化进程的加快，科学技术朝着信息化方向迅猛发展，市场需求的多样化、个性化，现代企业商品生产过程的自动化、信息化以及制造系统的复杂化是当前不可逆转的大趋势。在这种新的经济技术环境下，若继续采用在商品成本中所占比重越来越小的直接人工去分配所占比重越来越大的制造费用，必将导致商品成本信息的严重失真，进而误导企业的战略决策。

作业成本管理与传统成本管理的显著区别在于，作业成本管理将企业视作满足顾客需要而设计一系列作业的集合体，企业商品凝聚了在各个作业上形成且最终转移给顾客的价值，作业链同时表现为价值链，可见成本管理的着眼点与重点从传统的"商品"转移到了"作业"。以作业为成本分配对象，不仅能够科学合理地分配各种制造费用，提供较为客观的成本信息，而且能够通过作业分析，追根溯源，不断改进作业方式，合理地进行资源配置，实现持续降低成本的目标。因此，作业成本管理能够很好地适应高新经济技术环境对成本管理的客观要求。

第二，有利于加强成本控制。自 20 世纪 80 年代以来，现代企业间的市场竞争进入白热化。与此相适应，企业商品通常采用多品种、个性化、小批量的生产经营模式，以适应顾客日新月异的多样化需求。这使得传统的以"商品"为管理的核心与起点、以标准成本与实际成本的差异分析及控制为重点的成本管理，日益难以适应这种新的、动态的、不稳定的生产经营环境。

而作业成本管理则以作业成本为对象，以每一作业的完成及其所耗资源为重点，以成本动因为基础，及时、有效地提供成本控制所需的相关信息。作业成本管理可极大地增强管理人员的成本意识，以作业中心为基础设置成本控制责任中心，将作业员工的奖惩与其作业责任成本控制直接挂钩，充分发挥企业员工的积极性、创造性与合作精神，进而达到有效地控制成本的目的。

第三，有利于提升商品的市场竞争力。随着社会生产的发展和世界经济的一体化，现代企业间的市场竞争也逐渐趋于激烈化和国际化。而我国传统的成本管理模式只注重商品投产后与生产过程相关的成本管理，忽视了投产前商品开发与设计的成本管理，这已越来越难适应当代社会经济发展的需要，极大地阻碍了企业商品市场竞争力的提升。

作业成本管理则能很好地适应现代企业在激烈的市场竞争中的发展需要，从一开始就特别重视商品设计、研究开发和质量成本管理，力求按照技术与经济相统一的原则，科学合理地配置相对有限的企业资源，不断改进商品设计、工艺设计以及企业价值链的构成，从而提升企业商品的市场竞争力。

（3）作业成本管理的核算要素体系

了解和掌握作业成本管理的核算要素是掌握作业成本管理知识的基础。为开展作业成本管理，构建作业成本核算模型，需要对作业成本进行计算。作业成本管理涉及的四大核算要素是资源、作业、成本对象、成本动因，其中资源、作业和成本对象是成本的承担者，是可分配对象。在企业中，资源、作业和成本对象往往具有比较复杂的关系。成本动因则是导致生产中成本发生变化的因素。只要是能导致成本发生变化的因素，就是成本动因。

①资源。

资源作为一个概念，其外延非常广泛，涵盖了企业所有价值载体，包括物料、能源、设备、资金和人工等。但作业成本管理中的资源，实质上是指为了产出作业或产品而产生的费用支出，换言之，资源就是指各项费用总体。

作为分配对象的资源就是消耗的费用，或可以理解为每一笔费用。资源如果直接面向作业和成本对象分配，就是传统成本法中的直接材料。

②作业。

作业是指在一个组织内为了达到某一目的而进行的耗费资源的工作。作业是作业成本管理的核心要素。根据企业业务的层次和范围，可将作业分为以下四类。

单位作业：使单位产品或服务受益的作业，它对资源的消耗量往往与产品的产量或销量成正比。常见的单位作业如加工零件、对每件产品进行的检验等。

批别作业：使一批产品受益的作业，该作业的成本与产品的批次数量成正比。

常见的批别作业如设备调试、生产准备等。

产品作业：使某种产品的每个单位都受益的作业，例如零件数控代码编制、产品工艺设计作业等。

支持作业：为维持企业正常生产而使所有产品都受益的作业，该作业的成本与产品数量无相关关系。常见的支持作业如厂房维修、管理作业等。通常认为前三个类别以外的所有作业均是支持作业。

③成本对象。

成本对象是企业需要计量成本的对象。根据企业的需要，可以把每一个生产批次作为成本对象，也可以把一个品种作为成本对象。在顾客组合管理等新的管理工具中，需要计算出每个顾客的利润，以此确定目标顾客群体，这里的每个顾客就是成本对象。

成本对象可以分为市场类成本对象和生产类成本对象。市场类成本对象主要按照不同的市场渠道、不同的顾客确定，它主要衡量不同渠道和顾客带来的实际收益，核算结果主要用于市场决策和支持企业的产品决策。生产类成本对象是在企业内部的成本对象，包括各种产品和半成品，用于计量企业内部的生产成果。

④成本动因。

成本动因指的是解释发生成本的作业的特性的计量指标，反映作业所耗用的成本或其他作业所耗用的作业量。成本动因可分为以下三类。

第一，交易性成本动因，用于计量作业发生的频率，例如设备调整次数、订单数目等。当所有的产出物对作业的要求基本一致时，可选择交易性成本动因。以家电制造业企业为例，安排一次某型号冰箱生产或处理同一型号产品订货所需要的时间和精力与生产了多少产品或订货的数量无关。

第二，延续性成本动因，反映完成某一作业所需要的时间。如果不同数量的产品所要求的作业消耗的资源显著不同，则应采用更为准确的计量标准。例如，工艺流程简单的产品每次需要的设备调整时间较短，而工艺流程复杂的产品每次需要的设备调整时间较长，如果以设备调整次数为成本动因，则可能导致作业成本计算的不实，此时以设备调整所需要的时间为成本动因更为合适。

第三，精确性成本动因，即反映直接计算每次执行每项作业所消耗资源的成本。在每单位时间里进行设备调整消耗的人力、技术、资源等存在显著差异的情况下，可能需要采用精确性成本动因，直接计算作业所消耗资源的成本。

（4）作业成本管理的八大步骤

企业在开展作业成本管理的过程中，必须结合自身实际情况分步骤实施，但不同企业的应用也有相当多的共性因素，我们将之归纳为作业成本管理的八大步骤。在实施作业成本管理的过程中，注重在这八大步骤的基础上创新和灵活应用，是实现作业成本管理成功的关键。

①作业调研：了解企业的运作过程、收集作业信息。

其目标是详细了解企业的经营和作业过程，理清企业的成本流动次序和促使成本发生的因素，了解各个部门对成本的责任，便于设计作业以及责任控制体系。

②作业认定：掌握作业流程并分解归并。

作业往往分散在企业的组织结构中，因企业的规模、工艺和组织形式的不同而不同。认定作业可采用三种方法：第一种方法是绘制企业的生产流程图，将企业的各种经营过程以网络的形式表现出来，每一个流程都分解出几项作业，最后将相关或同类作业归并起来。第二种方法是从企业现有的职能部门出发，通过调查分析，确定各个部门的作业，再加以汇总。第三种方法是召集全体员工开会，由员工或工作组描述其所完成的工作，再进行汇总。第三种方法有助于提高全体员工的参与意识，加速作业成本管理的实施，而前两种方法可以较快取得资料，准确性高，不会对员工造成干扰。

③成本归集：汇集和分析相关成本和成本动因。

各类资源成本在发生时，已由传统会计进行了记录，反映在应付职工薪酬、应付账款、存货等账户中。在本步骤要找出与各项作业相关的资源成本，可以通过现有的计量指标直接进行分配。例如，可以将材料成本归集到消耗材料的加工作业中，也可以通过分析某一职能部门或某一员工的工作时间在不同作业上的分配来确定该职能部门的成本或该员工的工资如何分配到不同的作业上。而后，根据作业的类型和资源成本的性质确定成本动因。

④建立成本库：按照同质的成本动因将相关的成本入库。

一旦选定作业成本动因后，就可按照同质的成本动因将相关的成本归集起来。每个成本库可以归集直接人工、直接材料、机器设备折旧、管理性费用等，如设备调整人员的工资、福利，调整所用的物料、工具的损耗等。有几个成本动因，就建立几个成本库。建立不同的成本库按多个分配标准分配制造费用是作业成本计算优于传统成本计算之处。

⑤设计模型：建立作业成本核算模型。

在对企业的运作进行充分了解与分析的基础上，设计企业的作业成本核算模型，主要确定以下内容：企业资源、作业和成本对象，包括它们的分类、与各个组织层次的关系、各个成本对象的责任主体；资源作业分配的成本动因；资源到作业的分配关系；作业到产品的分配关系。

⑥应用软件：选择和开发作业成本实施工具系统。

作业成本管理需要的比传统会计更丰富的信息，是建立在大量的计算上的。因此作业成本的实施离不开应用软件的支持，应用软件有助于完成复杂的核算任务，有助于对信息进行分析。作业成本实施工具系统提供了作业成本核算体系构建工具，可以帮助建立和管理作业成本核算体系，并完成作业成本核算。

⑦运行分析：作业成本运行和结果分析。

在建立作业成本核算体系的基础上，输入具体的数据，运行作业成本；对作业成本的计算结果进行分析与解释，如成本偏高的原因、成本构成的变化等。

⑧持续改进：开展相关改进工作以实现增值作业。

该步骤对作业成本实施过程中发现的问题采取相应解决措施，实现持续的效果提升。改进措施如考核组织和员工，重塑企业生产经营流程，消除非增值作业，提高增值作业运行效率，等等。

3.9.3　基于平衡计分卡的作业基础预算

罗伯特·卡普兰和戴维·诺顿两位经济学家提出了平衡计分卡理论。基于平衡计分卡而构建的作业基础预算的思路，是将平衡计分卡的战略管理方法应用于作业基础预算管理，使得企业的作业基础预算和企业的发展战略协同一致。

基于平衡计分卡的作业基础预算管理模型如图 3-5 所示。

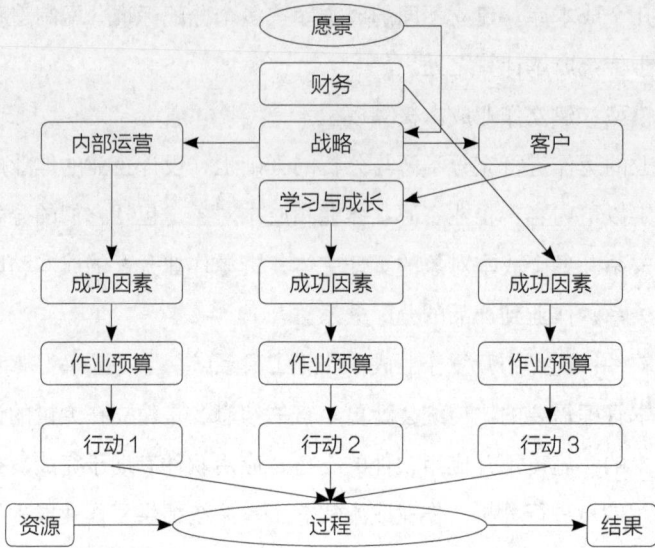

图 3-5　作业基础预算管理模型

　　企业通过建立各个层级的平衡计分卡，然后通过与关键成功因素相联系的作业管理确定资源，由此形成完整的以平衡计分卡为基础的作业基础预算管理。

　　基于平衡计分卡的作业基础预算管理要素如表 3-12 所示。

表 3-12　作业基础预算管理要素

战略目标	考核指标	关键成功因素	作业活动	资源	作业基础预算
财务	资本收益				
	收入				
	成本				
客户	客户保持率				
	客户满意度				
	新市场				
内部运营	管理流程				
	工作流程				
	流程一体化				
学习与成长	员工满意度				
	战略认知度				
	产品开发周期				

3.9.4　基于价值链的作业基础预算

价值链的概念是美国哈佛大学的迈克尔·波特教授在《竞争优势》一书中提出来的。按照波特的价值链理论，对于企业来说，企业的活动可以分为 5 种主要活动和 4 种辅助活动。

（1）5 种主要活动

5 种主要活动如下。

①投入活动。如收货、储存、配置等相关活动。

②生产作业。它是指将投入转化为最终产品的相关活动。

③产出性活动。如产成品的运输和储存、客户联系、订单处理等。

④销售活动。这类活动旨在让客户了解和购买产品，如广告、促销、设置销售机构。

⑤服务活动。它包括培训、修理、维护、部件更新等，旨在提高产品的附加值。

（2）4 种辅助活动

4 种辅助活动如下。

①采购活动。它是指购买企业价值链上所有投入活动所需资源的活动。如购买原材料和用品、购建固定资产等。

②技术开发活动。所有价值活动都涉及技术成分，如新产品的研发，商标、专利、专门技术的研发，软件开发等。

③人力资源管理活动。它包括人员的招聘、培训、发展、激励。

④企业基础设施建设活动。企业基础设施既指厂房设置、机器设备等硬件，也指总体管理、计划、财务、质量管理、法律、公共关系等大量的软件。

价值链是指企业研发、生产、销售，向客户交付产品和提供服务所必需的一系列作业价值的集合，或者是指伴随着作业转移的价值转移过程中全部价值的集合。

案例　编制某变压器厂总装车间的作业基础预算

步骤 1：企业战略分析。

该厂处于成熟时期，市场竞争趋于激励。若该厂的战略制定为成本降低以争取其市场份额，则预算的编制应当融合该厂的这一战略目标，尽可能地压缩生产成本。

步骤 2：流程和作业分析。

以总装车间为例，实施以下 5 项作业：总装、干燥、油压试验、生产协调和产品检验。由于该厂的生产技术先进，产品质量较为稳定，没有不合格产品，所以产品检验这个作业为非增值作业，应当予以取消。于是总装车间必须实施以下 4 项作业：总装、干燥、油压试验和生产协调。

其作业动因分别为人工工时、干燥时间、油压时间和生产批次。

步骤 3：预测产品或劳务在下一经营期间的需求量。

假设总装车间预测，下一年度市场对本厂某一型号变压器的需求量为 2 000 台。步骤 4 至步骤 7 以油压试验作业消耗的人力资源预算为例展开分析。

步骤 4：确定作业消耗率和资源消耗率。

假定每台变压器平均需要 5 次油压试验，即作业消耗率是每台变压器 5 次；假定每次油压试验需要 4 小时才能完成，即资源消耗率为每次试验 4 小时。

步骤 5：确定作业消耗量。

用作业消耗率乘以产品或劳务的预测需求量，即可得到作业消耗量。计算的下一年度生产 2 000 台变压器的作业消耗量如下。

作业消耗量 =2 000×5=10 000（次）

步骤 6：确定需要的人力资源需求量。

油压试验下一年度对人力资源需求量的计算如下。

人力资源需求量 =4×10 000=40 000（小时）

在这一步骤中，总装车间必须要寻求资源的经营平衡，即资源需求量必须与资源供应量一致。按照以上同样的方法，总装车间可以计算出总装作业、干燥作业、生产协调作业的人力资源需求量，分别为 24 000 小时、22 000 小时、9 000 小时，则总装车间的人力资源需求量计算如下。

总装车间的人力资源需求量 =40 000+24 000+22 000+9 000=95 000（小时）

假设总装车间共有 30 名员工，每名员工每年可以提供 2 000 小时的人力资源，则总装车间每年的人力资源供应量为 60 000 小时。资源供应量小于资源需求量，该厂可以采取从其他车间调配或者雇用新员工、临时雇员等方案解决资源供应不足的问题，使预算达到经营平衡。

步骤 7：预测资源需求成本数量。

假设每名员工的小时工资率为 18 元，则人力资源需求成本计算如下。

人力资源需求成本 =95 000×18=1 710 000（元）

按照这个步骤，同样可以计算出总装车间的其他资源消耗。例如房屋租金、设备折旧、物料消耗、办公费、差旅费等资源需求情况。假设总装车间全部作业的所有资源需求成本总额为 9 580 000 元。

步骤 8：将资源需求成本总额分配到预测产品或劳务上。

每台变压器的成本计算如下。

每台变压器的成本 =9 580 000÷2 000=4 790（元）

如果该厂确定的每台变压器的标准成本为 4 080 元，由于预算超支，该厂应当改进生产方式或者采取其他可以降低成本的生产方式。

步骤 9：计算相关的财务指标。

计算相关的财务指标（如利润、投资回报率等），并与该厂确定的财务目标比较，判断财务目标是否达到。

案例　如何分配广告和营销预算

预算的作用很广泛，但基本作用只有两个：计划和控制。计划指规划未来的目标以及为实现目标而进行资源配置。以此而言，所有企业都需要预算。因为确定未来目标和进行相关的资源配置，在任何组织中都不可或缺，公共组织也是如此。事实上，政府和公共机构皆有法定的年度预算，有些政府还要在 3～5 年的时间框架内准备年度预算。在企业中，只是资本预算才如此。经营预算的计划期大多为一年或半年，这依行业特性和内外经营环境而定。

为了实现计划目标，除了配置资源外，还需要建立控制系统以识别和确认差异。没有控制，计划预算中确立的目标很容易落空。

偏差和差异分析完成后，接下来的问题是：谁应对差异负责，以及如何实施奖罚以保持有利差异和修正不利差异。由此引发了业绩考核问题。一旦预算与业绩考核挂钩，很多问题就随之而来。预算的失败，一半的原因在于不恰当的挂钩。

与控制功能相关的问题还有一个：集权和僵化。预算需要一定的集权，但经常集权过度而致僵化——不能适应变化导致机遇丧失。这些问题在政府预算中也很严重。由此而来的问题是：如果没有预算，用什么来管理企业可以更好。

另一个问题与计划功能相关：如何为稀缺资源的分配确定合理基础？

以预算作为资源配置标准。

资源表现为资金和成本费用。所有的事都需要花钱：采购、生产、库存、销售和服务。一旦实际耗费，便形成会计上记录的成本和费用。成本有特定的对象，比如产品、工时、客户、订单和时间段。在成本对象并未确定时，资源耗费表现为费用，比如制造费用。会计上需要将这些费用按一定标准分配到成本对象上，生产成本因此转换为产品成本。没有特定对象的成本通常称为固定成本，原则上应作为期间费用处理。

如果你有100元钱，可以一次全部花掉；也可以分10次花掉，每次花10元。如果每次投入的产出是零，最后结果也是零。在这种情况下，或许一次把100元全花掉效果会好得多。

企业希望以较少的广告投放来获得最大的广告效应。在制定广告预算时，必须明白的是，广告不是花费，而是投资。正确的做法是将有限的广告费集中起来使用，不要分散。对于广告预算较少而市场规模较大的企业，集中有限广告预算的策略尤其重要，这样可以选择强势媒体进行集中投放，让消费者足次足量地接触到企业的广告信息。不要将战线拉得太长。不能简单地按照媒体本身的收视份额投放预算。强势媒体的广告预算投放份额，应是该媒体收视份额的 N 倍，一般可达到 5～10 倍。

"把资源集中在预期回报最高的地方"涉及一个问题：广告和营销资源按实际业绩还是按预算（或标准预算）分配。表3-13给出了两个可能的方案。

表3-13 基于业绩的营销预算分配

金额单位：万元

项目	市场 A	市场 B
上年销售额	200	800
营销预算	80	320
成本有效性	2.5	2.5
分配前利润	60	240
分配后利润	-20	-120

市场A上年实际销售业绩占总销售业绩的20%，所以在预算期分配80万元。市场B的实际销售业绩占其总销售业绩的80%，所以分配320万元。这种基于实际销售业绩分配资源的做法相当普遍，但却是无效的分配。

按实际数分配至少会带来三个问题：误导性——让人误以为无论一块钱投到哪里，都会产生相同的回报（成本有效性）；歪曲业绩评价——表3-13显示两个市场的业绩完全颠倒过来了；低效率的内部传递——低效率出现在不该出现的地方。举例来说，如果营销投入过多（导致低效率），这原本是决策者的差错，但以实际销售业绩为基础分配后，给人的感觉是市场 A，特别是市场 B 出现了低效率。

销售业绩并非广告的成本动因。广告成本属于由管理政策确定而不是由销售业绩决定的酌量性成本，而且先于销售发生。以此言之，基于实际业绩的资源配置（或成本费用分配）背离了相关性原则，而相关性是决策的首要原则。

表 3-14 给出了正确的分配方案。

表 3-14　基于预算数的营销预算分配

金额单位：万元

项目	市场 A	市场 B
实际销售额	200	800
预算销售额	500	500
营销预算	200	200
成本有效性	1.0	4.0

表 3-14 显示市场 A 的销售潜力远大于市场 B。"资源配置以潜力为王，业绩评价以实际为王"，这是应该遵循的管理决策原则。实际上，许多企业完全颠倒过来了：以预算数考核业绩，以实际业绩分配资源。这是错误的。虽然预测未来回报潜力存在困难，但也应朝着这一方向努力。过去不能作为未来的良好指示器，特别是在迅速变化的环境中。

第 4 章
财务预算的编制

　　财务预算是集中反映未来一定期间 （预算年度）现金收支、经营成果和财务状况的预算，是企业全面预算的重要组成部分。财务预算的内容一般包括现金预算、预计损益表和预计资产负债表。

　　现金预算反映企业在预算期内，生产经营和投资活动所引起的现金收入、现金支出和现金余缺情况；预计损益表反映企业预算期内的经营业绩，即销售收入、变动成本、固定成本和税后净收益等构成情况；预计资产负债表反映企业预算期末的财务状况，即资金来源和资金占用以及它们各自的构成情况。

4.1　财务预算的编制的基本概念

　　财务预算是反映财务活动总体情况的预算，如反映财务状况的预计资产负债表，反映财务成果的预计损益表。

4.1.1　财务预算概述

　　财务预算与经营预算、资本预算、筹资预算共同构成企业的全面预算，即总预算。相关预算包括销售、生产、采购、直接材料、直接人工、制造费用、期间费用和投资与筹资预算等。

　　财务预算应当围绕企业战略要求和发展规划，以经营预算、资本预算为基础，以现金流控制为核心进行编制，并根据经营预算、资本预算、筹资预算分季度和月度加以落实。

经营预算是指反映预算期内企业可以形成现金收付的生产经营活动或营业活动的预算；资本预算是指企业在预算期内进行资本性投资活动的预算，主要包括固定资产投资预算、权益性资本投资预算和债券投资预算；筹资预算是指企业在预算期内需要新借入的长期和短期借款，经批准发行的债券，对原有借款、债券还本付息的预算。

4.1.2　财务预算编制的原则

财务预算编制的原则：坚持效益优先原则，实行总量平衡，进行全面预算管理；坚持积极、稳健原则，确保以收定支，加强财务风险管理；坚持权责对等原则，确保预算切实、可行，围绕经营战略实施。

4.1.3　财务预算在全面预算体系中的作用

财务预算是企业全面预算体系的组成部分，它在全面预算体系中有以下重要作用。

（1）财务预算使决策目标具体化、系统化和定量化

在现代企业财务管理中，财务预算能全面、综合地协调、规划企业内部各部门、各层次的经济关系与职能，使之统一服务于未来经营总体目标；同时，财务预算又能使决策目标具体化、系统化和定量化，能够明确规定企业有关生产经营人员各自职责及相应的奋斗目标，做到人人事先心中有数。

财务预算作为全面预算体系中的最后环节，可以从价值方面总括地反映经营期特种决策预算与业务预算的结果，使预算执行情况一目了然。

（2）财务预算有助于财务目标的顺利实现

通过财务预算，企业可以建立评价企业财务状况的标准。将实际数与预算数对比，可及时发现问题和调整偏差，使企业的经济活动按预定的目标进行，从而实现企业的财务目标。

4.2　物业管理企业财务预算的内容

在物业管理企业的财务管理过程中，财务预算居于十分重要的地位。任何管理活动都涉及了解过去、分析现在和规划未来，物业管理企业的财务管理活动也不例外。财务预算既是这些了解、分析和规划活动结果的集中体现，又是保证企业规划目标或财务管理目标得以实现的管理控制工具。

4.2.1　收入预算

物业管理企业的收入来自物业管理服务和多种经营（多种经营部分的预算应单独编制，在此仅探讨物业管理服务部分）两个方面。

管理服务收入是物业管理企业的主营业务收入，这一主营业务收入又可进一步分为管理收入（包括公共服务收入、公众代办性服务收入和特约服务收入三部分）、经营收入和大修收入等。

4.2.2　营业成本预算

营业成本是物业管理企业在从事物业管理活动中发生的各项直接支出，其预算包括直接人工费预算和直接材料费预算两部分。

其中，直接人工费预算是企业在预算期内直接从事物业管理活动人员的工资、奖金和福利费等预计支出，而直接材料费预算是物业管理活动中直接消耗的各种材料、燃料和动力、低值易耗品和包装物等方面的预计支出。

4.2.3　管理费用预算

管理费用预算是财务预算的主要组成部分之一，是从事物业管理活动所发生间接费用的预算。

管理费用内容包括物业管理企业管理人员的工资和奖金及职工福利费、固定资产折旧费和修理费、水电费、办公费、差旅费、邮电通信费、租赁费、保险费、劳动保护费、安保费、低值易耗品摊销和其他费用等。

4.2.4　财务费用预算

财务费用预算是物业管理企业在预算期内为筹措资金所发生费用的预算。财务费用的构成项目包括利息支出、汇兑损失、金融机构手续费和其他财务费用等。

4.2.5　资本预算

资本预算也称设备维修更新计划，是物业管理企业为实现物业的保值和增值，根据设备的运行状况和管理服务的需要制定的有关长期资产（固定资产等）购入和更新改造支出的预算。

资本预算的特点是资金量大、周期长、风险大、时效性强。通过资本预算，可以起到两个方面的作用：一是使投资方案更加科学和可行；二是运用预算控制投资支出，检查投资方案实施后的收入和投资报酬的实现情况。

在编制资本预算过程中应坚持以下原则。

第一，量力而行是资本预算的首要要求。由于资本预算通常都针对企业资本扩增项目进行，所以首先需要确保企业拥有足够的生产或营运能力，可以满足销售及服务计划的需要。

第二，资本预算要有专项导向。

第三，资本预算应与企业发展战略和长期目标保持一致。

第四，资本预算应考虑资金时间价值。

4.2.6　现金预算

现金预算亦称现金流量表，是反映预算期内货币资金的流入、流出以及资金调度的预算。

在此，现金并非指现钞，而是指企业的货币资金。编制现金预算是物业管理企业进行货币资金日常管理的基本手段。

4.2.7　预计损益表

预计损益表又称年度利润计划，是在经营决策（包括财务决策）的基础上，综合反映物业管理企业预算期（通常为一年，下同）内收入、成本费用和净利润的预算。

4.2.8 预计资产负债表

预计资产负债表是揭示物业管理企业资产、负债和股东权益在预算期末的水平及其构成的预算。

4.3 现金预算和现金持有量的确定

现金预算是反映预算期内企业现金流转状况的预算。这里所说的现金，是指企业库存现金、银行存款等货币资金。编制现金预算的目的是合理地处理现金收支业务，调度资金，保证企业财务处于良好状态。

4.3.1 现金预算

现金预算包括以下几项内容。

（1）现金收入

现金收入是指物业管理企业提供服务取得的现金收入。现金收入不同于营业收入。营业收入是一个会计概念，其确认基础是权责发生制，无论款项是否收到，只要取得了收取款项的权利，即可确认收入；现金收入是一个财务概念，其确认以收付实现制为基础，即只有收到现金后才确认现金收入。两者之间的差异主要体现在企业的应收款项上。

（2）现金支出

现金支出包括的内容很多，分为营业现金支出和其他现金支出两部分。

营业现金支出是预算期内同物业管理企业提供物业管理服务有关的现金支出，包括采购材料、员工工资、销售费用和管理费用（不含折旧）等成本费用中的付现部分；其他现金支出主要有固定资产更新、上缴税金等方面的付现支出。

（3）现金余缺

现金余缺是现金收入和现金支出之间的差额。差额为正数，说明现金有余；

差额为负数，表明物业管理企业入不敷出，现金短缺。

（4）余缺的运用或筹措

持有现金，收益很低；现金短缺，则企业的正常运作难以为继。为此，在保证现金最低余额的前提下，可将多余的现金用于偿还物业管理企业的借款或做短期投资；现金短缺部分，应考虑利用各种融资方式，如向银行借款、调整物业管理收费等加以解决。

4.3.2 现金持有量的确定

最佳现金持有量是总成本最低时的持有量，它取决于两个因素，即持有现金的机会成本和现金转换成本。一笔资金以现金形式持有，就无法同时以有价证券形式持有，此时，因持有现金而损失的有价证券投资收益，称为持有现金的机会成本。转换成本是指出售有价证券所必须支付的费用，如通信费、税金和手续费等。转换成本是一项固定成本，仅与转换次数有关，而与每次的转换金额无关。

4.4 物业管理企业财务预算的编制

财务预算是现代企业理财的重要手段，通过对企业资金运动规律的认识，以及充分调动企业员工参与财务预算编制和实施的积极性，它实现了科学管理和民主管理的结合。

财务预算的编制涉及企业的各个部门，编制预算时，需对财务预算的编制方式和编制程序做出具体、明确的规定。

4.4.1 物业管理企业财务预算的编制方式

各物业管理企业常用的预算编制方式为"二下一上式"。物业管理企业管理层首先将财务规划确定的预计损益表分部门下达，作为各部门编制预算的控制目标（一下）；财务部门对各部门的预算草案进行汇总和综合平衡，编制出正式的财务预算，并报物业管理企业管理层，然后再由管理层交业主大会讨论批准后，正式下达给各部门执行（一下）；各部门根据控制目标的要求，结合自身的实际情况，编制出分季度的预算草案，并上报物业管理企业财务部门（一上）。

4.4.2 物业管理企业财务预算的编制程序

物业管理企业财务预算的编制程序如下：

第一，根据相关法规和管理服务合同的要求（特别是物业管理的内容和收费标准等），编制资本预算及年度收入预算；

第二，以收入预算为基础，编制营业成本预算，即直接材料费预算和直接人工费预算；

第三，依据收入预算，编制管理费用预算；

第四，根据收入预算、营业成本预算和管理费用预算等，结合物业管理企业的收付款政策和资本预算，编制现金预算；

最后，综合所有预算，编制（预计损益表利润预算）和预计资产负债表。

值得注意的是，利润预算与财务规划中的预计损益表并无不同。因为，预计损益表作为物业管理企业的控制目标下达给各部门，然后再由各部门按照以上程序编制相应的预算。这一编制过程，一方面使预计损益表得以分解，具备了实现的可能；另一方面，为物业管理企业理财提供了所需的新信息，如现金预算等。

案例 天马物业管理公司财务预算编制过程

天马物业管理公司仅负责一高层住宅小区（以下称闲逸小区）的物业管理服务。2020 年 10 月，天马物业管理公司管理层调查研究后决定：2021 年的财务预算按静态预算进行编制。

此后，天马物业管理公司财务部将预计损益表按部门进行分解，并下达给各部门。各部门根据下达的控制目标，结合自身的实际情况，编制了预算草案，其编制过程如下。

（1）编制收入预算。

天马物业管理公司的物业管理收入相对简单，仅包括公共服务收入、公众代办性服务收入和特约服务收入三部分。根据管理服务合同，公共服务的收费执行微利原则，并尽可能与政府指导定价相一致；公众代办性服务和特约服务的收费执行政府指导定价。

原则上，各项收费都应按时收取，但据以往经验知，本季度的公共服务收入的80% 于当季可收到款项，其余 20% 于下季度才能收到；其他服务收入基本上当季就可收取。

另外，按照我国现行税法的规定，物业管理企业应就其营业收入缴纳增值税、城市维护建设税、教育费附加和防洪工程维护费等税费。

（2）编制营业成本预算。

营业成本是公司为赚取收入而发生的直接费用，包括直接材料费和直接人工费。

因此，编制营业成本预算，应以收入预算为基础，分别确定公共服务收入、公众代办性服务收入和特约服务收入的直接成本。

公众代办性服务收入和特约服务收入的直接成本较容易确定，可参照其他工商企业采用的方法确定。公共服务收入的直接人工费，根据安保人员、维修工程人员和清洁人员等直接从事公共服务的人员的人数和当地的工资水平（包括职工福利费）确定；其材料成本可以上年度实际发生的成本为基础，增减一定百分比（通常为物价指数）来确定。

由于直接材料多定点采购，公司的付款政策为：本季度采购额或成本的70% 于当季支付，其余的 30% 于下季度支付。因此，本季度直接材料费的现金支出 =70%× 本季度直接材料费 +30%× 上季度直接材料费。

（3）编制管理费用预算。

管理费用预算是财务预算的重要组成部分。它涵盖了天马物业管理公司在提供服务过程中发生的所有间接费用，包括管理人员的工资和福利费、办公费、差旅费、固定资产的折旧、保险费等。

编制管理费用预算的最佳方法为零基预算法，但为了简便起见，天马物业管理公司采用的仍然是固定预算法。

（4）编制现金预算。

现金预算的编制，如上所述，以收入预算和成本费用预算为依据。天马物业管理公司所需营运资金由管理费押金提供，最低的现金余额为 10 万元，多余资金用于偿还借款或购买国库券（年利率平均为 7%）。

2020 年度，天马物业管理公司无借款，也无投资。按物业管理合同，天马物业管理公司每季度收取经理人酬金 10 万元，预计所得税为 30 万元。

（5）编制预计损益表。

预计损益表是天马物业管理公司在预算期内经营成果的汇总反映。天马物业管理公司的财务预算经闲逸小区业主大会通过后，于 2021 年 1 月正式下达执行。

4.5　现金流量预算表的编制

现金流量预算表是有关预算的汇总，由现金收入、现金支出、现金多余或不足、资金的筹集和运用四个部分组成。

4.5.1　现金流量预算表三大资金活动的内容

现金流量预算表包括三大资金活动的内容。

（1）经营活动现金流量各项目的内容

① "销售商品、提供劳务收到的现金" 项目。

该项目反映企业销售存货形态的商品、对外提供各项劳务所实际收到的价款与增值税。包括：本期销售商品、提供劳务于本期收到的现金；前期销售商品和提供劳务形成的应收账款、应收票据等在本期收回的现金；为销售商品、提供劳务而在本期预收的现金；本期以现金收回前期已核销的坏账；等等。但本期退回本期销售的商品和前期销售本期退回的商品所支付的现金应从该项目中扣除。

收回采用分期收款销售方式销售商品和提供劳务形成的长期应收款中的本金部分也应列入该项目，其利息部分应在 "收到其他与经营活动有关的现金" 项目中填列。

② "收到的税费返还" 项目。

该项目反映企业本期因各种税费返还而收到的现金额，如收到政府部门返还的增值税、消费税、所得税和教育费附加返还款等。

③ "收到其他与经营活动有关的现金"项目。

该项目反映企业除了上述两个项目以外，收到的其他与经营活动有关的现金，如经营租赁的租金收入、罚款收入、流动资产损失中由责任人或保险公司赔偿的现金收入、经营活动中收取的各项押金、本期收回采用分期收款销售方式销售商品和提供劳务形成的长期应收款时所确认的利息收益以及接受的现金捐赠等。

④ "购买商品、接受劳务支付的现金"项目。

该项目反映企业购买列入存货的商品所支付的现金货款和增值税进项税额，接受除形成固定资产等各项长期资产的工程劳务以外的一切劳务所支付的现金劳务款等。

该项目包括以现金支付的本期购买商品的货款、增值税进项税额和接受劳务款；以现金偿还前期购买商品、接受劳务形成的应付账款和应付票据；本期为购买商品、接受劳务用现金预付的账款。本期因发生购货退回和折让而收到的现金应从本项目中扣除。

⑤ "支付给职工以及为职工支付的现金"项目。

该项目反映企业本期实际支付职工的各项薪酬及为职工支付的其他支出。

该项目包括本期实际以现金形式支付给职工的工资、奖金、各种津贴和补贴，以现金形式为职工支付的福利费、住房公积金、医疗保险金、养老保险金、失业保险金、各种社会及商业保险金，以及以现金支付的解除职工劳动关系的补偿和对困难职工的补助等。

企业实际支付给职工和为职工支付的现金（包括上述内容），应按职工的工作性质和服务对象分别处理。

凡支付给在建工程人员的，以及能构成固定资产、无形资产和其他长期资产价值的职工薪酬，应在"购建固定资产、无形资产和其他长期资产支付的现金"项目中反映；支付给其他职工的现金在本项目中反映；而支付给离退休人员的各项费用，应在"支付其他与经营活动有关的现金"项目中反映。

⑥ "支付的各项税费"项目。

该项目反映企业本期实际上缴财政、税务部门的各种税费，包括本期发生本期上缴的税费，以及本期上缴以前各期发生的税费和本期预缴的税费。该项目不包括计入固定资产价值、实际支付的耕地占用税和计入投资成本、购买有价证券实际支付的印花税等应计入投资活动的税费，以及本期退回的各项税费。

⑦ "支付其他与经营活动有关的现金"项目。

该项目反映企业除上述各项目外，支付的其他与经营活动有关的现金，如经营租赁支付的租金，罚款支出，支付的差旅费、业务招待费、保险费、广告费、审计费、诉讼费、董事会费，以及支付的押金和现金捐赠支出等现金支出额。

（2）投资活动现金流量各项目的内容

① "收回投资收到的现金"项目。

该项目反映企业出售、转让或到期收回除现金等价物以外的交易性金融资产、长期股权投资等权益性投资的本金而收到的现金，以及收回债权性投资的本金而收到的现金。

该项目不包括收回债权性投资收到的利息收益和处置子公司及其他营业单位收到的现金净额等。

② "取得投资收益收到的现金"项目。

该项目反映企业因持有除现金等价物以外的各项交易性金融资产、长期股权投资等而分得的现金股利、现金利润和收到的现金利息等。

该项目包括从子公司、联营企业和合营企业分回利润而收到的现金，不包括股票股利。

③ "处置固定资产、无形资产和其他长期资产收回的现金净额"项目。

该项目反映企业出售、报废、毁损固定资产、无形资产、投资性房地产和其他长期资产所收到的现金净额，包括处置资产的现金收入、残料的现金收入、收到的过失人或保险公司的现金赔偿收入等，扣除为处置这些资产而支付的有关费用后的净额。

如收回的现金净额为负数，则不在该项目中反映，应填列在"支付其他与投资活动有关的现金"项目中。

④ "处置子公司及其他营业单位收到的现金净额"项目。

该项目反映企业处置子公司及其他营业单位所收到的现金，减去为处置而发生的相关费用以及子公司及其他营业单位原持有的现金和现金等价物后的净额。

⑤ "收到其他与投资活动有关的现金"项目。

该项目反映企业除上述各项目以外，收到的其他与投资活动有关的现金，如收到的购买股票和债券时支付的已宣告但尚未领取的现金股利和已到付息期但尚未领取的债券利息等。

⑥ "购建固定资产、无形资产和其他长期资产支付的现金"项目。

该项目反映企业购买和建造固定资产、投资性房地产，取得无形资产和其他长期资产所支付的现金。该项目不包括为购建固定资产而发生的借款费用资本化部分的利息，也不包括融资租入固定资产支付的租赁费。借款费用资本化部分的利息和融资租赁的租赁费均应在筹资活动产生的现金流出量中反映。

企业以分期付款方式购建的固定资产，其在所购固定资产入账之前首次支付的现金应包括在该项目内，但以后各期支付的现金应作为筹资活动的现金流出量反映。

⑦ "投资支付的现金"项目。

该项目反映企业进行权益性投资和债权性投资支付的现金，包括企业取得的除现金等价物以外的交易性金融资产、可供出售金融资产、长期股权投资、持有至到期投资等所实际支付的现金；包括支付的计入金融资产或股权投资成本的佣金、印花税、手续费等附加费用。

但企业购买股票和债券时，实际支付的价款中包含的已宣告但尚未领取的现金股利和已到付息期但尚未领取的债券利息，不包括在该项目内，而应在"支付其他与投资活动有关的现金"项目中反映。

⑧ "取得子公司及其他营业单位支付的现金净额"项目。

该项目反映企业购买子公司及其他营业单位所支付的现金，减去子公司及其他营业单位持有的现金和现金等价物后的净额。

⑨ "支付其他与投资活动有关的现金"项目。

该项目反映企业除上述各项目以外，支付的其他与投资活动有关的现金，如企业购买股票和债券时，实际支付的价款中包含的已宣告但尚未领取的现金股利和已到付息期但尚未领取的债券利息等。

（3）筹资活动现金流量各项目的内容

① "吸收投资收到的现金"项目。

该项目反映企业收到的投资者投入的现金，包括企业以合资、合营、联营等方式直接吸收投资者的初始投资和追加投资所收到的现金；企业以发行股票方式筹集资金所实际收到的现金净额；企业发行债券所实际收到的现金净额。为发行股票、债券筹集资金而由企业直接支付的审计、咨询、宣传广告等费用，不应在该项目中反映，而应在"支付其他与筹资活动有关的现金"项目中反映。

②"取得借款收到的现金"项目。

该项目反映企业向金融机构等举借各种短期、长期借款所收到的现金本金。

③"收到其他与筹资活动有关的现金"项目。

该项目反映企业除上述各项目外，收到的其他与筹资活动有关的现金，如股份有限公司（上市公司）发行新股时申购资金冻结期间的利息收入等。

④"偿还债务支付的现金"项目。

该项目反映企业以现金偿还债务的本金而支付的现金，包括以现金偿还金融企业等的各种短期、长期借款本金和以现金偿还的应付债券本金等。

企业偿还的各种借款利息和应付债券利息不包括在该项目内，应在"分配股利、利润或偿付利息支付的现金"项目中反映。

⑤"分配股利、利润或偿付利息支付的现金"项目。

该项目反映企业向投资人实际支付的现金股利或利润以及支付的各种借款利息、债券利息等，包括支付为购建固定资产而发生的借款费用资本化部分的利息等。

⑥"支付其他与筹资活动有关的现金"项目。

该项目反映企业除上述各项目以外，支付的其他与筹资活动有关的现金。如融资租入固定资产支付的租赁费，以分期付款方式购建固定资产在各期支付的现金，向金融企业借款而支付的手续费，在发行股票、债券等筹资活动中由企业直接支付的审计、咨询、公证、宣传广告等各项前期筹资费用，以及企业按规定减少注册资本所支付的现金等。

⑦"汇率变动对现金及现金等价物的影响"项目。

该项目反映企业外币现金流量及境外子公司的现金流量折算为人民币时，所采用的发生日汇率或平均汇率折算的人民币金额与按报告期期末汇率折算的人民币金额之间的差额，如外币现金账户、外币银行存款账户按期末汇率调整时产生的汇兑差额等。

期末汇率高于发生日汇率或平均汇率而产生的汇兑差额将使"现金及现金等

价物净增加额"项目数额增加；反之，将减少"现金及现金等价物净增加额"项目数额。

4.5.2　现金流量预算表的列报方法

现金流量预算表的列报方法有以下两种。

（1）直接法

在直接法下，一般是以利润表中的营业收入为起算点，调节与经营活动有关的项目的增减变动，然后计算出经营活动产生的现金流量。

采用直接法编报的现金流量表，便于分析企业经营活动产生的现金流量的来源和用途，便于预测企业现金流量的未来前景。

我国企业会计准则规定企业应当采用直接法编报现金流量表，同时要求在附注中提供以净利润为基础调节的经营活动现金流量的信息。

（2）间接法

在间接法下，将净利润调节为经营活动现金流量，实际上就是将按权责发生制原则确定的净利润调整为现金净流入，并剔除投资活动和筹资活动对现金流量的影响。

采用间接法编报现金流量表，便于将净利润与经营活动产生的现金流量净额进行比较，了解净利润与经营活动产生的现金流量产生差异的原因；便于从现金流量的角度分析净利润的质量。

4.5.3　现金流量预算表的编制方法

现金流量预算表编制的四种方法包括现金流量台账法、分析填列法、工作底稿法、T形账户法。

（1）现金流量台账法

现金流量台账法是指根据现金流量表各项目内容分别设置现金流量台账，将企业实际发生经济业务时产生的各项现金流入量和现金流出量，在登记会计凭证和会计账簿的同时，逐一分类归集到各自相应的现金流量台账中，并于期末及时加以汇总，据此编制现金流量表的一种方法。

现金流量台账是一种备查簿，仅为编制现金流量表的会计记录。

现金流量台账应按经营活动、投资活动和筹资活动的现金流入和现金流出以及汇率变动对现金及现金等价物的影响分别设置账页，并根据现金流量表中的具体项目在每一账页上设置若干专栏。

（2）分析填列法

分析填列法是指直接根据已经编制完成的资产负债表、利润表和有关会计科目明细账的记录，结合本期发生的经济业务，通过对权责发生制会计信息的调整，分析计算现金流量表各项目的金额，并据以编制现金流量表的一种方法。

（3）工作底稿法

工作底稿法是以工作底稿为手段，以资产负债表和利润表数据为基础，对每一项目进行分析并编制调整分录，从而编制现金流量表的一种方法。采用工作底稿法编制现金流量表的程序如下。

第一步，将资产负债表的期初数和期末数过入工作底稿的期初数栏和期末数栏。

第二步，对当前业务进行分析并编制调整分录。编制调整分录时，要以利润表项目为基础，从"营业收入"项目开始，结合资产负债表项目逐一进行分析。在调整分录中，有关现金和现金等价物的事项，并不直接借记或贷记现金，而是分别记入"经营活动产生的现金流量""投资活动产生的现金流量""筹资活动产生的现金流量"有关项目，借记表示现金流入，贷记表示现金流出。

第三步，将调整分录过入工作底稿中的相应部分。

第四步，核对调整分录。借方、贷方合计数均已经相等，资产负债表项目期初数加减调整分录中的借贷金额以后，也应等于期末数。

第五步，根据工作底稿中的现金流量表项目部分编制正式的现金流量表。

（4）T形账户法

T形账户法是以T形账户为手段，以资产负债表和利润表数据为基础，对每一项目进行分析并编制调整分录，从而编制现金流量表的一种方法。采用T形账户法编制现金流量表的程序如下。

第一步，为所有的非现金项目（包括资产负债表项目和利润表项目）分别开设T形账户，并将各自的期末、期初变动数过入对应的T形账户。如果项目的期末数大于期初数，则将差额过入和项目余额相同的方向；反之，过入相反的方向。

第二步，开设一个"现金及现金等价物"T 形账户，每边分为经营活动、投资活动和筹资活动三个部分，左边记现金流入，右边记现金流出。与其他 T 形账户一样，过入期末、期初变动数。

第三步，以利润表项目为基础，结合资产负债表分析每一非现金项目的增减变动，并据此编制调整分录。

第四步，将调整分录过入各 T 形账户，并核对。各 T 形账户借贷相抵后的余额与原先过入的期末、期初变动数应当一致。

第五步，根据"现金及现金等价物"T 形账户编制正式的现金流量表。

4.6　利润预算表的编制

利润预算是以货币形式综合反映预算期内企业经营活动成果的利润计划，是现代化的科学管理方法。

4.6.1　利润预算概述

利润预算的步骤如下。

第一步，计算营业利润。营业利润的公式如下。

营业利润＝营业收入－营业成本－税金及附加－销售费用－管理费用－财务费用－
资产减值损失＋公允价值变动收益（－公允价值变动损失）＋投资收益
（－投资损失）＋资产处置收益（－资产处置损失）＋其他收益

第二步，计算利润总额。以营业利润为基础，加上营业外收入，减去营业外支出后，即为利润总额。

第三步，计算净利润。以利润总额为基础，减去所得税费用后，即为净利润（或净亏损）。

4.6.2 利润预算表的编制

利润预算表的编制如下。

（1）"营业收入"项目，反映企业本期经营主要业务和其他业务所取得的收入总额。本项目应根据"主营业务收入"和"其他业务收入"两个账户的贷方发生额之和填列，并应减去本期发生的销售折让和销售退回等借方发生额，即按本期营业收入净额填列本项目。

（2）"营业成本"项目，反映企业本期经营主要业务和其他业务所发生的实际成本总额。同样，本项目应根据"主营业务成本"和"其他业务成本"两个账户的借方发生净额之和分析填列。

（3）"税金及附加"项目，反映企业本期经营各项主要业务和其他业务应负担的消费税、城市维护建设税、资源税、土地增值税、房产税、土地使用税、车船税、印花税和教育费附加等各项税费，但不包括增值税。本项目应根据"税金及附加"账户的借方发生额分析填列。

（4）"销售费用""管理费用""财务费用"项目，反映企业本期发生的三项期间费用，应分别根据"销售费用""管理费用""财务费用"总账账户的本期借方发生净额分析填列。如"财务费用"为净收益，以"－"号填列。

（5）"资产减值损失"项目，反映企业本期各项资产发生的减值损失净额。本项目应根据"资产减值损失"账户的借方发生额（本期计提额）减去贷方发生额（本期转回额）的差额填列。如本期为净转回额，以"－"号填列。

（6）"公允价值变动收益"项目，反映企业按公允价值计量且其变动计入当期损益的资产或负债的本期公允价值变动净收益。本项目应根据"公允价值变动损益"账户的贷方发生净额分析填列。如为公允价值变动损失，以"－"号填列。

（7）"投资收益"项目，反映企业以各种方式对外投资所取得的收益减去投资损失后的净收益。本项目应根据"投资收益"账户的贷方发生额（即收益）减去借方发生额（即损失）后的净额填列。如为投资损失，以"－"号填列。

（8）"营业外收入"和"营业外支出"项目，分别反映企业本期取得的和发生的与企业生产经营业务无直接关系的各项收入和支出，应分别根据"营业外收入"账户和"营业外支出"账户的本期发生额分析填列。

（9）"所得税费用"项目，反映企业本期采用资产负债表债务法确定的，应从本期损益中减去的所得税费用。本项目应根据"所得税费用"总账账户的本期借方发生净额分析填列。

（10）"营业利润""利润总额""净利润"项目，分别反映企业本期实现的各项利润，应根据前述各项利润的计算公式，分别计算得到。如为亏损额，以"－"号填列。

4.6.3　利润预算表编制举例

B 公司 2020 年预算损益类账户发生额如表 4-1 所示。

表 4-1　B 公司 2020 年预算损益类账户发生额

单位：元

账户	借方发生额	贷方发生额
主营业务收入		2 100 000
主营业务成本	1 320 000	
其他业务收入		700 000
其他业务成本	80 000	
税金及附加	118 000	
销售费用	90 000	
管理费用	300 000	
财务费用	144 440	
资产减值损失	129 000	
公允价值变动损益		49 000
投资收益		144 600
营业外收入		317 000
营业外支出	47 000	
所得税费用	266 790	

根据上述各损益类账户发生额，编制 2020 年度利润预算表，如表 4-2 所示。

表 4-2　B 公司 2020 年利润预算表

单位：元

项目	本年预算金额	上年实际金额
一、营业收入	2 800 000	
减：营业成本	1 400 000	
税金及附加	118 000	
销售费用	90 000	
管理费用	300 000	
财务费用	144 440	
资产减值损失	129 000	
加：公允价值变动收益（损失以"-"号填列）	49 000	
投资收益（损失以"-"号填列）	144 600	
其中：对联营企业和合营企业的投资收益	0	
二、营业利润（亏损以"-"号填列）	812 160	
加：营业外收入	317 000	
减：营业外支出	47 000	
其中：非流动资产处置损失	17 000	
三、利润总额（亏损以"-"号填列）	1 082 160	
减：所得税费用	266 790	
四、净利润（净亏损以"-"号填列）	815 370	

4.7　资产负债预算表的编制

资产负债预算表，也称为全面预算方案收尾试算平衡表，反映企业在预算期末的资产、负债和所有者权益的全貌及财务状况，用来测试整个预算方案的编制数据是否连续、完整、系统。如果资产负债预算表最后的资产和负债、所有者权益能平衡，说明全面预算方案编制工作完整、规范，企业的总预算方案编制正式完成。

4.7.1　资产负债预算概述

资产负债预算是依据当前的实际资产、负债和全面预算中的其他预算所提供的资料编制而成的，是反映企业预算期末财务状况的总括性预算。

4.7.2　资产负债预算表编制方法

资产负债预算表编制方法如下。

（1）根据总账科目的预算余额填列

资产负债预算表中的有些项目，可直接根据有关总账科目的余额填列，如"短期借款""应付票据""应交税费""应付职工薪酬"等项目；有些项目则需根据几个总账科目的余额计算填列，如"货币资金"项目，需根据"库存现金""银行存款""其他货币资金"三个总账科目余额的合计数填列。

（2）根据有关明细账科目的预算余额计算填列

例如，"应付账款"项目，需要根据"应收账款"和"预收账款"两个科目所属的相关明细科目的期末借方余额计算填列。

（3）根据总账、明细账科目的预算余额分析计算填列

例如，"长期借款"项目，需根据"长期借款"总账科目余额扣除"长期借款"科目所属的明细科目中将在资产负债表日起 1 年内到期，且企业不能自主地将清偿义务展期的长期借款后的金额分析计算填列。

（4）根据有关科目预算余额减去备抵科目余额后的净额填列

例如，资产负债预算表中的"应收账款""长期股权投资"等项目，应根据"应收账款""长期股权投资"等科目的期末余额减去"坏账准备""长期股权投资减值准备"等科目余额后的净额填列；"固定资产"项目，应根据"固定资产"科目的期末余额减去"累计折旧""固定资产减值准备"科目余额后的净额填列；"无形资产"项目，应根据"无形资产"科目的期末余额，减去"累计摊销""无形资产减值准备"科目余额后的净额填列。

（5）综合运用上述填列方法分析填列

例如，资产负债预算表中的"存货"项目，需根据"原材料""库存商品""委托加工物资""周转材料""材料采购""在途物资""发出商品""材料成本差异"等总账科目期末余额的分析汇总数，减去"存货跌价准备"科目余额后的金额填列。

4.7.3 资产负债预算表编制举例

某企业预算年度年初资产负债余额如表4-3所示。

表4-3 某企业预算年度年初资产负债余额

单位：元

资产	预算年度年初余额	负债及所有者权益	预算年度年初余额
现金	18 000	应付账款	20 000
应收账款	15 000		
存货	50 000		
其中：原材料	20 000		
产成品	30 000		
流动资产合计	83 000	流动负债合计	20 000
无形资产	427 000	实收资本	500 000
固定资产原值	200 000		
累计折旧	50 000		
固定资产净值	150 000	未分配利润	140 000
非流动资产合计	577 000	所有者权益合计	640 000
资产总计	660 000	负债及所有者权益总计	660 000

（1）相关资料

全年销售收入315 000元；预算年度年初应收账款15 000元全部收回，年末未收回36 000元。

预算年度年初应付账款归还18 520元，预算年度采购材料年末未付账款4 220元。

预算年度年末原材料库存50 000千克，单价0.5元；预算年度年末产成品库存5 000件，单位成本10元。

预算年度折旧：按生产用固定资产计提折旧 4 000 元，按非生产用固定资产计提折旧 2 000 元，按专设销售部门固定资产计提折旧 1 000 元。预算买入设备 12 000 元。

预算实现净利润 94 500 元，分配利润 10 000 元。

（2）预算年度资产负债预算有关计算

现金 =18 000+312 000-290 000-2 800=37 200（元）

原材料 =50 000×0.5=25 000（元）

产成品 =5 000×10=50 000（元）

累计折旧 =50 000+4 000+2 000+1 000=57 000（元）

未分配利润 =140 000+94 500-10 000=224 500（元）

（3）资产负债预算表（简表）

编制的该企业的资产负债预算表如表 4-4 所示。

表 4-4　资产负债预算表

单位：元

资产	预算年度年初余额	年末余额	负债及所有者权益	预算年度年初余额	年末余额
流动资产：			流动负债：		
现金	18 000	37 200	应付账款	20 000	5 700
应收账款	15 000	36 000			
存货	50 000	75 000			
其中：原材料	20 000	25 000			
产成品	30 000	50 000			
流动资产合计	83 000	148 200	流动负债合计	20 000	5 700
非流动资产：			所有者权益：		
无形资产	427 000	427 000	实收资本	500 000	500 000
固定资产原值	200 000	212 000			
累计折旧	50 000	57 000			
固定资产净值	150 000	155 000	未分配利润	140 000	224 500
非流动资产合计	577 000	582 000	所有者权益合计	640 000	724 500
资产总计	660 000	730 200	负债及所有者权益总计	660 000	730 200

第 5 章
预算执行与控制

　　预算，是企业内部管理的一种手段和制度安排。"凡事预则立，不预则废"，是古人对预算重要性最好的描述。凡事要想做好，事前都需要一个谋划、概算的过程，要对可能出现的各种情况及不同结果状态有一个充分的预计，进而做出不同的对策、计划和执行各种计划的步骤、程序，以及一些相关人、财、物等资源的配置，并协调好各个部门之间的关系，以促成目标的实现。

5.1　年度经营计划与全面预算的关系

　　年度经营计划是企业为了适应环境的变化，确保经营方针与目标的实现而制定的工作计划。它不是常规性的工作计划，而是一种总体性的规划。

5.1.1　两者的区别

　　年度经营计划是制定的行动方案，是企业根据战略规划，编制的下一年工作重点；而全面预算更像是指导方向和预测结果，它将经营语言转变为财务数据，预测或者估计经营活动的影响和结果。

　　年度经营计划是工作用的数据表，什么时间，生产什么，生产多少，销售多少；全面预算更像是开支和收入计划表，里面的数据表明花多少钱，赚多少钱。

从目前实务的角度理解，简单地说，一个是数量化和模型化的未来生产经营安排，另一个是对数量化的生产经营计划的再货币化。

年度经营计划比较宏观，全面预算比较细致。KPI（Key Performance Indicator，关键绩效指标）可以是经营层面的，也可以是财务层面的，两者是有关联的，也是贯彻执行企业战略的衡量指标之一。

5.1.2　两者的关系

前后关系。企业及各下属单位根据 3 ~ 5 年战略规划，编制年度经营计划；财务再根据年度经营计划，汇总编制全面预算。

平衡关系。年度经营计划通过财务测算，预估经营活动效果和效益，评价企业整体经营计划和全面预算是否满足战略管理目标。平衡资源匹配和投入产出，是企业投资决策的重要依据之一。

和谐关系。年度经营计划明确企业及其下属单位年度工作方向和工作目标，是落实战略的重要环节，也是评价年度工作业绩的主要依据。全面预算衔接年度经营计划，将计划分解细化，用会计专业语言组合，明确化和严谨化年度经营计划，发挥其计划、约束、激励的多重作用。两者是统一并存、互不矛盾的。

配合关系。年度经营计划与全面预算相互配合，才能发挥完整的计划与预算管理作用；全面预算只有建立在严谨细致的年度经营计划基础上，其才能真正做实、管用。

5.1.3　年度经营计划与全面预算的关系

年度经营计划与全面预算的关系如图 5-1 所示。

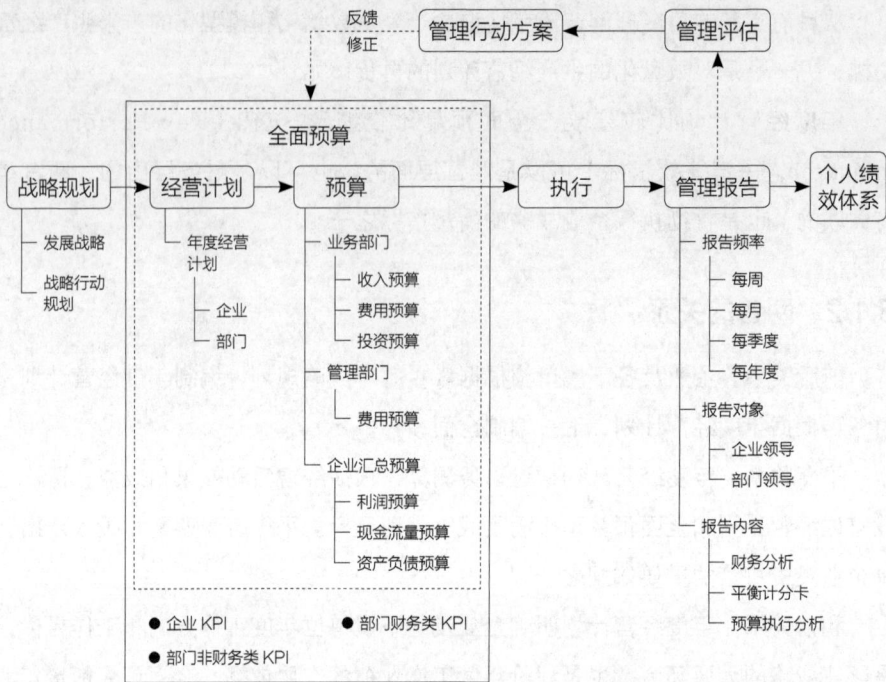

图 5-1　年度经营计划与全面预算的关系

（1）企业年度经营计划

企业年度经营计划是企业基于中长期战略规划，在分析市场现状及预测市场趋势的前提下制定的年度工作计划。

年度经营计划是企业加强资源宏观管理、调控投资规模、实现发展战略规划的重要管理措施，是保证企业资产运营安全、经营管理有序、效益稳步提高的重要手段。其内容不仅包括目标，还应该包括制定目标的主要依据和实现目标的主要措施、完成计划的风险分析，以及预测影响计划执行的各种不确定因素和补救办法等。

年度经营计划可以帮助企业达成各项目标，实现开源。年度经营计划具体应包括以下子计划：业务经营目标、财务计划、费用计划、企宣计划、人力资源计划、信息系统计划、管理制度与流程建设计划等。

（2）全面预算管理

全面预算管理是指企业利用预算对内部各部门各种财务及非财务资源进行分

配、考核、控制，以便有效地组织和协调企业的日常经营活动，完成既定的经营目标的管理行为，是企业全过程、全方位及全员参与的预算管理。

全面预算反映的是企业未来某一特定期间（一般不超过一年或一个经营周期）的全部生产、经营活动的财务计划，它以实现企业的目标利润为目的，以销售预测为起点，对生产、成本及现金收支等进行预测，并编制预计损益表、预计现金流量表和预计资产负债表，反映企业在未来期间的财务状况和经营成果等。

全面预算管理帮助企业全面控制成本费用，实现节流。

（3）年度经营计划与全面预算的关联

年度经营计划与全面预算的制定原则关联：以市场为导向，以产品为主线，综合平衡，以销定产、以产促销，沟通协调，预算控制，滚动调整，评估考核。

年度经营计划与全面预算的制定流程关联：自上而下下达目标、任务；自下而上编制预算，各职能部门参与预算草案的编制；自上而下审查平衡；审议批准；下达执行。

年度经营计划与全面预算的考核办法关联：指标分解、分级考核、奖罚分明。

案例　某工业公司全面预算管理

某工业公司是一家全资国有企业，该公司的突出特点为产品销售量、产品调拨单价、原料采购价格都由国家相关部门统一制定，因此产品销售、生产结构对公司来说特别重要。该公司全面预算管理的重点在于建立符合该行业全面预算管理模式的信息化应用系统，实现公司全面预算的统一管控与下级单位的自主精细管理；建立预算执行全过程动态监控机制，实现税利测算，定额管理，预算编制与申报、审核与批准、执行与控制，预算调整、分析与评价的流程化、规范化及痕迹化管理。

（1）定额管理。

为了增加对下级单位的管控力度，同时为了给预算审核提供可靠的标准，减少审核工作的压力，定额管理应运而生。该公司成本费用管理的基础是科学的定额标准。只有扎实推进成本费用定额标准体系建设，以生产成本、采购成本、销售成本、库存成本、管理成本为重点，将成本管理、精益管理和对标管理等措施紧密结合起来，形成降本增效的合力，才能有效提升企业内部管理水平，有力促进全面预算管理工作的制度化、规范化、体系化、信息化和科学化。

按照当前的管理水平和管理内容，将定额管理应用于以下几个方面：作为重要参考依据确定预算目标；作为预算编制与审核的依据；用于预算执行与控制；用于预算分析与评价。

同时根据具体定额指标的内容，赋予其多种表现形式，主要包括实物数量、业务量或作业量，货币金额，工作时间以及比率等。其中：实物数量标准包括总量（如装卸量、运输量等）和单位量（如一百千米油耗量等）；货币金额标准包括总额标准（如业务招待费总额等）、单位金额或单价（如产品物流费用、人均办公费用、物资采购价格标准等）。

（2）税利测算。

该公司的突出特点为产品销售量、产品调拨单价由国家相关部门规定。该公司为了完成明年的税利目标，需要进行税利测算，从而制定销售计划，并指导、安排生产，因此税利测算对该公司尤其重要。

税利测算分为收入、成本、费用三个部分来进行。

收入使用国家相关部门规定的产品调拨单价结合市场营销中心编制的销售计划计算获得。

成本根据具体组成部分的特点，分为原料成本、辅料成本、香精香料成本、能源消耗、制造费用五部分，应采用具有针对性的测算方法来计算。

费用根据历史数据并结合国家相关部门的指导目标等因素直接进行期间费用总额测算。

（3）预算编制。

公司制定自身的经营规划，由经营规划衍生出业务规划或项目计划，据以编制年度预算。预算编制以流程为驱动，上报审批、分析评价后，由决策层宣布生效起用，最终形成一个 PDCA 系统闭环应用流程。

全面预算既是由营销、采购、生产、盈利、现金流量等单项预算组成的责任指标体系，又是公司整体的作战方案，还是年终奖评定的标准以及激励和约束机制的核心。全面预算包括业务预算、财务预算、资金预算、资本预算等。

预算编制工作重点从深化业务预算的角度切入，梳理各部门负责的预算指标，引入销量、产量、原材料及能源消耗和采购量、库存量等量化的业务预算，结合管理现状，充分考虑未来管理提升的需要，设计适用于该公司的全面预算表格体系。

相比以往所使用的预算编制表格，全面预算表格主要有以下几点变化。

从预算指标入手，全面梳理了所有业务涉及的预算指标，并根据指标权责和相应业务特点进行业务预算表格的设计，做到业务预算不重不漏。

改变以往预算表格只能支撑利润表（损益表）的状况。本次设计的表格体系可以通过业务预算支撑财务三表，可以根据设定的钩稽关系，通过业务预算直接生成预计的财务三表。

对业务预算的编制管理更加深入。对进、销、存各环节的业务都采用先编制业务预算，再生成货币化的财务预算的编制方式，使预算编制更贴近业务，更符合业务部门的管理习惯。

对投资类业务采用项目化管理模式。投资预算全部由投资计划生成，并可以直接支撑相应的采购计划，建立相关业务之间的关联关系。

对当前可以具体到事项的业务，全部采用按事项编制相应成本费用预算的模式，从而使费用类预算的管理更加细化和准确。

采用基于 BOM 的生产成本测算方式，实现对税利测算的有力支撑，并且通过该测算模型可以直接生成相应的生产消耗预算，从而为采购预算的编制提供数据基础，使业务预算的编制更具逻辑性、数据更严谨。

与年度预算同步设计了月度资金计划表格，建立了两者之间的业务逻辑关系，从而通过预算执行，实现年度业务预算和月度资金预算的双重控制，可以更好地实现精细化的预算管理，加大预算控制的力度。

（4）执行控制。

为规范该公司报销行为，严格控制投资、采购、费用等业务的支出，加强内部管理，提高公司效益，同时实现业财一体化，简化财务工作，各单位、各部门、各人需要严格按照流程办理费用报销与投资项目支付事项，每一笔款项（无论款项大小）都需要做到"有预算不超支、无预算不开支"，以便于对构成成本费用的诸要素进行规划、限制和调节，及时纠正偏差，控制资金支出，把实际支出控制在计划范围内。

预算执行控制流程要做到：首先根据往年经验，由各个单位、部门（便于分清部门责任）做好全年的业务预算，由年度业务预算自动生成年度资金预算；其次每月编制月度资金预算（月度资金预算不能超全年可用资金预算），建立业务预算控制的组织体系和责任体系，即由财务部门负责，在各种业务发生点建立控制责任制，定岗、定人、定责，并定期检查；最后建立预算控制信息反馈系统，及时明确地将预算数与实际发生数之间的差异以及资金控制实施情况反馈到企业决策层，以便适时地采取措施，组织协调企业财务活动，严格按照预算数据进行执行控制，并与业务系统有效衔接，实现预算、结算、核算三算合一。

业财一体化。通过对预算业务的分析，设置每一个预算项所对应的记账规则，从而实现预算系统根据每个实际发生的业务，自动生成会计凭证。其中，预算系统除设置对应科目的记账规则外，还应根据核算的需要设置辅助核算，生成凭证时，成本中心、利润中心的原因代码、供应商等辅助核算信息都可以自动生成。凭证生成后由制证会计确认并推送到核算系统中，真正实现预算、核算一体化。

（5）分析决策。

BI（Business Intelligence，商业智能）分析工具，通过管理驾驶舱和多维分析的方式对系统中的数据进行多维度、多形式的分析，为决策提供支持。

对预算数、历史数、执行数、变更数等多种数据，利用数据仓库、多维分析、管理驾驶舱等信息技术，建立多指标、多层级、多维度的立体分析模型，实现以立体、动态的形式监控各种关键指标，并可逐级向下钻取分析，可以钻取到各种汇总统计表格以及下级图表，甚至基础的业务表单等，便于分析差异形成原因；也可以按多个维度切换进行分析，根据区域、类型、时间、部门、预算项等条件查询到相应条件的表格及图形。

预算分析方法包括差异分析、比较分析、对标分析、趋势分析、结构分析、因素分析、量本利分析、价值树分析等。

5.2 全面预算管理的基础

全面预算管理，利用预算对企业内部各部门、各单位的各种财务及非财务资源进行分配、考核、控制，以便有效地组织和协调企业的生产经营活动，完成既定的经营目标。

5.2.1 实施全面预算管理体系

全面预算管理基础是业务流、信息流、人力资源流与资金流整合于一体并进行优化配置的管理系统。

企业实施全面预算管理包括：实行三全管理，包括全员参与、全位预算、全程受控；预算执行，包括及时解决预算执行中存在的问题、设定预算目标、明确预算执行范围与程序；此外，还包括预算控制、预算考评、预算分析与预算调整、预算激励。

组织目标的实现从资源配置开始，而预算是资源配置的工具和表现形式，也是资源配置的过程和操作。所以，预算是最高层次的决策范畴之一，是基于组织目标的企业行为起点。

管理者在企业管理系统下思考预算，把预算融入企业战略和经营目标，在不确定的市场动态中定位企业预算，重新构建关于企业预算的观念体系、行为规则和作业流程。预算与企业有关，而不是企业与预算有关。

5.2.2　全面预算管理具体做法

企业全面预算管理的具体做法，首先是解决预算执行中存在的以下问题：不传达、不追踪、多头审批、重复审批、特批滥批、管理会计不健全、信息质量差、责任不清、奖罚不明。

其次是设定预算指标，包括四个指标。

基本指标：产值、营业收入、毛利、营业利润、期间费用营业收入率、投资报酬率、可控成本费用率、收入成本费用率等。

辅助指标：应收账款回收率、长期借款偿还率、资产保值增值率等。

修正指标：市场占有率等。

否决指标：安全生产等。

在企业全面预算管理实施过程中，需要避免四个问题。

（1）避免目标置换

预算目标从属于企业目标，服从于企业目标，但在企业活动中往往出现严格按预算规定，始终围绕预算目标，而忘却了首要职责是实现企业目标的状况。究其原因，一是没有恰当掌握预算控制力度，二是预算指标没有很好地体现企业目标的要求，或经济环境的变化造成预算目标和企业目标偏离。

为了防止预算控制中出现目标置换问题，管理者一方面应当使预算更好地体现计划的要求，另一方面应恰当掌握预算控制力度，使预算具有一定的灵活性。

（2）避免过繁过细

有人认为，预算作为管理和控制的手段，应对企业未来经营的每一个细节都做出具体的规定。实际上这样做会导致各职能部门缺乏应有的余地，不可避免地影响企业运营效率，所以预算并非越细越好。预算的细化程度，必须联系对职能部门的授权程度认真酌定，过繁过细的预算相当于让授权名存实亡。

（3）避免因循守旧

预算制定通常采用基数法即以历史的情况作为评判的依据。如职能部门以日常支出作为预算编制标准，职能部门就有可能故意扩大日常支出，以便在以后年度获得较高的预算支出标准。因此，必须采取有效的预算控制措施来避免这一现象发生，如通过规范报表内容、健全报表体系等方法减少人为因素，保证精确性和科学性。

（4）避免一成不变

预算制定出来以后，预算执行者应当对预算进行管理，促进预算的实施，必要时可根据当时的实际情况进行检查、修订和调整。尽管在制定预算时预见了未来可能发生的情况，并制定出了相应的应变措施，但一方面预算不可能面面俱到，另一方面情况在不断变化，总有一些问题是不可能预见到的。所以预算管理不能一成不变，要对预算进行定期检查，如果情况已经发生重大变化，就应当调整预算或重新制定预算，以达到预期目标。

案例 E公司全面预算管理

E公司是由美国出资，在西安建立的一家为集团其他公司提供服务的服务共享公司。该公司主要为集团的一些高成本区的子公司提供研发、设计等服务。经过多年发展，公司规模不断扩大，对全面预算管理的运用日渐成熟，但是仍存在许多不完善的地方。

（1）E公司全面预算管理现状和目标分析。

①E公司的全面预算管理和运营体系现状。

E公司有员工600人左右，组织机构简单。总经理下设有负责公司运营的财务、人事、行政、信息等职能部门以及负责业务的若干业务部门。各部门之间均为平行关系。全面预算管理与运营体系为：总经理—财务经理—兼职预算员。未设立专门的预算管理和运营机构。总经理、财务经理、兼职预算员各自的分工如下。

总经理：审批通过最终的年度预算，并报送集团；负责重大预算内支出以及预算外支出的审批。

财务经理：收集、汇总数据，完成年度预算编制，提交总经理审批，并负责一般预算内支出的审批，对预算执行中的差异进行解释。

兼职预算员：由其他 3 个职能部门（人力资源部门、行政部门、信息部门）的兼职人员组成，负责在预算编制时，向财务部门提供数据。

②E 公司全面预算管理目标。

由于 E 公司属于集团的服务共享中心，一方面，收入来源完全依赖于其他关联公司，具有不可控性；另一方面，公司的资金由集团通过现金池进行统一管理，不会出现资金短缺或者盈余浪费的情况。所以 E 公司目前的全面预算管理，主要集中在费用（服务共享中心的各种运营费用）预算以及资产预算方面。目标是控制期间费用（包括管理费用和财务费用，不包括销售费用），即在收入、成本波动不大的情况下，保持期间费用与往期持平甚至减少。而资产预算的目标主要是在满足业务需要的情况下，降低资本性支出。

（2）E 公司全面预算管理存在的问题及原因。

①E 公司管理层对全面预算管理认识不足，意识薄弱。

从 E 公司的预算编制和执行、控制等来看，管理层对全面预算管理认识不足，业务部门参与度不高，行政、信息和人力资源部门作为主要的预算相关业务单位。业务部门忽视预算编制，提供数据随意，一些重大支出未被纳入预算。而在执行阶段，经常会遇到业务部门的一些预算外的特批的费用、人情费用，使得预算控制流于形式，全面预算管理目标难以实现。

②E 公司预算控制滞后和控制不足，缺乏严格的考核与激励措施。

E 公司的后期预算控制存在以下问题。

一方面，预算控制滞后、控制不足。在预算执行阶段，业务部门不再参与预算支出的控制、跟踪、分析等，由财务部门一手操办。这样的模式，使得其他业务部门对本部门预算心中无数，预算控制严重滞后，无法做到预算支出的事前筹划和控制。

另一方面，缺乏严格的考核与激励措施。E 公司在预算执行过程中，财务部门负责费用控制和差异解释，事后业务部门不必对执行情况做分析、总结，也没有相应的奖惩。这样预算编制的准确与否、执行的好坏，对业务部门毫无影响，进一步加剧了业务部门提供数据的随意性和预算外费用的攀升。

③E公司预算管理方法落后，员工水平、效率低。

首先，目前E公司预算从编制、控制到分析，全部使用excel表格，方法、工具落后。在预算编制阶段，有的部门随意修改表格、公式，造成财务部门在数据收集、汇总处理过程中，需要反复修改、确认，耗费大量时间和精力，业务部门也多有意见。而在预算控制阶段，依靠财务人员将支出手工录入，不仅工作量大，项目和金额也容易出错。其次，预算项目界定模糊，员工水平参差不齐，填报准确性差。E公司财务预算人员虽然设计出了模板，但是由于理解上的差异和人员变更，常常出现项目分类错误、资产和费用混淆等情况。这些错误，需要财务人员花费大量时间进行沟通、确认。

（3）E公司全面预算管理的实施措施。

①重建全面预算管理与运营的组织体系，加强企业管理层对全面预算管理的认识。

全面预算管理是一种系统的管理，全员参与、全面控制、全程管理是它的特点。所以，它的实施需要公司所有部门参与，更需要公司管理层足够重视并带头加以推进。

首先，建议E公司建立起以总经理为领导，以各职能部门经理为成员的预算管理委员会，负责讨论总预算目标并向各部门分解，汇总、完成公司预算编制，协调各部门在预算编制、执行中的矛盾及分析和考核各部门预算情况。

其次，实行部门预算负责制。各职能部门经理带头，带领本部门员工，负责本部门预算编制、执行、控制等一系列活动，从而实现从部门到公司的全员参与。只有从公司管理层开始重视起来，才能保证预算在编制时的严肃性，加强各部门对预算支出的控制，进而提高各部门预算参与度，扭转财务部门孤军奋战、预算管理流于形式的局面。

②完善企业制度建设，提升全面预算管理的执行效力。

首先，全面预算管理的实施，应该有相应的制度来遵循。所以，E公司应该完善全面预算管理的相关制度，按照步骤，建立起各部门的预算编制、执行、控制和改进责任制度，将权力交给各部门；并针对各步骤，制定出相应的流程制度，使得各部门有制度可依，并且权责分明。

其次，建立完善的考核机制。预算的生命线是考核与激励，科学合理的考核、评价，并辅以奖惩分明的业绩制度，能提高员工的参与积极性，确保各部门按照制度执行预算，将预算管理落到实处。E 公司在建立、完善各项流程制度的同时，必须建立起相应的绩效考核体系和相应的奖惩机制，提升各业务部门预算管理的执行力。

③加强培训企业员工预算知识，提高企业领导和员工的预算管理意识和水平。

首先，针对 E 公司目前管理层和员工预算管理水平低的情况，建议通过培训、学习，提高公司管理层和员工的预算管理水平和意识，使其对预算管理有正确的认识。一方面，编制预算前，对相关人员进行培训，对各项目、表格的含义做出界定，提高预算编制的效率和准确性。另一方面，通过学习使员工提高预算管理水平，在预算编制环节，使员工能关注历史也能着眼未来，既能关注本部门也能从公司整体出发；而在预算控制和执行环节，使员工能够发挥主观能动性，做到事前控制、事后分析，确保部门预算平稳执行。

其次，适应信息技术发展，提高预算管理信息化水平。E 公司应利用现有的信息化系统，将专业的融智天全面预算管理软件系统和企业的 EPR 管理软件结合起来。一方面，通过利用管理软件，实现预算编制中的填列、汇总、审核等通过信息系统完成，减少人工的工作量和技术性错误。另一方面，通过预算指标以及执行数据的共享、查询，避免数据重复录入，实现预算执行的实时监控，实现各部门对部门预算的控制、参与，将预算管理工作做得更细致、有效。

总之，在经营环境瞬息万变的时代，企业推行全面预算管理非常必要。要将这种现代企业管理方法在企业中成功地加以应用，需要企业上层领导充分重视，并通过自上而下的全员参与、控制、监控和完善，将其运用到企业的日常业务和管理中，建立一套完善、可实施、有企业自身特色的预算管理体系，帮助企业逐步完善内部制度，提高企业的管理水平和业务水平，以便企业拥有更先进、更高效的预算体系，最终帮助企业实现战略目标，保证企业的可持续发展。

5.3　预算执行

预算执行是把计划变成行动的一种方式。

预算执行是指经法定程序审查和批准的预算的具体实施过程，是把预算由计划变为现实的具体实施步骤。预算执行是实现预算收支任务的关键步骤，也是整个预算管理工作的中心环节。

5.3.1　预算执行中存在的问题

预算执行中常见的几个问题，如不传达、不追踪、多头审批、重复审批、特批滥批、管理会计不健全、信息质量差、责任不清、奖罚不明。

5.3.2　设定预算指标

在实务工作中，常常出现预算指标设置重复、预算指标逻辑模糊、预算指标相互矛盾、预算指标不接地气等问题。预算指标和预算管理相互脱节，既不利于监督预算执行，也增加了预算评价和业绩考评的难度。

（1）预算指标的特征

第一，可量化。所有的预算指标，包括定性指标和定量指标必须可量化。如果不能量化，将来可能就没有统一执行的标准和口径，也没有考核的依据。

第二，可执行性。可执行性也就是说企业是否做得到，是否经过努力可以实现预算。

第三，可评价业绩。业绩评价包括日常的评价和整个企业绩效的评价。日常的评价就是每月和每季做预算分析时，要参考年初的预算指标；年末整个企业绩效的评价标准也来自年初的预算指标。业绩评价是否可以有效执行取决于预算指标是否可量化和可执行。

第四，不完美性。任何预算指标都是优劣参半的，我们只能不断地改进它、优化它。

（2）预算指标和财务指标的关系

预算指标反映在财务指标上。两者重要数据来源的基础就是整个经营活动各项财务数据所反映的收入、支出、资产、负债、收款、付款。预算指标和财务指标的数据都来自账务系统。

预算指标的准确性取决于财务数据的真实性、完整性，即最终取决于会计账务系统是否真实、全面地反映企业业务。

一定要拿预算思维去考量财务报表中的数据，而不是拿财务思维考虑。例如：营业外收入中有一些政府补助是和企业经营活动相关的，还有一些是偶然发生的，这就需要在制定预算指标时进行取舍。预算指标和财务指标的关系：预算指标是相对概念的财务指标；预算指标在财务指标基础上二次评价；预算指标和财务指标可能有相反表现；预算指标是引入经营考量的财务指标；预算指标是带有管理内涵的财务指标。

5.3.3 预算执行分析

预算执行分析是以预算目标为基本参照标准，综合运用多种分析方法及管理手段，对预算执行的结果进行评判，并提出预算执行改善的方法及建议的过程。可以把预算执行分析理解为对预算执行情况的全面总结。预算执行分析，可以让管理层及预算执行者了解实际工作与预算目标相比，哪些方面做得比较好，哪些方面还有差距，有什么可行的方法可以改善。预算执行分析，一方面，可以较好地把握预算执行进度；另一方面，可以制定预算执行改善措施，促进预算目标实现，对整体预算目标的实现做到心中有数。

预算执行分析采用"呈现现状、分析原因、制定策略"逐层深入的分析思路。预算执行现状分析客观、全面呈现实际工作进度以及与预算目标的差异；预算执行差异原因分析采取多种方法深入揭示预算执行中产生问题的原因；预算执行改善建议则以前面的分析为依据，提出促进实际工作更好地向预算目标迈进的工作建议。

（1）预算执行现状分析

预算执行现状分析的主要目的是呈现预算执行情况，以便全面了解整体预算目标及各分项预算目标的实现进度，及时发现哪些业务在预算执行中可能存在问题，为后续原因分析及采取行动提供基础。

预算执行现状分析包含的经营业务内容要全面且重点突出。普遍来说，重要的经营业务内容包括市场、销售、生产、采购、人力资源、资本性支出、职能管理等，但不同行业和不同企业的业务特点及其管理重点有所区别，实际分析时要结合企业具体情况。例如，同样是销售分析，传统制造业企业可能关注产品种类、价格、销售区域、客户类型等信息，房地产企业可能关注项目、户型、楼号、楼层等信息；同类企业，一家在某一阶段更关注成本信息，另一家则可能正在着力消减管理费用，需要对费用的增减进行更为详细的分析。

在分析预算执行现状时，需要将实际经营数据与预算目标对比，分析预算执行的进度及与目标的差异；如果做更为综合的分析，还需要整合上期经营数据、历史同期经营数据等，并进行比较。分析预算执行现状时要综合采取对比、结构、排序等分析方法对某一时期的经营情况进行全面反映和评判，以提供更为全面客观的预算执行情况。

（2）预算执行差异原因分析

前面预算执行现状分析只是呈现预算执行情况，而预算执行差异原因分析则需要揭示原因。预算执行差异原因分析包括数据层面的分析和业务行动层面的分析两个方面。

第一，数据层面的分析。预算执行差异原因分析通过经营数据之间的逻辑关联逐层分析查找原因，先从关键指标与目标的差异出发，逐层分析与关键指标相关的因素对其产生的影响，从而判断出关键指标未能达到目标的原因。

举例来说，如果要分析利润与目标产生差异的原因，首先要分析利润与目标的差异由哪几部分组成，如收入差异、成本差异、税金差异、费用差异等；接着分析各部分产生差异的原因，如收入差异可以分解为价格差异和销量差异两个因素，成本差异可分解为物料单耗差异、物料价格差异、产量差异、人工费差异、制造费用差异等因素，费用差异可分解为销售费用差异、管理费用差异、财务费用差异。通过这样层层深入的数据分析，基本可以找出利润目标完成不佳的基本原因。

第二，业务行动层面的分析。根据行动决定结果的基本逻辑，数据层面的分析往往不能给出圆满的答案，还不足以支撑提出切实可行的行动建议，这时，就需要通过进一步调查与了解，揭示何种业务行动促成了经营数据的产生。调查了解的主要途径是与业务部门沟通、现场走访、收集外部数据等。

例如，经营数据分析表明收入低于目标，进一步分析发现价格略高于目标但销量少于目标较多。与销售部门沟通，发现近期对销售区域进行了调整，放弃了一些市场开拓困难的区域，同时开拓了一些市场前景看好的新区域，由此造成当期销售量下降。如果仅仅止步于经营数据分析，显然不能找到收入未达到目标的真正原因，提出的改善建议也可能不具有操作性。

（3）预算执行改善建议

根据预算执行现状分析和差异原因分析的深入程度，预算执行改善建议可分为两个不同的层面。

第一个层面：方向性建议。如果前面的差异原因分析不能深入业务行动层面，所提出的改善建议也就不可能是相对具体的行动计划，只能是一些方向性的目标、期望或要求。

例如，成本管理方面，强化材料领用定额控制，控制生产成本上升；销售方面，加强合同完工进度管理，为及时回款创造条件，按销售组织落实收款责任目标，明确回款绩效责任，调动收款积极性；采购方面，加大重要物资采购的整合力度，尽可能获得合理付款条件，合理预计需求，梳理整合供应链，降低库存。

这样的建议在大方向上还是正确的，但暂时还无法落实，后续需组织业务部门讨论形成具体的行动计划以落实。

第二个层面：业务行动建议。如果前面的分析能够深入业务行动层面，则可以提出可落实的业务行动改善建议。下面的案例显示如何提出业务行动改善建议。

A公司经营数据分析显示成本超过预算目标，进一步分析发现主要原因在于主要材料的定额控制有问题。了解业务后，材料领用存在的问题有：从控制依据看，领用数量没有根据定额确定，而主要根据领料人员的主观经验判断确定；从控制过程看，领料过程被人为割裂为采购后领用及现场领用两个过程，实际领用信息及库存信息不够准确；从控制手段看，领料单没有体现定额信息，无法依据其进行定额领料控制。

基于以上分析，提出业务行动改善建议如下。

①强化材料使用者定额控制的意识。明确依据定额计算材料计划领用量，并将其作为材料领用控制的目标。生产一线领料人员提交领料单时，需要将领料数量与计划进行对比，领料进度执行表会及时揭示计划与实际执行的差异，为生产管理决策提供支持。

②完善采购控制单据信息。领料单不仅要显示计划价格、数量、金额等信息，还要显示领料计划信息以及与实际领料的差异，如果实际领料高于领料计划，还需要系统做出提示。

③规范业务单据的时效性。领料计划、领料单只有在规定的时间填制并输入系

统，才能作为采购预算控制的依据。

④按需领料，从领料源头规范采购流程。各生产单位按照生产需要领料并在ERP（Enterprise Resource Planning，企业资源计划）系统填制领料单，系统按照各生产单位的领料单记录领料数量并计算库存数量，从而改变目前先领料堆存在现场再按需领用的现状。

案例中的业务行动建议相较于"业务部门应该加强定额领料控制"这样的建议更易于落实。

特别说明：在实际工作中，受限于负责经营分析的部门（一般是财务部门）的权限，要完成业务行动层面的建议往往会比较难，因此可以先提出方向性建议，再由管理层责成相关业务部门落实具体行动计划，这也是常见的操作方式。

5.3.4 预算执行管理

预算执行是预算管理的核心，要真实、完整记录预算执行情况，有效进行预算信息的收集与反馈。同时各级责任人要根据预算执行情况及时把控前进方向，更好地实现各项目标。

（1）预算执行记录

各类业务台账是预算执行的有效记录，也是预算分析和绩效考核的有力佐证。常见的业务台账包括销售台账、采购台账、生产台账及各部门费用台账。双份、同频记录是对业务台账的核心要求。

①双份登记。

双份登记是按照内部牵制的核心思想设定的，一份信息必须两人拥有。实务中，双份登记并非单份登记的两倍工作量。它可以平时由业务部门登记，期末财务部门借用业务部门的登记信息并加以审核后形成财务部门登记。

②同频登记。

这是对双份登记的更严格要求，同频登记不是单干，而是双方遵循同样的规则，确保实时同频登记，最起码确保月度同频登记，否则同频登记毫无意义。

③佐证登记。

台账不是孤立存在的，而是以各类业务单据作为记录依据登记的。销售发出以销售出库单、货物验收单等为佐证，销售发票以增值税发票为佐证，销售回款以银行回单、收据等为佐证。

④序时登记。

序时登记包括台账记录序时登记，用于佐证材料序时排列且内容和台账记录
保持一致。

（2）财务主导审核

业务审核属于落实内部牵制的最基础工作。如果一项业务没人审核，要么说
明公司管理意识淡薄，要么说明这些工作太过细小，不符合成本效益原则而放弃
审核。

预算执行记录是各个业务部门的基本工作之一，其真实性、完整性须经财务
部门主导审核。为节约双方时间，一般可安排阶段性审核，如月度审核。

审核并非看完了，表示审核过了即可，而是必须留下审核的痕迹，且必须是
审核无误的痕迹。可建立正式的审核确认制，也可以正式的电子传递方式表达审
核通过，如发电子邮件。

5.3.5　明确预算执行范围与程序

（1）预算执行范围

第一，确定财务预算执行的主体与客体。

预算管理委员会：将批准的预算下达财务部门作为结算、核算和财务收支的
依据；将批准的预算下达预算单位作为经营活动的依据；将批准的预算下达内部
审计部门作为预算审计的依据；将批准的预算下达考核委员会作为评价业绩和实
施奖罚的依据。

财务部门：集中办理预算单位的核算和结算业务，统筹资金分配；将相关信
息反馈给预算单位、内部审计部门、考核委员会、预算管理委员会和企业领导。

第二，确定财务预算执行的责任中心、投资中心、利润中心、成本费用中心。

（2）预算执行程序

第一步，预算目标分解。

时间的分解：把年度预算分解为季度预算、月度预算等。

内容的分解：将年度总预算按照所涉及内容的不同，分解到各个被考核单位

和被考核岗位。

第二步，预算任务下达。

企业应向不同的责任中心和部门下达相关预算。整体预算下达给高层管理人员以及经高层管理人员授权的其他人员；局部预算下达给各相关部门（分公司、事业部、车间）主管及中层管理人员；具体预算下达给员工。

第三步，预算执行的动员。

预算下达后，应以各被考核单位为单位组织讨论、理解，使每个员工都明白自己的任务。

第四步，预算方案的实施。

预算一经下达，在企业的生产经营活动中，各个责任部门和责任团体都应当对照执行。

案例 "两抢"预算

某公司推行预算管理以来，发现下属子公司存在两种比较奇怪的现象：到了每年 10 月或 11 月，有些子公司已经超额完成预算，有些子公司却只完成了预算的 60%。但是，这两种公司都放慢了销售进度，有意识地将订单推迟到明年，同时放松费用控制。

不少企业高层对预算失望和无奈，预算管理在企业财务管理中是一个重大问题。

杰克·韦尔奇认为："预算是美国公司的祸根，它根本不应该存在！制定预算就等于追求最低绩效。你永远只能得到员工最低水平的贡献，因为每个人都在讨价还价，争取制定最低指标。"

错误的行为源于错误的思维方式，合理的行为规则必须以正确的理念为基础。预算本身没有错，错的是人们的预算思想和操作规则。因此，必须重新构建关于企业预算的观念体系、行为规则和作业流程。

杰克·韦尔奇认为："在许多公司里，制定预算的程序乃是经营中最缺乏效率的环节。它吞噬了人们的精力、时间、乐趣和组织的梦想，遮蔽了机遇，阻碍了增长，产生了公司中最没有效率的行为，人们相互敲诈，或者满足于中庸。它是那么阴险，它到处蔓延，占据正统的位置。"

案例 事业单位预算管理

甲单位是一家非中央级事业单位，乙单位是甲单位下属事业单位。2020 年年初，为了做好2019年度决算编报工作,甲单位成立检查组对本单位2019年度的预算执行、资产管理、收支处理等进行了全面检查,并对以下事项提出了异议。

（1）预算执行。

①甲单位将应上缴财政专户的预算资金150万元直接作为本单位事业收入入账。

②财政部门通过甲单位拨付乙单位一笔专项经费200万元,甲单位临时动用其中的100万元用于垫支本级人工开支,打算在2020年度预算批复后补付乙单位。

③甲单位发生的非财政补助收入超收100万元,安排了当年的职工福利支出。

④甲单位的"财政补助收入"科目在"基本支出"和"项目支出"两个二级科目下,按《政府收支分类科目》中"支出经济分类"科目的"类"级科目设置明细账。

（2）资产管理。

①2019年3月,乙单位报经甲单位批准,以账面价值200万元的办公楼与丙公司共同出资,设立丁公司。

②2019年12月,乙单位在财产清查过程中,盘亏科研设备一台,账面价值为35万元。乙单位已将财产清查的结果向甲单位与市财政局报告。截至2019年12月31日,甲单位已审核同意,但尚未收到市财政局批复。为保证2019年财务报表及时报出,乙单位暂时先对盘亏的设备进行注销处理。

③甲单位在资产盘点过程中,发现30台办公用计算机已到规定报废期限,经本单位的计算机维护部门认定后,予以报废,并进行了核销处理。

④2019年12月,甲单位报经主管部门批准,同时报同级财政部门备案,对外出租一栋闲置办公楼,取得租金收入200万元,计入应缴预算款。

（3）收支处理。

①甲单位对尚未完工的专项工程,将非财政专项资金的收入和支出科目相互对冲,计入事业结余12万元,增加事业基金12万元。

②甲单位将拥有的一项专利权进行长期投资,该专利权的账面价值为8万元,双方协商价为10万元(公允市场价格)。甲单位以10万元作为长期投资的入账价值,增加其他收入2万元。

③甲单位报经同级财政部门批准,出售一栋办公楼,账面价值1 000万元,取得收入1 800万元;在会计处理时,对冲了固定资产和非流动资产基金——固定资产1 000万元,将处置收入计入其他收入1 800万元。

④甲单位因当年预算目标已经完成,将财政补助项目支出结余的100万元转入

"事业结余"科目，相应计提了福利基金，最后转入事业基金。

⑤甲单位实验室工作人员李某2020年2月购买实验耗材6 000元，通过公务卡结算并已办理报销还款手续。4月，李某在使用该批实验耗材过程中发现其存有质量问题，经同供货商协商，对方同意退还50%的货款，并将3 000元退货款退回李某公务卡，李某将上述退货退回款项提现，上交单位财务部门。

要求：假定你是甲单位检查组组长，请根据预算管理、资产管理和事业单位会计制度的相关规定，指出上述事项中的不当之处，并给出正确的做法。

（1）预算执行。

①甲单位将应上缴财政专户的预算资金直接作为本单位事业收入的做法不正确。

正确做法：应上缴财政专户的预算资金要及时足额缴入财政专户，不能直接作为单位收入。

②甲单位动用乙单位专项经费垫支人员经费的做法不正确。

正确做法：甲单位应将专项经费及时全额拨付给乙单位。

③甲单位将超收的非财政补助收入100万元安排职工福利支出的做法不正确。

正确做法：甲单位应当将超收的非财政补助收入计入本单位收入，按照批准的预算支出开展活动，未支出部分转入事业结余，提取职工福利基金，并转入事业基金。

④会计核算实施方案不正确。

正确做法："财政补助收入"科目应在"基本支出"和"项目支出"两个二级科目下，按《政府收支分类科目》中"支出功能分类"科目的"项"级科目设置明细账。（类、款、项）

（2）资产管理。

①乙单位对外投资的做法不正确。

正确做法：乙单位的对外投资行为应报甲单位审核，并由同级财政部门审批。

②乙单位科研设备核销处理的做法不正确。

正确做法：在财政部门批复、备案前，行政事业单位对资产损失不得自行进行账务处理。

③甲单位报废计算机的程序不符合国有资产管理的相关规定。

正确做法：事业单位处置规定限额以上的资产，须经主管部门审核后报同级财政部门审批；处置规定限额以下的资产报主管部门审批，主管部门将审批结果报同级财政部门备案。

④甲单位报经主管部门批准，同时报同级财政部门备案出租办公楼的程序不符合国有资产管理的相关规定；将租金收入计入应缴预算款的做法不正确。

正确做法：事业单位以国有资产对外出租，应经主管部门审核同意后，报同级财政部门审批。

事业单位以国有资产对外出租所取得的租金收入应当纳入单位预算，统一核算，统一管理，将租金收入计入其他收入。

（3）收支处理。

①甲单位将未完工的专项工程非财政专项资金的收入和支出科目相互对冲，计入事业结余增加事业基金的做法不正确。

正确做法：因专项工程尚未完工，所以非财政专项资金的收入和支出科目年末应结转到非财政补助结转，待来年继续使用结转资金进行专项工程的建设。

②甲单位将专利权对外投资差额增加其他收入的做法不正确。

正确做法：向其他单位投入无形资产，应按双方确定的价值 10 万元，借记"长期投资"科目，贷记"非流动资产基金——长期投资"科目；将无形资产的账面价值 8 万元，借记"非流动资产基金——无形资产"科目，贷记"无形资产"科目。

③甲单位将出售办公楼收入增加其他收入的做法不正确。

正确做法：出售办公楼收入应按照政府非税收入管理的规定，实行"收支两条线"管理。

④甲单位将财政拨款结余资金 100 万元记入"事业结余"科目且相应计提福利基金，转入事业基金的做法不正确。

正确做法：事业单位财政拨款结余应该转入"财政拨款结余"科目，不得计提福利基金和转入事业基金。

⑤李某将上述退回公务卡的退货款项提现，上缴单位财务部门的做法不正确。

正确做法：李某应及时将收到的退款 3 000 元到甲单位财务部门办理相关退款手续，由财务部门将李某公务卡中的 3 000 元货款退回甲单位的零余额账户，增加零余额账户用款额度 3 000 元，同时冲销相应支出 3 000 元。

案例　某公司经营筹资预算的编制方法

某公司编制 2021 年经营筹资预算如下。

（1）对公司 2021 年的经营资金需要量进行预测。

（2）在经营预算草案经审核无误的情况下，汇总了经营预算的现金收付余缺数量，将经营预算的现金收付余缺数量与预测的经营资金需要量进行差异分析并进行相应调整。

（3）对公司在2021年内需要偿还的各项短期融资债务进行排查，确认公司2021年期初银行短期借款余额为6 000万元，2021年1—4季度各归还1 000万元；2021年第一季度和第二季度各承付银行承兑汇票500万元。

（4）将经营预算现金收付余缺数量与短期债务偿还数量进行汇总，确定2021年需要增加现金2 000万元。

2021年该公司经营活动现金余缺情况如表5-1所示。

表5-1　2021年经营活动现金余缺情况

单位：万元

序号	项目	现金收入	现金支出	收支差额
一	经营预算小计	20 000	17 000	3 000
1	销售预算	20 000	500	19 500
2	生产预算	0	300	−300
3	供应预算	0	16 000	−16 000
4	费用预算	0	200	−200
二	短期融资负债小计	0	5 000	−5 000
1	偿还工商银行借款	0	4 000	−4 000
2	承兑汇票承付	0	1 000	−1 000
	合计	20 000	22 000	−2 000

财务部门根据经营活动现金余缺情况制定以下筹资方案。

（1）挖掘自有资金潜力，压缩资金占用80万元，收回长期应收账款20万元。

（2）利用信用筹资500万元。其中，利用企业信用筹资200万元；利用银行信用办理银行承兑汇票筹资300万元。

（3）企业剩余的资金缺口1 400万元通过增加银行借款来解决。

（4）编制经营筹划资金预算表。

5.4　预算控制

预算控制是企业根据预算规定的收入与支出标准检查和监督各个部门的生产经营活动的控制。其作用是保证各种活动或各个部门在充分达成既定目标、实现利润的过程中利用经营资源时，使费用支出受到严格有效的约束。其预算内容包括收入预算、支出预算、现金预算、资金支出预算和生产负债预算等。

5.4.1　预算控制的概念

全面预算管理，简单地说就是通过事先确定的以一系列财务指标为主的目标，实现对过程的控制，并以预算目标为依据对结果进行评价。它是一种具有会计数据管理特性的组织内部控制机制。

（1）出现背景

在工作中，你是否遇到过以下情形：

公司没有建立完善的全面预算体系，只有重要部门才编制预算，管理者无法实现系统的控制；

认为全面预算就是预算编制，是定期不得不完成的任务，但跟实际工作没有什么关系；

认为编制预算就是一个讨价还价的过程，无论如何尽心核算，最后总是会被拦腰斩断；

预算是财务部门的事情，部门内部都有自己的工作任务，整天忙着销售、采购、生产等事情。

每年的预算目标由管理层决定，各个部门只是完成分解目标，配合编制。

预算就是讨价还价的过程，目标大多会被“砍一刀”，所以产出目标尽可能留余地，费用成本尽可能宽松点。

预算执行与实际的差距到底是如何产生的，是预算编制的问题，还是实际执行有了偏差？到底如何调整？

预算有什么价值呢？是不是就在于管控成本费用？

（2）性质作用

①预算是一种计划，从而编制预算的工作也是一种计划工作。

预算内容可以简单地概括为三个方面：

"多少"——为实现计划目标的各种管理工作的收入（或产出）与支出（或投入）各是多少；

"为什么"——为什么必须收入（或产出）这么多，以及为什么需要支出（或投入）这么多；

"何时"——什么时候实现收入（或产出）以及什么时候支出（或投入），才能使得收入（或产出）与支出（或投入）平衡。

②预算是一种预测，它是对未来一段时期内的收支情况的预计。确定预算数字可以采用统计方法、经验方法或工程方法。

③预算主要是一种控制手段。编制预算实际上就是控制过程的第一步——拟定标准。由于预算是以数量化的方式来表明管理工作的标准的，其本身就具有可考核性，因而有利于根据标准来评定工作成效。控制过程的第二步——找出偏差，并采取纠正措施。控制过程的第三步——消除偏差。毫无疑问，编制预算能使确定目标和拟定标准的计划工作得到改进；但是，预算最大的价值还在于它对改进协调和控制的贡献。当为组织的各个职能部门都编制了预算时，预算就为协调组织的活动提供了基础；同时，由于预期结果的偏离将更容易被查明和评定，预算也为控制过程中的纠正措施的提出奠定了基础。所以，预算可以帮助企业做出更好的计划和协调，并为预算控制提供基础，这正是编制预算的基本目的。

如果要使一项预算对任何一级的主管人员真正具有指导和约束作用，预算就必须反映该组织的机构状况。只有充分按照各部门业务工作的需要来制定、协调并完善计划，才有可能编制一个足以作为控制手段的分部门的预算。

把各种计划缩略为一些确切的数字，以便使主管人员清楚地看到哪些资金由谁来使用，将在哪些单位使用，并涉及哪些费用开支计划、收入计划和实物表示的投入量和产出量计划。主管人员明确了这些情况，就有可能放心授权给下属，以便使之在预算的限度内实施计划。

（3）目标

预算控制的目标，体现在这样几个方面：认识预算对企业经营管理的重要性；了解预算编制方法；理解并构建适合自己企业的预算管理体系；协调需求与资源的矛盾；掌握跟踪预算执行的有效方法；学会通过预算管理对企业经营进行有效的监控与考评；通过预算管理真正提高企业效益。

（4）预算种类

预算在形式上是一整套预计的财务报表和其他附表。按照不同的内容可以将预算分为经营预算、投资预算和财务预算三大类。

①经营预算。

经营预算是指企业日常发生的各项经营活动的预算。它主要包括销售预算、生产预算、直接材料采购预算、直接人工预算、制造费用预算、单位生产成本预算、推销及管理费用预算等。其中最基本和关键的是销售预算，它是对销售预测的正式的、详细的说明。

由于销售预测是计划的基础，加之企业主要是靠销售产品和提供劳务所获得的收入维持经营费用的支出和获利的，因而销售预算也就成为预算控制的基础。生产预算是根据销售预算中的预计销售量，按产品品种、数量分别编制的。

生产预算编好后，还应根据分季度的预计销售量，经过生产能力的平衡排出分季度的生产进度日程表，或称为生产计划大纲。在生产预算和生产进度日程表的基础上，可以编制直接材料采购预算、直接人工预算和制造费用预算。这三项预算构成对企业生产成本的统计。而推销及管理费用预算，包括制造业务范围以外预计发生的各种费用明细项目，例如销售费用、广告费、运输费等。实行标准成本控制的企业，还需要编制单位生产成本预算。

②投资预算。

投资预算是对企业的固定资产的购置、扩建、改造、更新等，在可行性研究的基础上编制的预算。它具体反映在何时进行投资、投资多少、资金从何处取得、何时可获得收益、每年的现金流量为多少、需要多少时间回收全部投资等。

由于投资的资金来源往往是企业的限定因素之一，而对厂房和设备等固定资产的投资又往往需要很长时间才能回收，因此，投资预算应当力求和企业的战略以及长期计划紧密联系在一起。

③财务预算。

财务预算是指企业在计划期内反映预计现金收支、经营成果和财务状况的预算。它主要包括现金预算、预计损益表和预计资产负债表。必须指出的是，前述的经营预算、投资预算中的资料，都可以折算成金额反映在财务预算内。这样，财务预算就成为各项经营业务和投资活动的整体计划，故亦称"总预算"。

现金预算主要反映计划期间预计的现金收支的详细情况。在完成了现金预算后，就可以知道企业在计划期间需要多少资金，财务主管人员就可以预先安排和筹措，以满足资金需求。为了有计划地安排和筹措资金，现金预算的编制期应越短越好。西方国家有不少企业以周为单位，逐周编预算，甚至还有按天编制的。我国最常见的是按季和按月编制。

预计损益表（或称为预计利润表）用来综合反映企业在计划期生产经营的财务情况，并作为预计企业经营活动最终成果的重要依据，是企业财务预算中最主要的预算表之一。

预计资产负债表主要用来反映企业在计划期末预计的财务状况。它的编制需以计划期间开始日的资产负债表为基础，然后根据计划期各项预算的有关资料进行必要的调整。

综上所述，企业的预算实际上是包括经营预算、投资预算和财务预算三大类，由各种不同的预算所组成的预算体系。

（5）危险倾向

预算工作中存在着一些使预算控制失效的危险倾向。预算过繁是一种危险。对极细微的支出也做琐细的规定，易使主管人员管理自己部门需要的自由丧失。所以，预算究竟应当细微到什么程度，必须联系授权的程度进行认真酌定。过细或过繁的预算易使授权名存实亡。

预算工作中的另外一种危险倾向，是让预算目标取代了企业目标，也是说，发生了目标置换。在这种情况下，主管人员只是热衷于使自己部门的费用尽量不超过预算的规定，但却忘记了自己的首要职责是实现企业目标。例如，某个企业的销售部门为了不突破产品样本的印刷预算，在全国的订货会上只向部分参加单位提供产品样本，因此丧失了大量的潜在客户，失去了可能的订单。目标置换通常是由两个方面的原因引起的。

①没有恰当地掌握预算控制的度。例如预算编制得过于琐细，或者制定了过于严厉的制裁规则以保证遵守，还可能制定了有较大吸引力的节约奖励措施以刺激主管人员尽可能地压缩开支。

②为职能部门或作业部门设立的预算标准，没有很好地体现计划的要求，与

企业的总目标缺乏更直接的、更明确的联系，从而使得这些部门的主管人员只是考虑如何遵守预算和程序的要求，而不是从企业的总目标出发考虑如何做好自己的本职工作。为了防止在预算控制中出现目标置换的倾向，一方面应当使预算更好地体现计划的要求；另一方面应当适当掌握预算控制的度，使预算具有一定的灵活性。预算的详细程度和预算控制的严格程度都有一个合理的限度，一旦超出了这个限度，预算控制就会背离其目的，走向反面。

预算工作中还可能遇到的一种潜在危险是效能低下。预算有一种因循守旧的倾向，过去所花费的某些费用，可以成为今天预算同样一笔费用的依据；如果某个部门曾支出一笔费用购买物料，这笔费用就成了今后预算的基数。此外，主管人员常常知道在预算的层层审批中，原来申请的金额多半会被削减。

因此，申报者往往将预算费用的申请金额有意扩大，远远大于实际需要，所以，必须要有一些更有效的管理方法来扭转这种倾向，否则预算很可能会变成懒散、效率低下的主管人员的"保护伞"。这样的方法，一种是编制可变预算，另一种就是采取零基预算法。

（6）预算编制

由于缺乏灵活性的预算会带来危险，而与效率相一致的最大限度的灵活性，则是良好的计划工作和控制工作的基础，所以人们越来越注意可变预算的应用。这种预算通常是随着销售量的变化而变化的，所以它主要在费用预算中应用。由于当单位可变费用（成本）不变时，可变费用总数是随着销售量的变化而变化的，因此，实际当中可变预算主要是用来控制固定费用（成本）的。

事实上，固定费用并非绝对不变的，而只是在一定的产量范围内基本保持不变。固定费用随产量（或销售量）的变化呈现出阶梯状的变化。所以，在大多数情况下，可变预算总是提出一个产量幅度，在这个幅度内，各种固定性的费用要素是不变的。

如果产量低于该幅度的下限，就要考虑采用一个更适合较低产量的固定费用，例如压缩行政人员工资、处理闲置设备等。如果产量超过了该幅度的上限，那么为了按较大的生产规模来考虑必需的固定费用，例如增加设备、扩大厂房面积等，则应另外编制一个可变预算。

（7）管理控制

在管理控制中使用最广泛的一种控制方法就是预算控制。预算控制最初表明了计划与控制的紧密联系。预算是计划的数量表现。预算的编制是作为计划过程的一部分开始的，而预算本身又是计划过程的终点，是转化为控制标准的计划。然而，在一些非营利组织中，例如政府部门、学校等，却普遍存在着计划与预算脱节的情况。

在许多组织中，预算审批非常简单，不加研究调查，以主观想象为根据任意削减预算，从而使得预算完全失去了应有的控制作用，偏离了其基本目的。正是由于存在这种不正常的现象，一些新的预算方法发展起来，它们使预算这种传统的控制方法恢复了活力。

①责任主体和内容。

责任主体分为战略层、经营层、作业层。其内容：战略层定为投资中心，经营层定为利润中心，作业层定为成本费用中心。

各责任主体应遵循的原则：一是责权相当；二是责任可控；三是运行高效。

②预算控制基础。

信息反馈是预算控制职能得以实现的前提和基础，因而必须建立一个完善的信息反馈系统。信息反馈系统有双轨制和单轨制两种组建形式。

③预算控制体系。

三个基本环节：确定标准、衡量成效、纠正偏差。

三个基本体系：责任会计体系、预算报告体系、预算监控体系。

④预算控制的原则。

第一，成本效益原则。预算的执行与控制方法应充分考虑成本效益原则。

第二，重要性原则。预算控制不需要面面俱到，而需要抓住重点。

5.4.2　预算控制的形式

预算执行过程中的控制主要有外部控制和自我控制两种形式。

外部控制是指预算执行过程中上级对下级的控制；自我控制是指每一责任单位对自身预算执行过程的控制。自我控制的好处在于，在预算编制过程中，各级责任部门都有所参与，在预算执行以前对预算就已经心中有数，有利于在执行过

程中发挥主观能动性。所以，在管理过程中应以自我控制为主。预算目标的分解
明确了各责任单位的目标和责任，并使它们拥有了相应的权力，与激励制度相配
合，把责、权、利紧密结合起来，这样会更有利于责任单位在执行过程中对偏离
预算的不利活动进行自我纠正，调动责任单位实行自我控制的积极性。

在利润预算管理过程中，通常是预算外的部分严格实行外部控制，预算内的
部分实行外部控制与内部控制相结合的控制形式。对于一年的预算期来说，具体
某个项目的预算可以采用总额控制法，允许本月节余转入下月使用，但总额不能
超出预算，控制过程以实行自我控制为主；预算项目间的挪用是要坚决控制的，
应以外部控制为主，这样才能使预算活动有序而高效地运行。

在预算执行控制过程中，还应注意同时运用项目管理、数量管理、金额管理
和计算机系统管理等方法，即把预算内容按项目分类，从数量、金额和与业务发
生有关的部门等方面分别进行管理控制，并将预算方案输入计算机管理系统，利
用计算机程序、计算机网络对预算指标进行严格控制。在计算机技术迅速发展的
今天，利用计算机管理信息系统（Management Information Sytem，MIS）
加强对预算执行过程的控制，具有较好的辅助管理控制作用。将预算方案与预算
执行结果输入该系统，一方面可以起到较好的控制作用，另一方面可以通过系统
实现网络资源共享，以便于各层次的管理者及时掌握预算信息，随时检查预算执
行情况。

此外，利润预算管理的实施还应考虑以下几项保证措施。

（1）推行费用不可突破法。预算目标按一定的层次、范围进行分解后，预
算期内指令性的费用预算如交际费等一般不能突破，如果突破，计算机会自动拒
付，如有特殊情况确需突破，必须按程序申请，由总经理批准纳入预算外支出，
确保费用项目支出得到有效控制，保证利润目标的实现。

（2）增加分厂、部门自主权。各预算责任部门在预算范围内的各项支出应
由各责任部门负责人具体实施掌握，不需逐层上报，这样既扩大了预算责任部门
的权责范围，又提高了工作效率。

（3）实行定期报告制度。预算执行过程中，各预算责任单位要及时检查、
追踪预算执行情况，掌握、分析预算与实际的差异，对存在的问题提出解决的措
施，定期向预算管理专职部门报告，由其汇总整理后形成综合的预算执行情况追
踪报告，上报给预算管理委员会，为预算管理委员会对整个预算的执行情况实现

动态控制提供资料依据。

（4）以利润为主线，建立严格、科学的业绩评价制度。严格实行预算目标责任制，对预算责任人的预算执行情况以预算为标准，以奖惩制度为依据，合理、及时地评价预算责任人的业绩，并将预算责任与责任人的收入直接挂钩，使得人人肩上有指标，项项指标连收入，以激发预算责任人执行预算的积极性。

（5）如果是由于市场状况的变化或其他特殊原因产生了阻碍预算实现的重大障碍时，与之相关的责任单位必须及时分析原因，按程序向预算管理部门提出预算修正申请，视修正的程度由总经理或董事会审核批准；纳入预算外的项目，如若超过了预算预备费，应由预算管理委员会和董事会审核批准。

5.4.3　预算控制的原则

预算控制的原则包括以下 4 项。

（1）加强过程控制

企业应当以预算作为预算期内组织协调各项经营活动的基本依据，严格执行销售预算、生产预算、费用预算和其他预算，并将年度预算细分为月度和季度预算，通过分期预算控制，确保年度预算目标的实现。

（2）突出管理重点

企业的预算控制必须抓住重点，对重点预算项目应严格管理，对非重点项目应尽量简化审批流程。

（3）刚性控制与柔性控制相结合

对一些不易区分的项目，可以实行柔性控制；对一些重大项目的支出，则需要仔细审核其支出的合理性，实行刚性控制。

（4）业务控制与财务控制相结合

企业的总预算包括运营预算和财务预算，业务活动与财务活动往往是不可分的。因此，预算控制应通过对各项业务活动及相关财务活动的审批或确认，实现业务、财务一体化的控制模式。

费用预算控制应该遵循什么样的原则？采用以下几个案例来说明。

A公司规定差旅费补贴标准是每天 5 元，财务总监的解释是：公司要控制差旅费用支出，要严格执行预算，不能让员工想着出差能赚钱就总申请出差。这个案例代表了以各种理由限制费用支出的一类公司，比如公司的广告费支出、销售部的招待费等。

B 公司准备试行增加差旅费补贴标准的规定，财务总监的解释是：我想尽量让补贴标准高一些，让销售人员额外赚到一些钱，也更愿意出差，这样应该能带来更多客户。这个案例是第一种类型的对立面，先不讨论孰优孰劣。

C 公司追求利润最大化。业务部门因一项新业务多次与财务部门沟通，财务总监都严词拒绝。到年底，同行业公司业绩增长迅速，该公司却在原地踏步。董事长质问销售团队，销售总监立马用财务总监做挡箭牌，财务总监却认为业务增长不重要，重要的是利润，必须要降低费用才有利润。

这三个案例代表了大多数公司的费用控制类型，虽然比较极端，但各有各的理由。对公司来说，开源与节流是同样重要的。

最重要的是为了确保公司战略目标的实现，与战略目标相背离的支出，即便是在预算内，也应该拒绝；能让公司离战略目标更接近的支出，即便已经超出了预算，也应该同意。所以，费用预算控制应遵循以下原则。

第一，关注业务活动，而不是预算数字。很多财务人员喜欢把成本费用当成一个科目，当成一个金额，总忙于对比与预算数字的差异。这样是不够的。

成本费用为什么会产生？是因为发生了相应的业务活动，背后是人在做这项业务活动。财务人员应该看到每一笔成本费用背后是业务活动和人，帮助人去改善业务活动，帮助他们找到驱动力，给他们激励；分析业务部门追求的目标是否与公司的战略要求一致。

与其问成本为什么超支，不如问成本因为怎样的客户需要而产生，有没有创造客户产生的价值，这其中有没有不应该的损失；业务人员从中获得了哪些可以衡量的成就，有什么样的经验可以分享，可以做些什么帮助业务人员分享这些经验。

第二，做选择题而不做判断题。成本费用支出不是减少了利润，而是让公司离目标更接近，能够带来新的业绩回报，所以，应该把成本费用当作一项风险投资，自然就可以做投资回报分析。

用投资回报率的方法确定项目的优劣，对将产生的费用按投资的潜在价值回报和对战略的重要程度确定投资的优先级。有了优先顺序，就更容易做出选择。

所以，费用控制，是在一系列活动中建议业务部门如何做出选择。建议不是能或不能，而是应该选 A 还是应该选 B。

第三，做动态的资源分配。传统预算被用作一种授权管理工具，为了控制预算而控制额度，从而约束费用的发生。

财务用预算控制业务的支出，也可能因预算受制于业务。常见的问题是，财务在发现业务问题时，预算成为业务的挡箭牌。

预算不应该是一块切好的蛋糕，你切了就一定是你的，如果这样，各部门在报预算的时候，自然就会认为要得越多越好。预算不应该是一成不变的，而应该是根据市场环境改变，根据公司目标实现情况动态调整的，也就是常说的滚动预算。

财务需要判断的不是在不在预算范围内，而是费用发生的合理性和真实性。在不在费用预算之内并不能作为随便花的理由。

好的预算管理，能将公司战略以数据化的形式落实于个人，实现战略落地；好的预算管理，不是处处"削减成本"，而是"节约成本"，前者是为少花钱，后者是为实现目标提供更合理的支援。

5.4.4　预算控制方法

预算控制方法如下。

（1）当期控制：当期可用预算 = 当期预算 – 当期实际。

（2）累计控制：当期可用预算 = 累计预算 – 累计实际；

累计可用预算 = 当期可用预算。

（3）总量控制：可用预算 = 所有预算；累计可用预算 = 当期可用预算。

例如，某企业编制了某年12个月的预算，其中业务招待费每个月预算为2 000元。当前为8月，前面7个月总共发生了13 000元的业务招待费支出，尚有可用预算余额1 000元。

如果控制方式为当期控制，则8月最多可发生招待费2 000元；如果为累计控制，则8月最多可报销业务招待费3 000元；如果为总量控制，则8月最多可报销业务招待费11 000元。

5.4.5 实施预算控制的过程

实施预算控制的过程包括以下内容。

（1）审批控制

审批控制，即针对选中的指标进行审批，填写审批意见。

批复。既可针对总体预算指标审批，又可针对某个别有关预算指标审批。

（2）事中控制

预算内审批控制，执行正常的简化流程进行控制。

超预算控制，执行额外审批流程，根据事先批准的额度分级审核。

预算外审批控制，执行复杂的特殊审批流程，报经上一级审批。

控制方式分为手工控制和系统在线控制。

（3）事后控制

销售、回款、存货等不涉及现金支出的预算，由预算责任人以定期编制报表的方式进行监控。

在企业管理当中，预算是否有效，要看它是否有利于企业目标的实现。预算以数量化的方式来表明管理工作标准；控制是以确定的管理工作标准，度量行动和纠正偏差。所以预算管理是过程中的控制，即事前控制、事中控制、事后控制。事前控制是投资项目或生产经营的规划、预算的编制，详细地描述了为实现计划目标而要进行的工作标准。事中控制是一种协调、限制差异的行动，保证预期目标的实现。事后控制鉴别偏差，纠正不利影响。

企业做好预算控制，要特别注意两点。

第一，保持预算的一致性。预算一旦制定，就不宜随便调整。因为编制预算都是建立在一定假设基础上的，所以预算编制之初就要特别考虑预算的调整。通常，如果企业日后发生的事项在之前编制预算时考虑的范围之内，则不应当进行调整。

只有受到不可控因素的影响，且该影响对企业原预算的执行产生影响较大，并且经过企业管理者和决策部门认可之后，才可以调整预算。通常情况下，企业调整预算的时间为半年一次，不宜过于频繁。

第二，保持对预算执行的实时监督。管理者在预算执行过程中要加强实时监督，力求及时对整个过程进行监督，分析预算执行的偏差，分析偏差产生的原因，并探讨改进措施。只有这样，才能准确把握预算执行的效果，把握各种方案的执行情况，及时查错防弊，避免错误或损失的进一步扩大。

总之，预算管理是企业财务管理的重要组成部分，有利于对信息进行及时和准确的反映。企业管理者通过预算管理来最终促进企业价值的提升。信息反馈是预算控制职能得以实现的前提和基础，因而必须建立一个完善的信息反馈系统。

案例　浙江移动预算管理持续改进

在浙江移动，管理部门要定期提交一份特殊的"成绩单"，这份"成绩单"记载了主营业务收入、利润目标等。它就是以资金流量、成本费用控制为重点的全面预算责任报告书。

这就是浙江移动实施的全面预算管理，它的作用是显而易见的。近年来，浙江移动业务收入和净利润逐年上升，资金使用效率明显提高，资产负债率呈明显下降趋势。更为关键的是，全面预算管理培养了浙江移动员工的成本效益观念，使他们养成了工作中对经济数据进行"平衡"思维的习惯，形成了倡导"用数据说话"的公司文化。在浙江移动，全面预算管理就好像一个秤的"准星"，它平衡着公司经营的重心，统揽了全面优质管理体系的全局，引导公司走向内涵式精细管理。

（1）用数据量化宏伟理想。

当下，浙江移动用户规模超过一千万户，但浙江移动并不满足于已经取得的成绩，而是致力于打造以"全面优质管理"为核心的战略管理体系，对公司外部环境、发展战略、业务发展规划、网络建设、投资效益等进行全方位的分析，实现由经验型管理向分析型管理的转变。在此基础上，浙江移动以战略目标为起点，建立了与公司实物流、资金流、信息流和人力资源流要求相一致的经营指标体系，推行了全面预算管理。它全面改变了公司成本效益的观念与方式，使公司从"定性管理"转向"定量管理"、从"事后核算"转向"年前控制"。全面预算管理结合公司自己的优势来规划公司发展，根据成本费用结构比率调整公司内部成本费用控制体系，调整管理决策，从而量化经营发展的宏伟理想。

（2）结合相关环节强化过程控制。

浙江移动认为，只有将预算管理与业务规划结合，与关键绩效指标（KPI）体系挂钩，通过及时的滚动报告与滚动预测，才能有效提升管理水平。为此，浙江移动将全面预算管理工作与公司全年的发展课题相结合，结合PDCA循环，通过一系列管理制度和流程的改进，完善全面预算管理体系。

年初，浙江移动各部门根据全年的战略目标，确定业务、服务、网络等发展课题，同时依据发展课题及其关键措施，确定收入、成本等完整的预算指标，最终形成业务预算、资本投资预算、资金利润预算、薪酬福利预算和管理费用预算，从而进一步优化资源配置。

浙江移动提出的预算规则：战略规划是起点，保本、保利是基础，目标多元化（财务、业务）是要点，量入为出、以收抵支是关键。同时，浙江移动在预算过程中引入了 PDCA 循环，建设了以发展课题为基础的"计划—预算—记录/分析—监控"闭环的预算管理体系。在预算编制过程中，一方面以发展课题为基础，另一方面引入预算招标法，由公司将全年总的经营目标预算及计分考核方法进行挂牌公布，各预算责任中心根据自身实际情况以及承担的课题情况进行竞投，从而使公司的现金流、盈利能力和成长能力三者达到平衡。

依据 PDCA 循环法则，浙江移动设立多级预算控制体系，将各责任中心的一切收支纳入预算，加大考核力度，合理控制各项成本费用开支；通过预算执行情况分析，对公司业绩进行评价，并为公司下一阶段的经营预测提供依据。

在预算编制过程中，浙江移动坚持做到四个"结合"——结合经济发展环境、结合市场竞争形势、结合公司经营战略、结合统计分析数据；实现两个"零"——管理费用零增长和非生产性投资零增长；一个"匹配"——市场营销费用增长与输入增长相匹配；一个"控制"——合理控制网络费用支出。

案例　全面预算内部控制案例

由于企业的内外部环境、行业的特点、经营规模和企业组织结构不尽相同，所以企业全面预算管理体制的方式选择也不尽相同，但是其必须要以高效有力、权责分明、全面系统以及合法科学等作为其工作的基本原则，对预算管理决策机构、预算管理执行机构、预算管理工作机构等的三种层次的架构进行建设。

（1）华北油田公司全面预算内部控制流程。

华北油田公司全面预算内部控制流程如图 5-2 所示。

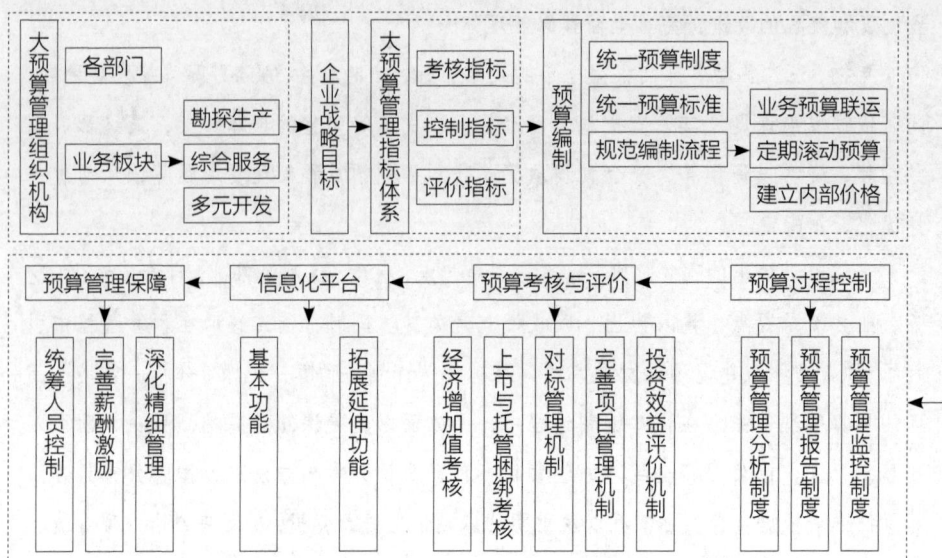

图 5-2　全面预算内部控制流程

（2）全面预算内部控制体系。

在华北油田公司之中，其对全面预算管理的决策机构进行了专门的建设，即成立预算管理委员会。在该委员会中，其成员主要是由各个部门的负责人以及公司的负责人组成的。

预算管理委员会的职责主要是从公司的整体出发，进行预算管理制度的批准和审计；对上年度的决算进行审定，并且审定当年的相关预算的方案；对预算的调整方案进行有效的批准和审查；对预算的执行情况进行分析和监督，并且解决预算执行中的各种问题。

（3）全面预算内部控制授权批准程序和工作协调机制。

在华北油田公司之中，全面预算内部控制的相关体系已经被完善和建立，所以要对预算管理工作的相关流程进行制定和有效的完善。

通过对预算管理体系的分析可以看出，不相容的职务是必须要分离的，各个岗位以及各个部门的权限都要进行合理的配置，权利不能够滥用，更不能越位。

（4）"战略导向型"全面预算管控机制。

华北油田公司"战略导向型"全面预算管控机制是为保证公司未来发展及战略目标的实现而建立的统一预算管理机制。

　　华北油田公司"战略导向型"全面预算管控机制是以 6 项机制、8 项措施为核心，以差异化预算管控为手段，围绕成本中心、利润中心、投资中心三种管控模式制定"一企一策"预算政策，统筹优化公司三大板块、六项业务资源，强化内部控制，明确责任、有效激励，全面提升综合管理水平，实现公司整体效益稳步提升的一套综合管理方法。

第 6 章
预算考评

预算考评是指企业对各级预算责任单位或责任中心执行结果进行的考核和评价，是通过预算管理体系对执行者实行的一种有效的激励和约束机制。

预算考评具有两个层面的含义：一个层面是对整个预算管理体系的考评，即对企业经营业绩的考评，对各种指标的考评，包括对生产能力指标、销售能力指标、市场开拓能力指标、资金运作能力指标等各种需求指标的考评；另一个层面是对预算执行者的考评，即对人的考评，它的意义在于对预算进行较好约束，对业绩完成较好者给予激励，对业绩完成不理想者进行惩罚。

由于预算考评贯穿整个预算执行过程和预算执行完成后，所以预算考评是一种动态考评方式，更是一种综合考评方式。

6.1　预算考评原则

预算考评过程应遵循目标性、责权对等和可控性、激励、整体利益最大化、分级考核、例外等原则。预算考评的六大原则具体内容如下。

6.1.1　目标性原则

预算考评的目的是更好地实现企业战略目标和预算目标，所以，在企业预算考评体系的设计中，应遵循目标性原则，以考核、引导各预算执行单位的行为，避免各预算执行单位发生只顾局部利益、不顾全局利益甚至损害全局利益的行为。

6.1.2　责权对等和可控性原则

对某个责任中心的考核指标应是该责任中心所能控制且具有相应的责权的。在可控条件下产生的预算差异应由相应责任中心负责。

预算考评必须公开、公正和公平，各预算执行单位以其责权范围为限，对其可以控制的预算差异负责，利益分配也以此为基础，做到"责、权、利"统一。

6.1.3　激励原则

预算考评要讲究时效性，企业可根据管理基础、内外部环境变化以及经营需要来选择合适的考核时点，如季度考核、半年度考核、不定期考核等。如果等年度预算期结束后再进行考核，会削弱预算考评应有的作用。

考核要与奖惩挂钩，要给认真完成预算目标和履行预算管理职责的责任中心以合理的激励。

（1）预算考评必须公平，即相同的绩效要给予相同的评价。

（2）预算考核要公开，包括制定标准的过程对被考核者公开，考核标准要在执行之前公布，考核结果应在必要的范围内公布。

6.1.4　整体利益最大化原则

预算管理的目的是通过调动各责任预算主体的积极性、主动性来实现企业预算管理的总目标。

责任预算主体为了自身利益的最大化，会产生局部利益（个人利益）与整体利益（企业利益）之间的矛盾。

预算考评要有利于企业总体目标的实现和价值的最大化。

进行预算考评时要以整体利益为重，兼顾局部利益，以防范某些责任部门因过于强调本部门目标而忽视企业整体发展目标的行为发生。

6.1.5　分级考核原则

分级考核要求逐级进行预算考评，即企业考核部门，部门考核工作小组或班组。

6.1.6　例外原则

在企业的预算管理中，可能会出现一些不可控的例外事件，如市场的变化、产业环境的变化、相关政策的改变、重大自然灾害和意外损失等，考核时应对这些特殊情况做特殊处理。企业受到这些因素的影响后，应及时按程序调整预算，考核也应该按调整后的预算指标进行。

预算外事项的执行也要纳入预算考评范围，但不可控因素导致的预算外事项，可在考核时予以剔除。

6.2　预算目标完成情况考核

在明确了预算的考核原则之后，预算考评的实施存在的往往是程序性和技术性的问题，本身并不存在争议。一般来说，预算考评的实施包括三个步骤：预算目标完成情况考评；预算工作考评；兑现承诺。

6.2.1　预算考评指标体系设计

预算不同于预测，也不等同于财务计划。预算是在预测的基础上，为了实现特定目标，以一定的方式，对企业未来的生产经营活动所做的数量说明。预算是包括财务预算在内的全面预算，它可以用价值形式来反映，也可以用其他数量形式来反映。预算管理是企业围绕预算而展开的一系列管理活动，包括预算的编制、执行、分析、调控和考评多个方面。而在董事会和管理者可以控制的所有工具中，对企业成败影响最大的就是业绩评价和激励机制，它们可以引导和塑造员工的行为。两者有机结合将有力地促进企业战略目标的实现。为了体现全面预算的优越性，必须对预算执行的结果进行评价。如果没有以预算为基础的业绩评价和激励机制，预算就会流于形式，失去控制力。

对于企业外部而言，企业通过预算编制和调整过程，提升了对市场不确定性的适应能力，有利于企业合理配置资源，调整产品结构，从而适应外部环境的变化；而对于企业内部而言，企业需要有效地协调、整合内部各方面的力量，及时发现与预算目标不匹配的因素，不断改进后完成企业制定的发展目标。从整体上看，预算编制和调整过程有助于检验企业调配资源、适应市场变化的能力；从局部看，又可以对企业各组成部分对整体所做的贡献进行评价和检验。

（1）设计指标

设计指标就是要明确预算考评指标体系。如前所述，企业目前在实施预算管理时，预算的编制指标和考核指标，应该坚持相同的导向，但考评指标一般会比编制指标多，所以预算考评指标体系一般是一个比较复杂的指标体系。预算考评指标体系的具体设计包括三个方面的内容。

预算考评指标，即哪些指标应该纳入预算考评的范围。一般来说，指标的设计需要考虑责任中心的定位、企业的发展战略、企业的产品寿命周期、企业的年度预算管理重点、股东的要求等内容。如成本中心的考评指标，应该以成本类指标为主；坚持成本领先战略的企业，应该突出成本类考评指标；而坚持差异化战略的企业，更应该强调毛利率等指标。

指标解释，即预算考评指标是如何计算的。这是企业在预算考评中，容易忽略的一个问题。企业的预算管理部门和责任中心对预算考评指标的计算，有不同的解释。如在计算分公司的考评利润时，计提的资产减值准备是否在利润之前扣除；在计算销售部门的销售费用时，是否包括折旧；等等。所以，在设计预算考评指标阶段，必须对考评指标的计算，做出明确的、没有歧义的解释。

给定指标权重，即确定不同的考评指标在预算考评中的地位。一般来说，权重的设定和指标的设计是相互联系的，指标的设计需要照顾全面，而确定考评权重则需要在此基础上突出重点，明确企业的预算考评导向。在确定权重过程中，需要考虑的因素与设计预算考评指标时所考虑的因素基本一致。

（2）计算指标值

在设计指标工作完成之后，实际执行预算考评时就需要根据各责任中心的预算执行情况，计算指标值。

（3）兑现奖惩

在根据预算考评的结果兑现奖惩时，需要解决三个方面的问题：薪酬挂钩的范围问题、预算考评的周期问题和薪酬挂钩的方式问题。

第一，薪酬挂钩的范围问题。在预算考评中，薪酬挂钩的范围问题就是指预算考评结果与责任中心哪一成员的薪酬挂钩的问题，一般的处理方法有两种：一是预算考评的结果，只与责任中心负责人的薪酬有关；二是预算考评的结果，与责任中心所有成员的薪酬相关。在技术水平不断发展、企业内部生产各部门之间越来越相互依赖、每一个员工对责任中心完成目标越来越重要的情况下，组织考评的结果应该尽可能与组织所有成员的奖惩相关。

具体来说，在操作中，企业的人力资源部门应该制定有关的制度和流程，为责任中心对员工的考评提供制度依据和工作流程；而责任中心的负责人应该根据企业人力资源部门所制定的有关制度和流程，对员工进行考评，并根据考评的结果，将计算得出的薪酬结果，具体在员工之间分配。正是在这个意义上，预算管理具有激励员工的作用。而这种预算考评和分配体制，是与我国企业中长期坚持的"统一领导、分级管理"的管理理念相互吻合的。

第二，预算考评的周期问题。预算考评的周期问题是在预算的执行过程中以多长时间为限进行预算的考评和薪酬兑现的问题。企业的一般做法是全年一次考评，即在年度结束之后，根据责任中心在全年预算执行中的表现和指标完成情况，进行预算考评。这种预算考评办法，往往不能根据预算的执行情况进行及时的预算控制，以确保预算目标的实现，也难以根据预算的执行进度，进行动态激励。笔者认为，为了确保预算目标的实现并根据预算目标的动态实现情况，给予预算责任中心以动态激励，预算的执行必须坚持"按期分解、逐期分析、动态考评"的原则。

预算考评中的动态考评制度要求企业对各预算责任中心的预算执行情况进行动态考评，而不是年终一次考评。将各预算责任中心与预算执行情况挂钩的奖励分解为两部分：一部分在预算考评的当期兑现，以确保各预算责任中心完成预算的积极性；另一部分进入企业奖金池，在年终考评时根据各预算责任中心奖金池的余额兑现，以确保各预算责任中心不会出现短期行为。预算考评周期可以分为季度和月度两种，具体周期的确定，应该与预算分解的周期保持一致。因为没有预算目标的分解作为基础，预算的动态考评是难以实施的。

第三，薪酬挂钩的方式问题。薪酬挂钩的方式问题是指预算考评结果的使用方式问题。常见的使用方式有两种：一是预算考评结果作为企业绩效考核的一部

分使用；二是预算考评结果单独使用，与责任中心的薪酬挂钩。由于我国企业的
预算考评往往全年只进行一次，且与绩效考核周期相同，所以一般企业是将预算
考评结果作为绩效考核的一部分来使用的，因而在期中进行预算考评时，预算考
评的结果只能单独使用，而在年末的预算考评中，可以将预算考评结果与其他考
核结果综合使用。

6.2.2　预算工作考评

　　预算考评是对企业内部各级责任单位和预算执行情况的考核与评价。在企业
全面预算管理体系中，预算考评既起着检查、督促各级责任单位和个人积极落实
预算任务，及时提供预算执行情况的相关信息以便纠正实际与预算的偏差，进而
实现企业总体目标的重要作用，又使得企业有效激励相关部门和人员有了合理可
靠的依据，还有助于企业管理者了解企业生产经营情况。同时，从企业生产经营
循环来看，预算考评作为一次预算管理循环的结束总结，为下一次科学、准确地
编制企业全面预算积累了丰富资料和实践经验，是以后编制企业全面预算的
基础。

　　预算考评应以企业各级预算执行主体为考评对象，以预算目标为考评标准，
以预算完成状况的考查为考评核心，通过预算实际执行情况与目标的比较，确定
差异并查明差异产生的原因，进而据此评价各级责任单位和个人的工作业绩，并
与相应的激励制度挂钩，使利益与相应的工作业绩紧密相关，以充分调动各级责
任单位和个人的工作积极性，促进企业整体效益的提高。

　　具体来讲，预算考评包括期中预算考评和期末预算考评两种形式。所谓的期
中预算考评是指在预算执行过程中进行的，依照企业全面预算内容对预算实际执
行情况和预算指标进行考核、比较，发现其间的差异及差异产生的原因，为企业
生产经营过程中的纠偏和事中控制提供及时可靠的依据的分析评价。而期末考评
则是在预算期末对各预算执行主体的预算完成情况进行的分析评价。目前企业的
预算考评多以成本费用、利润及投资报酬等财务指标的考评为主。

　　预算执行的结果，并非有利差异越大越好，因为差异越大，可能表明预算执
行主体的管理能力越弱。因此，企业组织也需要对预算编制的准确性考评，其结
果应与激励机制相结合。预算工作考评的主要内容如下。

（1）考评内容。独立核算单位的考评内容包括销售收入、利润和制造费用；各职能部门的考评内容包括本单位可控管理费用和预算项目。

（2）奖惩标准。

（3）预算差异率和预算完成度。

（4）各个考评指标及权数。

（5）具体奖惩内容。

（1）制定预算考评制度

制定预算考评制度就是要明确预算考评指标体系。预算管理委员会应根据预算目标制定各单位的预算考评指标，预算管理办公室应根据各个项目预算目标的重要性，分别确定考评指标的权重。一般来说，考评指标的设计需要考虑责任中心的定位、企业的发展战略、企业的产品寿命周期、企业的年度预算管理重点等内容。

（2）确认各责任中心的执行结果

预算管理办公室应根据预算考评制度要求，以及各单位预算执行和预算体系运行情况，对各单位和集团本部各专业职能部门进行预算考评并出具考评报告。

第一，预算目标完成情况考评。对主要指标逐一将实际与预算对比，分别计算出差异、差异率和预算完成率等。主要指标包括产量、产品单位成本、原材料损耗率、成品率、次品率、退货率、销售收入、利润、销售毛利率、销售利润率、销售净利率、流动资金周转率、应收账款周转率、存货周转率、资产负债率、变动成本、可控成本、预算单位内部利润、管理费用、销售费用、财务费用、权益乘数、权益净利率、每股净资产、总资产报酬率、净资产收益率、总资产周转率等。

第二，预算工作考评。预算工作考评的内容包括预算编制的准确性，预算编制的及时性、规范性，预算执行程序的规范性，预算分析的及时性、全面性和透明度，预算工作组织的周密性等。

预算考评的实施包括三个步骤的内容：制定预算考评制度、确认各责任中心的执行结果、兑现奖惩。

（3）兑现奖惩

预算管理委员会负责对预算管理办公室出具的预算考评报告进行审批。企业管理层根据审核批准的预算考评报告，将对各单位预算考评的结果纳入整个企业绩效考评体系，进行奖惩。

6.2.3　预算考评常用方法

基于全面考核原则，全面预算考核的常用方法有 3 种。

（1）KPI 考核法

KPI 考核法指通过设定 KPI 实现绩效管理的方法。按管理主题来划分，绩效管理可分为两大类：一类是激励型绩效管理，侧重于激发员工的工作积极性，比较适用于成长期的企业；另一类是管控型绩效管理，侧重于规范员工的工作行为，比较适用于成熟期的企业。但无论采用哪一种考核方式，其核心都应有利于提升企业的整体绩效，而不应在指标的得分上斤斤计较。

从管理目的来看，KPI 考核法旨在引导员工的注意力方向，将员工从无关紧要的琐事中解脱出来，从而更加关注企业整体业绩指标、部门重要工作领域及个人关键工作任务。

从管理成本来看，KPI 考核法可以有效地节省考核成本，减少主观考核的盲目性，缩短模糊考核的推敲时间，将企业有限的人力、财力、物力用于研发新的产品和开辟新的市场。

从管理效用来看，KPI 考核法主要用来检测管理中存在的关键问题，并能够快速找到问题的症结所在，不至于被过多的细枝末节缠绕。企业绩效评估经常遇到的一个很实际的问题就是，很难确定客观、量化的绩效指标。其实，对所有的绩效指标进行量化并不现实，也没有必要这么做。行为性的指标体系，也同样可以衡量企业绩效。

KPI 考核法的优点是标准比较鲜明，易于做出评估。缺点是制定标准难度较大；缺乏一定的定量性；绩效指标只是一些关键的指标，对其他内容缺少一定的评估。

（2）平衡计分卡考核法

平衡计分卡从财务、客户、内部运营、学习与成长等 4 个角度，将组织战略目标落实为衡量指标。

①财务层面。作为常用于绩效评估的传统指标，财务业绩指标可以显示公司

的战略及其实施是否对改善盈利做出贡献。财务业绩指标通常与获利能力有关，包括收入的增长、收入的结构、成本降低、生产率提高、资产的利用和投资战略等。

②客户层面。公司使命和策略诠释为与客户相关的具体目标和要点，应以目标客户和目标市场为导向，专注于满足核心客户需求，而不是企图满足所有客户的偏好。客户最关心的不外于五个方面：时间、质量、性能、服务和成本。客户层面指标通常包括客户满意度、客户保持率、客户获得率、客户盈利率以及在目标市场中所占的份额。

③内部运营层面。管理者要确立组织运营关键及其内部流程，以吸引和留住目标细分市场的客户，并满足股东对财务回报的期望。内部运营绩效考核应以对客户满意度和实现财务目标影响最大的业务流程为核心，既包括短期的现有业务的改善，又涉及长远产品和服务的革新。

④学习与成长层面。公司的实际能力与实现突破性业绩所必需的能力之间存在差距，为弥补差距，必须投资于员工技术的再造、组织程序和日常工作的理顺，这些都是平衡计分卡学习与成长层面追求的目标。学习与成长层面指标如员工满意度、员工保持率、员工培训和技能等。

平衡计分卡反映了财务与非财务衡量方法之间的平衡、长期目标与短期目标之间的平衡、外部和内部的平衡、结果和过程的平衡、管理业绩和经营业绩的平衡等多个方面，所以能反映组织综合经营状况，使业绩评价趋于平衡和完善，利于组织长期发展。

（3）360度考核法

360度考核法又称为全方位考核法，最早由英特尔公司提出并加以实施运用。该方法通过员工自己、上级、同事、下属、顾客等不同主体来了解其工作绩效，清楚员工的长处和不足并持续改进，来达到提高自己的目的。

360度考核法打破了由上级考核下属的传统考核制度，可以避免传统考核中考核者极容易发生的"光环效应""居中趋势""偏紧或偏松""个人偏见""考核盲点"等现象。

KPI考核法、平衡计分卡考核法、360度考核法作为常见的预算考核方法，都体现了预算管理的本质。

不管哪一种业绩考核方法，指标体系都是实施法宝：（1）指标体系不可能面面俱到，按照重要性原则和成本效益原则，必须关注重要领域；（2）指标体系不外乎定量指标与定性指标，应该明确，客观可行的定量指标是在业绩考核中的最终追求，无法定量的领域才能通过定性指标予以约束。

6.2.4　营销考核

预算营销考核是预算营销管理的总结。本质就是建立体系化运营规则，通过对员工或团队的目标激励和现实奖惩，达到组织共同进步的目的；同时通过对实际执行与预算营销目标之间差异大小及差异原因分析，掌握预算的运行状况、成绩、存在问题及环节，查明根源，堵塞漏洞，纠正偏差。

预算营销考核就是拟定规则、设置指标、奖先惩后、共同提升。不管什么样的预算考核工具，规则、指标、衡量、奖惩、预防是其不变的核心与循环。

（1）营销目标

不管企业的发展源动力来源于营销、技术、资源抑或成本，营销成果都是企业发展的最直观展示，即产品销售、市场占有等各项指标均显性反映了企业战略目标的实现结果。所以营销考核是我们最常见的预算管理考核领域。

（2）营销指标

营销指标体系一般包括销售指标、回款指标、费用指标、坏账指标、薪酬指标、其他指标等。

现实中普遍存在过于偏重销售指标而淡化回款指标的现象，尤其是在处于市场成长期的企业中更为常见。它们认可扩大销售、占领市场、粘连客户的营销策略，忽视回款实现。

（3）营销薪酬

企业股东关注产品销售、市场份额，营销人员更关注个人薪酬。这是天然存在的个体利益诉求差异。

第一，薪酬结构。营销人员的薪酬一般包括固定薪酬和业绩提成。其中固定薪酬包括基本薪酬、岗位薪酬等，业绩提成包括销售提成、回款提成等。

对于销售成果与营销人员努力存在直接因果关系的大多数企业而言，"低底薪+高提成"是其薪酬结构主导思想。低底薪可以确保营销人员基本生活，一般不低于所在地最低工资标准；高提成又能体现多劳多得等能力价值。

对于销售成果与营销人员努力不一定存在直接因果关系的部分企业（如大型工程企业）而言，"高底薪+低提成"是其薪酬结构主导思想。此类企业单体订单巨大，常常存在"三年不开张，开张吃三年"的情形，营销人员的工作更多的是与客户做好前期沟通铺垫。

第二，提成基数。常见的提成基数包括销售数量、销售金额、销售回款等，但也有不少企业抛出"利益共享"理念，以销售毛利或销售净利作为业绩提成基数，试图以情感捆绑营销人员。

这种方法看似比较好，实则不便执行。第一，销售毛利或销售净利本身就是企业的机密，不宜对外公开；第二，即使公开，数据的真实性也值得怀疑；第三，如果以一定的销售毛利作为基数，则又转变为以最基础的销售数量（或销售金额）作为提成基数的形式。

按照简单易行原则，企业一般以销售数量、销售金额、销售回款作为提成基数，同时将坏账控制作为控制因子。

第三，目标设定。制定销售目标值时，信息不对称与委托代理成本的存在，导致制定目标值出现讨价还价现象。如何促使营销人员在追求自身利益最大化的同时，使得其提出的目标值与实际情况最为接近是一个难题。

在具体目标设定中要坚持"四预防，一促进"，即预防少报、预防推后、预防提前、预防坏账，促进回款。

第四，提成比例。提成比例的设定通常有两种方法。

①提成比例保持不变。无论营销人员目标值如何，销售提成均按完成销售额的 $a\%$ 计提，并坚持提成比例保持不变。

设定了提成比例之后，目标值的确定与设置就可有可无，如图6-1所示。该方案的优点在于计算简单明了，减少目标分解的争吵，能在一定程度上从提成相对数方面激励营销人员尽可能多地完成销售额。

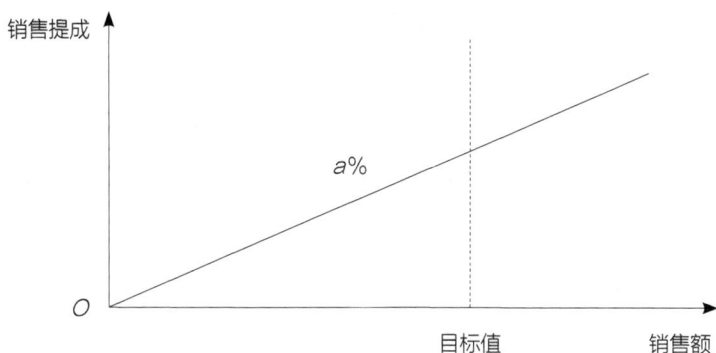

图 6-1 销售提成比例

该方案的缺点在于营销人员没有定量压力，会导致动力不足；没有目标值约束，销售额难以预测，不利于生产计划与预算管控；虽然没有促使营销人员降低目标值，但作为重要的考核指标，营销人员依然会习惯性地要求降低目标值，使得绩效考核得分较高，从而获得更多的绩效工资。

②完成目标后提成比例增大。销售额未超过目标值时，按照实际销售额的 $a\%$ 计算提成；销售额超过目标值时，超出部分按 $b\%$ 计算提成，也可设置多区间段，对应 $c\%$、$d\%$、$e\%$ 等提成比例，提成比例逐步增加，因此这种方法也叫超额累进法，如图 6-2 所示。

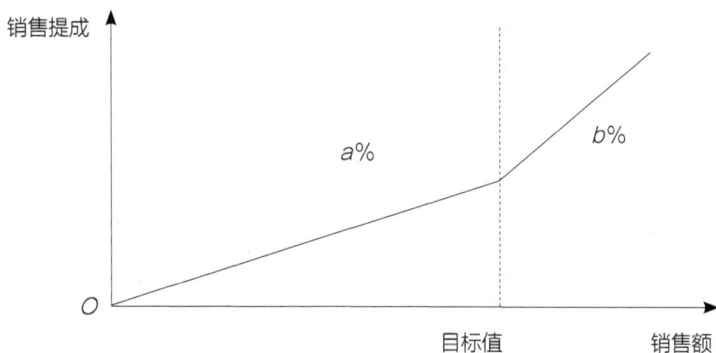

图 6-2 完成目标后提成比例增大

该方案的优点在于能够鼓励营销人员卖出尽可能多的产品，实现尽可能多的销售额。

该方案的缺点在于目标值的确定问题纷争较多；实际完成销售额相同时，目标值越低，营销人员提成越多，因此营销人员找出各种各样无法完成的理由，要求降低目标值。在这种情况下，总经理只能强制将目标值压给营销人员。

③完成目标后提成比例减小。销售额未超过目标值时，按照实际销售额的 $a\%$ 计算提成；销售额超过目标值时，超出部分按 $b\%$ 计算提成，其中 b 值小于 a 值，如图 6-3 所示。

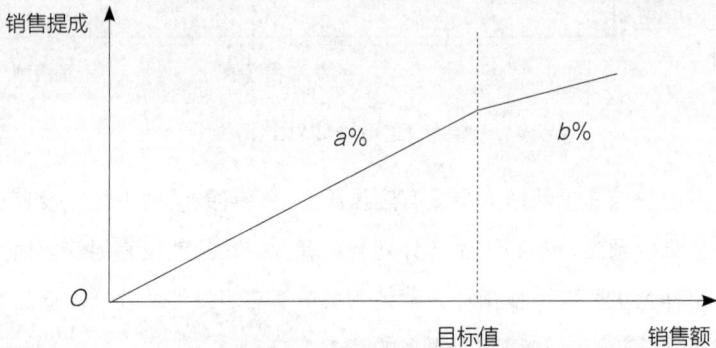

图 6-3　完成目标后提成比例减小

该方案的优点在于鼓励营销人员合理预估销售额目标值，并努力将其实现。

该方案的缺点在于操作难度较高，a 值与 b 值的制定要经过精确预估和计算才能确定；不能有效激励营销人员完成销售目标后进一步扩大销售量。

案例　预算指标完不成的责任分析

下面是浙江群升集团市场部销售预算指标完不成的责任分析。

案情简介：

市场部提出，销售指标完不成是因为生产跟不上，没有足够的产成品可供销售；

生产部提出，生产跟不上由于原材料供应不足、不及时，无法按预算投产；

供应部提出，原材料供应不足、不及时，是由于财务部资金供应不足、不及时，原材料采购脱离预算；

财务部提出，资金供应不足，是由于货款回拢迟缓，完不成预算目标；

市场部又提出，货款回拢迟缓完不成预算目标，是由于提高了赊销比例，而提高赊销比例是为促销，之所以促销是因为市场变化，不得不这样做。

市场部抛球，生产部、供应部、财务部传球，最终传给了市场部，似乎这四个职能部门都不存在完不成预算指标的责任。

责任分析：各部门都负有没有及时沟通的责任，其中市场部应负主要责任，但并非全责；集团负有制度不完善的责任。

第一，销售是市场部的预算指标，市场部理应主动与生产部沟通，并向集团预算管理委员会及时传递这一信息。

第二，市场部可以应用其他促销手段销售库存产成品。

第三，市场部根据集团战略需要开拓新市场，增加客户信用额度，造成销售回款指标没有完成。这是集团制度可操作性不强所致。

第四，集团没有充分利用大数据预测市场变化。

6.3　预算评价指标

预算评价指标，是编制下一年度预算的主要依据。

6.3.1　财务指标和非财务指标

财务指标的质量取决于财务报告的质量，而财务报告质量又受到会计准则和会计师技能与职业道德等因素的影响。即使财务指标是令人满意的，它也只能反映企业过去的财务状况和经营成果，过去的财务状况良好不能保证未来的财务状况良好，因此，需要引入非财务指标进行补充。

非财务指标被认为是能反映企业未来业绩的指标，凭借良好的非财务指标非常有可能实现未来的财务状况良好。非财务指标是无法用货币来衡量的，通常用于反映企业在经营过程、员工管理、市场能力和顾客服务方面的表现。

6.3.2　定量指标和定性指标

非财务指标可以是定量的，用数字来计量，例如客户投诉数量；也可以是定性的，无法用数字来计量，例如销售代表反馈的客户意见。

业绩指标是必须要量化的，目标不量化就会形同虚设。实务中通常会采用定量指标替代定性指标。例如，用客户投诉数量作为衡量产品质量或客户满意度的替代指标，用保修单数量作为衡量产品可信度的替代指标。

6.3.3　绝对指标和相对指标

绝对指标能够反映被评价对象绩效的总量大小，如某销售部门的年营业收入预算目标。相对指标是两个绝对指标的比率结果，例如，某市场销售部门的销售费用率，是年销售费用预算目标与年营业收入预算目标的比率。绝对指标和相对指标在企业的绩效评价中相互补充，可以更好地发挥作用。

评价标准是业绩评价的参照物，也就是评价对象的业绩指标需要与什么相比较。如果没有比较，就无法判断优劣。企业通常使用的评价标准包括历史标准、预算标准、外部标准等。

（1）历史标准

①在明显缺乏外部比照对象的情况下，如在市场上企业属于领先者，尚未出现竞争对手时，为了衡量业绩，企业往往会使用历史标准，即采用历史业绩作为参照物。

②历史标准的运用方式有三种，包括与上年实际比较、与历史同期实际比较、与历史最好水平比较。

（2）预算标准

企业通常会将长期的战略目标截取为阶段性的预算目标。预算控制的机制在于将实际业绩结果与预算目标进行比较，求出并分析差异，并针对差异及时修正目标或实施改进措施。

就目前情况来看，我国的大部分企业都有预算管理的传统和习惯，但是工作仅仅停留在预算的编制阶段，耗费了很大的人力、物力，而没有将预算管理与业绩评价挂钩，没有提高预算管理水平。

（3）外部标准

为了保证可比性，外部标准通常会选择同行业的标准，包括行业均值标准和行业标杆标准，以及跨行业标杆标准等。标杆法，就是将企业自身的产品、服务或流程与标杆对象的最佳实务和经验相比较，以达到持续改进、提升业绩的目的。

6.3.4　内部考评指标体系

内部考评指标体系如下。

（1）从内部运营角度设计。内部考评指标包括员工平均创利能力、产品单位成本、交货率、总资产周转率、存货周转率等。

（2）从财务角度设计。内部考评指标包括成本费用增减率、贡献毛益、营业利润、投资收益率、流动比率、速动比率、资产负债率、销售收入增长率、总资产增长率、流动资产周转率、固定资产周转率等。

（3）从学习与成长角度设计。内部考评指标包括员工能力、新事物引入能力（接受新事物、勇于创新、新客户引入、新产品引入）等。

6.3.5　外部考评指标体系

从客户角度考虑，考评指标如下。

（1）企业的时间观念，如订货期、交货期。

（2）产品质量和服务质量，如返修和退货比率、准时交货比率等。

（3）产品成本、销售费用。

6.3.6　制造业预算考评指标分类

（1）基本指标。基本指标既体现经营目标和发展战略，又体现预算目标的核心指标。该指标包括产量、产品单位成本、销量、销售收入、利润、销售净利率、权益净利率、每股净收益、总资产报酬率、经济增加值、销售毛利率、资产负债率等。

（2）辅助指标。辅助指标延伸了基本指标考核的内容，是预算目标的体现。该指标包括原材料损耗率、成品率、次品率、退货率、销售利润率、总资产周转率、流动资金周转率、应收账款周转率、存货周转率、管理费用、销售费用、财务费用、权益乘数、资产收益率等。

（3）修正指标。修正指标主要包括预算差异复核、预算编制准确性和预算反馈及时性三个方面。

（4）否决指标。否决指标指责任主体必须完成的，且对企业的经营效益和长远发展有重大影响的特别责任事项。该指标包括产量、产品单位成本、变动成本、可控成本、销量、销售收入、内部利润等。

6.3.7 预算指标权重设定

首先，在基本指标和辅助指标之间进行权重分割。

其次，在每一类指标中再区分核心指标和其他指标。基本指标权重 > 辅助指标权重，核心指标权重 > 其他指标权重。

案例 甲公司预算考核指标体系

甲公司为国有大型集团公司，实施多元化经营。为进一步加强全面预算管理工作，该公司正在稳步推进以"计划—预算—考核"一体化管理为核心的管理提升活动，旨在"以计划落实战略，以预算保障计划，以考核促进预算"，实现业务与财务的`高度融合。

（1）在 2020 年 6 月召开的 2021 年度全面预算管理工作启动会议上，部分人员发言要点如下。

总会计师：明年经济形势将更加复杂多变，"稳增长"是国有企业的重要责任，应结合公司发展战略，落实董事会对公司 2021 年经营业绩预算的总体要求，即营业收入增长 16%，利润总额增长 8%。

A 事业部经理：本事业部仅为特殊行业配套生产专用设备 X 产品；本年度，与主要客户签订了战略合作协议，确定未来三年内定制 X 产品 200 台，每台售价 800 万元；本事业部将进一步加强成本管理工作，力保实现利润总额增长 8% 的预算目标。

财务部经理：2020 年 4 月 16 日，公司总部进行了流程再造，各部门的职责划分及人员配备发生了重大变化，2021 年的预算费用项目及金额与往年不具有可比性，因此，总部各部门费用预算不应该继续采用增量预算法，而应采用更为适宜的方法来编制。

采购部经理：若采购业务被批准列入 2021 年预算，为提高工作效率，采购业务发生时，无论金额大小，经采购部经理签字后即可支付相关款项。

（2）甲公司 2020 年预算分析情况如表 6-1 所示。

表 6-1 甲公司 2020 年预算分析情况

金额单位：亿元

项目	2019 年度实际数	2020 年预算目标		2020 年预计实际可完成值	
		金额或比率	较上年实际增减	金额或比率	较上年实际增减
营业收入	700	760	8.57%	765	9.29%
利润总额	70	71	1.43%	72	2.86%
营业利润率	10%	9.34%	—	9.41%	—
项目	2020 年年初实际数	2020 年年末预算数	2020 年年末预计数		
		金额或比率	较年初增减	金额或比率	较年初增减
资产总额	3 000	3 400	13.33%	3 600	20%
负债总额	1 800	2 350	30.56%	2 550	41.67%
资产负债率	60%	69.12%	—	70.83%	—

要求：①根据 2020 年有关预算指标预计实际可完成值及董事会要求，计算甲公司 2021 年营业收入及利润总额的预算目标值。

2021 年营业收入的预算目标值 =765×（1+16%）=887.4（亿元）

2021 年利润总额的预算目标值 =72×（1+8%）=77.76（亿元）

要求：②根据资料（1），指出 A 事业部最适宜采用的成本管理方法，并简要说明理由。

A 事业部最适宜采用目标成本法。

理由：X 产品未来的销售价格及要求的利润水平已经确定，A 事业部应按照不高于"销售价格－必要利润"的逻辑，倒挤出预期成本，开展目标成本管理工作。

要求：③根据资料（1），指出甲公司 2021 年总部各部门预算应采用的预算编制方法，并简要说明理由。

甲公司 2021 年总部各部门预算应采用的预算编制方法是零基预算法。

理由：2021 年的预算费用项目及金额与往年不具有可比性。

要求：④根据资料（1），判断采购部经理的观点是否正确，并简要说明理由。

采购部经理的观点不正确。

理由：预算内的资金也需要按照授权审批的程序执行，大额资金支付应当实行集体决策或联签制度。

要求：⑤根据资料（2），指出甲公司在经营成果及财务状况两方面分别存在的主要问题并提出改进建议。

甲公司存在的主要问题如下。

经营成果方面：销售增长快于利润增长，增收不增利，营业利润率下降。

财务状况方面：负债增长快于资产增长，财务风险加大，资产负债率明显提高。

改进建议：降本增效，提升盈利能力；控制资产负债率，防范财务风险。

6.4 预算考评与经营业绩的关系

企业的战略规划是企业一切活动的源头；业务规划将战略规划进行战术动作分解，把大的方案分解为一系列可操作的行动计划；预算管理将业务规划落实到具体的作业和经营活动中，将业务规划变成组织内部每一个人的行动计划，并在资源上确保计划的实现，同时对资源的使用进行优化；预算控制通过企业内部的管理控制系统时刻监控业务计划的执行情况和预算的执行情况，对没有预见的情况的出现做出及时反应，必要时对预算和计划做出调整；绩效考评确保业务规划和预算有效实施，是战略得到贯彻的有力保证，它要和企业战略协调起来。由于现在经营环境变化迅速，没有哪一家企业可以对未来做出准确的预测，所以环境变化的适应速度和调整业务计划、预算的能力是决定企业成败的关键因素。

6.4.1 战略与预算的关系

战略的最终展开，本质上是对其资源的展开和应用，尤其是资金方面。所以不少企业的战略计划会和全面预算管理结合起来。战略与预算是相互依存的关系。

战略数据化过程就是战略编制、预算编制的过程。再小的企业都会有自己的战略，如果企业没有战略和预算编制，绩效做起来就非常困难，做出来的也是形式主义的绩效，而非战略上的绩效，没有实质作用。

很多企业没有预算体系，这些企业在做绩效的时候是不知道预算的，只能做事务性管理。要打造好一个确实有价值、有意义的绩效系统，一定要先把战略和预算体系做好，再做对应的绩效考核。

第一阶段：数据化。

战略数据化的过程是目标统一的过程，这个过程需要和企业领导、关键人员讨论如何把战略分解成具体的数字化或数据化的东西。所以，战略落地的第一步是将战略转化为统一目标，将战略进行数据化分解。

将战略数据化以后，就能提出财务的预算目标、成本预算和概念；财务是绩效运营过程中重要的组成部分。

第二阶段：成本预算的策略化。

第一步，为数据化后的目标做支撑分解。例如想要知道达到某个目标需要多少成本投入则需要细化指标。

细化指标，如实现销售额 ×× 万元需要增加多少人、增加多少场地、投入多少营销费用、多进多少货物。

第二步，细化后理清具体指标的控制范围，进行梳理和选择。根据第一步细化指标能看出，虽然销售额越多越好，但是为了实现利润目标并不是销售额越多越好，所以当销售额达到一定程度时就要开始控制。

因此，在选取考核指标的时候，不能选择两个相矛盾的指标。虽然一个是收入指标，另一个是成本指标，都是为了公司的最终收益，但是两个指标的方向会产生冲突，导致考核结果无法达成。

所以，细化后，要理清具体指标的控制范围，进行梳理和选择。

第三步，确定指标应用部门。要建立考核指标库来管理绩效指标，确定应用的部门；指标库里的每一个指标和岗位没有多大的关系，而和部门有关系。同一个指标应用在不同的部门或岗位上，会产生不同的效果。

人力成本指标如果应用在人力资源部门，人力资源部门则会控制招聘力度，控制人数和工资，会与业务部门产生冲突；如果应用在业务部门，业务部门为了控制成本，会在招人的时候畏首畏尾，不敢扩充队伍，导致业务人员质量下降而不能进行良性循环。

第四步，把岗位指标数据化。首先要清楚，管理指标有可能会成为绩效考核指标，也有可能不会，而只有将管理指标与岗位指标进行匹配，才能最终得出岗位绩效指标。

岗位指标的来源：岗位—工作内容—价值链分析—岗位指标。

第五步，匹配岗位绩效指标。通过岗位指标与管理指标的匹配对比，最终得出岗位绩效指标。

行政专员岗位工作内容如下。

①固定资产管理。

②低值易耗品、办公用品采购。

③工作杂项安排（会议室安排、来访人员接待等）。

其中与成本有关的工作内容如下。

①固定资产管理：属于固定资产成本，考核项为固定资产指标控制或固定资产成本损耗。

②低值易耗品、办公用品采购：低值易耗品、办公用品采购费用，考核项为财务预算指标中的办公用品费用控制率。

所以只要将岗位指标与管理指标匹配，就可以得出岗位绩效指标。

6.4.2　预算指标确定与预算调整

对于预算指标的确定，在什么情况下应采用从上到下的预算程序，什么情况下应采用从下到上的预算程序？

第一，企业预算管理基础扎实，基层员工预算管理意识较强。

第二，企业为经营战略需要，或做大企业争取更多的产品市场份额；保持一定的年均增长率；出于企业升级目的，如筹备上市、取得高新技术企业称号等。

在以上情况下，企业预算指标的确定应从上到下，否则应从下到上。但无论采用哪一种预算程序，都必须做到上下结合，综合平衡。

在预算管理中具有预算调整这一必不可少的流程。当实际脱离预算指标时，在什么情况下可以调整预算而不受处罚？

预算考评六大原则中有例外原则，是指影响预算执行的重大因素，如政府政策变化、产业环境变化、市场变化、重大自然灾害等。预算在这些特殊情况下可以酌情调整，通常超预算指标在 20%（含）以内不予调整，由责任单位以丰补歉；超预算指标在 20% 以上应予调整。

6.4.3　真实导向型考评制度

真实导向型考评制度，是指预算考评指标乃至奖惩设计均以预算准确度（实际执行结果与预算的吻合度）为主。

常见的做法是：设计业绩指标的合理正负差区域，若实际结果偏离该区域越远，则考核结果越差；或者以预算准确度作为最主要、权重最大的考核指标。

真实导向型考评制度强调预算与实际误差越小越好。

其意义在于：预算作为配置资源、规划未来的重要工具，预算越接近真实，那么按预算资源配置的效率就越高，资源效益同时也能得到更有效的发挥；而且预算越准确，对实际执行的现实指导意义也就越强。同时，企业高管还能更准确了解企业真实状况，有利于制定出更切合实际的发展战略和正确决策；且会减少预算确定中的讨价还价等低效行为。

弊端一：执行者可能选择递延其收益。常见的表现形式之一，就是操纵预算执行结果，即在不改变整体、真实业绩的前提下，通过对数据流的延缓或加速，实现各时期实际与预算的一致性。

大量的实证和实地研究表明：执行者在无法达到其奖励计划规定的目标或超过其规定上限之时，都有可能选择递延其收益。

弊端二：可能妨碍绩效的持续改善。经济全球化、互联网的普及以及电子商务的快速发展，使企业之间的竞争日趋激烈，要想在竞争中获胜，组织具有持续改善能力非常重要。

企业只关注业绩的准确性而忽视对环境的适当反应和灵活性，不但不利于激励执行者最大限度地挖掘潜力，努力追求更高的业绩目标，反而会抑制业绩的持续改善，从而危害企业的竞争优势。

6.4.4　业绩导向型考评制度

业绩导向型考评制度能够促使执行者追求更高的业绩目标，但却可能加剧讨价还价和预算松弛，从而削弱预算对现实的指导意义；真实导向型预算考评制度能够增强预算的准确性，使预算更好地发挥规划和现实指导功能，但却可能妨碍执行者努力追求更高、更好的业绩。

以业绩为导向还是以真实为导向，成为预算考评制度设计中一个两难的选择。业绩导向型考评是指预算考评指标及奖惩均以业绩指标及业绩指标的完成好坏为主，表现形式可以是与企业价值或利润相关的任何相对数或绝对数，如总资产收益率、净利润额等。

业绩导向型考评制度的意义如下。

企业价值或利润是企业运行和管理的终极目标，企业应通过考评引导执行者对此加以重视，并激励执行者争取更大的业绩。

比如我国某特大型集团企业的预算考评制度明确规定以下内容。

（1）建立以效益指标为主的考核指标体系。

（2）效益指标以集团企业下达的预算利润指标为考核依据。

（3）效益指标与考核挂钩，具体包括：与企业年度基数工资和增量工资挂钩；与各级成员的奖金挂钩；与企业领导的任用挂钩，即未完成利润考核指标的企业，对其一把手给予必要的处罚，一年未完成利润考核指标对企业一把手提出警告，两年未完成对企业一把手就地免职，并其不能易地任职。

业绩导向型考评制度的弊端如下。

一是导致预算宽余。完成某项任务所预算的资源数量大于实际所需要的资源数量；执行者通常会通过瞒报或虚报，获得较为宽余的预算目标。

二是诱发短视行为。业绩主导的预算目标会诱发为了局部、眼前利益不惜损害整体、长远利益的决策。

6.4.5　探索解决上述两种制度弊端的途径

真实是预算规划和控制职能实现的前提，唯有真实，资源配置才有意义，规划结果作为控制的依据才有价值；业绩是企业的终极目标，自然也是预算管理的目标，因此它理所当然是预算控制和考评的核心，唯有如此，预算的控制职能才能立足根本、发挥到极致。

完善预算考评指标及其计分方式设计，在激励业绩的同时兼顾真实，将是完善预算管理规划和控制功能的关键。

可在预算考评指标体系中加入预算准确率、审计报告等级等修正性指标；引入激励系数和奖惩系数。

密切预算考评与薪酬的关联。

建立一种以真实导向为主的报酬方案。基本原理是通过"各报预算，算术（或加权）平均；少报受罚，多报不奖；超额有奖，欠收有罚"等做法，引入奖励和惩罚性薪酬，引导预算责任人在注重业绩的同时自觉追求真实准确。

完善企业预算文化，从根本上解决业绩导向与真实导向的两难问题。

以预算为基础进行评价并实施奖惩，将会导致工作紧张程度的加强；与上级关系恶化；同事关系恶化；大量财务数据被操纵；加剧讨价还价，加重预算宽余；增加执行者的短期行为倾向。

因此，淡化预算的控制和考评功能，转而强化其预测、计划和沟通功能的预算控制文化越来越多地引起关注。

在这种预算文化中，传导着一种"以人为本"的管理理念，即"我所雇用的是最优秀的员工，我相信他们能自主地完成自己的工作"。

相对宽松、充满信任的文化氛围，使预算成为"按照正常逻辑，具有最大可能性"的结果。除非始料未及的突发性变故，预算准确性是体现管理者对未来掌控能力的代名词。

目前我国预算管理中，预算控制模式尚不具备普遍推行的文化氛围。

案例　全面预算管理创新模型下的探索与实践

市场经济的不断发展使得各个企业之间竞争更为激烈，出现了多种多样的企业新型管理模式。其中，"3、4、5、6"（3个要素、4个文件、5个内容、6个环节）全面预算管理模型是一个提供给国有集团企业的控制管理体系。

其指导思想是宏观规划、具体实施、稳步提升，主要原则是实效、实用、实际，设计要求是集团的合并预算，实施策略是一企一预。

全面预算管理将标准化管理当成管控的基本工具，是把资金流、人力资源流、信息流、业务流进行优化配置与资源整合的一个管理系统，实现集团的战略目标是其最终目的，在设计上表现出业务契合、战略递进、简洁高效、系统实用等特点。

全面预算管理的"3、4、5、6"创新模型设计如下。

（1）3个要素。

第一，预算的管理体制。根据全面预算管理的制度需要，在预算审计、预算考评、预算分析、预算调整、预算控制、预算执行、预算审批、预算编制、预算目标确定等过程中，不同的管理节点都对单独管理体制进行了设计，包括过程管理、审核监督、实时监控权限管理、表格管理、流程管理、责任管理、制度管理、组织管理等。

第二，预算的组织体制。预算的组织体制在企业管理过程中，人是最为关键的组成部分。全面预算管理作为一项重要工程，确保强有力的组织体制十分重要。

要想使模型得到更好的使用，国有集团企业相关领导人员需要按照全面预算管理特征，将财务管理部门当成牵头部门来对全面预算管理体制的设计、日常管理、协调、组织等工作负责；遵循从上到下的原则，构建一个高效有序、协调一致、分工明确、责任清晰的全面预算管理体制。

第三，预算的实用工具。工具对整个全面预算管理体制至关重要，对其应用效果起到决定作用。

实用工具主要有信息化平台、预算表格、流程图、实施细则、管理策略、基本制度等，充分涵盖了实践要素和理论、微观要素和宏观要素、各个要素间平衡对应和内在逻辑关系。实用工具和国有集团企业具体状况和经营特征相结合，努力做到全员性、灵活性、可行性、科学性，实现高效有序、管控适度、主次分明、内外兼顾。

（2）4个文件。

第一，行业细则。在国有集团企业开展全面预算管理工作的时候，应有管理指导的细节工具，使各个行业有相应实施的细则、各种业务有相应实施的策略。

行业细则的内容主要有预算控制与管理、财务预算的内容与编制、投资预算的内容与编制、经营预算的内容与编制、预算编制职责划分这五部分。

第二，预算表格。预算表格最主要的特征就是与集团的管理要求与经营特征相结合，准确、汇总方便、设计精巧、简单易用。预算表格的表间关系一目了然，其目录具有清晰的结构。

预算表格的录入主要包括中高层数据表格的自动生成和底层数据表格的手动填写。

第三，基本的全面预算管理制度。在全面预算管理中，基本制度是一个纲领性文件，能够对全面预算管理发挥指导作用，涵盖总则、附则、预算审计、预算考评、预算调整、预算控制、预算审批、组织体制、编制期和预算期等内容。

第四，管理过程。在全面预算管理中，管理的流程图也是一个相对重要的工具，包括单据管理和流程管理两个部分，涵盖了所有闭环管理的流程，奠定了国有集团企业实现精细化、专业化、标准化全面预算管理的基础。

（3）5 个内容。

第一，经营预算。经营预算是指为了控制与规划生产销售业务、有关收入与成本费用进行的预算编制。

经营预算将经营活动当作中心，是重要的全面预算管理方案的组成部分，包括所得税预算、损失和利得预算、成本预算、收入预算、生产预算、销售预算等。

第二，筹资预算。筹资预算指的是国有集团企业在预算阶段发行债券、长短期新借入的借款、债券和原有借款付息还本等资金筹集预算，能够将国有集团企业在预算期间的投资活动、经营活动、财务活动等状况反映出来，包括长短期借款、融资租赁、应付债券、股权筹资及其他种类的筹资等的预算。

第三，财务预算。财务预算是针对固定时间段企业资金投放与获取、各项支出与收入、分配资金运动与经营成果等实际安排，能够将预算年度的现金流量、经营成果、财务整体状况进行集中反映的预算，处在全面预算管理整体方案的核心位置，因此又叫作总预算。

第四，投资预算。投资预算是国有集团企业在预算阶段投资活动的资本性预算，涵盖投资活动的实行、决策、选取、评估、规划等整个过程，包括无形资产、委托贷款、金融工具、固定资产等投资预算。

第五，专项预算。专项预算主要有外事活动、党建支出、信息化支出、薪酬等预算。

其中，薪酬预算由人力资源管理部门负责，和具体管理要求相结合，具备一定的相关性、重要性、专业性，是重要的专项预算组成要素，提供给集团人力资源聘任、考核、评价、分析更好的控制工具与管理平台。

（4）6 个环节。

第一，预算审批和预算编制。国有集团企业需要建立一个数据关联、方便操作的全面预算管理模型，使审批和编制实现自动化、标准化。在每年年末，全面预算管理的部门对其他职能部门进行组织，按照自身发展需要和管理特征，对下一年度管控预算的目标进行修订；财务管理部门需要对下一年度全面预算管理的模型进行修订。

第二，预算控制和预算执行。全面预算的控制和执行是业界一致认同的管理重难点。若国有集团企业处在全面预算管理改进阶段，应采用分步实施的方法，将费用报销系统引入，对管理费用与销售费用进行预算控制，实时分析和监控具体数据和费用预算。若国有集团企业处在平稳运行阶段，应借助财务服务共享系统，通过预算分析、报销管理、申报等方法来控制预算的整个过程。

第三，预算调整。当批准全面预算管理的方案后，预算便具有了国有集团企业的法律效力，不可以任意调整与变更。

第四，确定和分解预算目标。按照国有集团企业年度经营计划与发展规划需要，财务管理部门和经营管理部门要在每年年末下发全面预算管理和经营计划的相关编制要求，财务管理部门审批全面预算管理的编制，从而统一年度的预算指标和经营指标。

第五，预算审计。在预算审计的报告格式、工作流程、管理规范方面，国有集团企业能够自行设计，然后由全面预算管理部门定期审计执行预算的状况，并对相应预算审计报告进行编制。

第六，预算考评和预算分析。考评与分析能够综合评价全面预算管理的效果，根据月度、季度、半年等各个时期，及时、全面、系统地分析执行预算的差异性，使管控的效果与效率都得到提高。

案例 某厂月度预算动态管理的创新与实践

某厂是某公司下属的二级单位，主要承担两个盆地共 6 410 平方千米面积的石油、天然气勘探、开发工作。

（1）月度预算动态管理概述。

在预算编制环节，利用成本评价成果，采取定额法编制预算，使预算指标更贴近生产实际，从而达到了从源头上控制成本费用、压缩不合理消耗的目的，保证了预算编制的科学性。

在预算审批环节，对月度预算例会制度进行了调整，从内容和形式上做进一步规范，将现场调研与预算讨论相结合，形成高效可行的预算审批制度，保证了预算审批的准确性、真实性。

在预算执行环节，以厂资金预算委员会下达的预算为依据，严格控制各项支出，尤其重点控制预算外项目和超预算项目，保证了预算执行的可控性。

在预算分析考核环节，实行专项部门、基层单位双向分析，通过分析，找出与预算执行存在偏差的具体原因，并采取切实有效的措施，使预算得到有效执行；同时，将季度预算执行情况作为季度考核兑现的一个重要依据，保证了预算分析考核的严肃性。

（2）创新点。

第一，创新管理理念。加强动态预算管理，量化阶段考核指标，使年度总预算与月度动态预算结合起来，建立日常的预算控制制度，按月下达预算考核指标，并根据不同季节油气生产的特点，制定和实施不同的预算控制措施。

第二，创新管理手段。

首先，建立月度费用支出申请单制度，基层单位依据将要发生的工作量通过《费用支出申请单》上报，并先后经专项部门领导、厂主管领导、总会计师审批；上报的项目全部由预算部门核实工作量和资金额度，并配备相关的视频、图片资料。

其次，在厂资金预算会正式召开前，由厂资金预算委员会办公室召开预算预备会，由总会计师主持，各经营管理职能科室参加。这样可以提高正式资金预算会的质量。

第三，月度预算动态管理具体做法。

首先，健全组织机构，明确工作职责。资金预算委员会办公室的职能根据该厂确定的预算期生产经营目标及预算编制的原则，组织预算的编制工作，并依据批准的预算，监督、分析、定期报告、考核厂及所属单位预算执行和完成情况，为两级领导决策提供有效信息。

资金预算委员会是该厂资金管理的最高领导机构，下设资金预算委员会办公室，是其日常的办事机构。

资金预算委员会办公室设在财务科，各三级单位预算委员会办公室设在财务经营组。

其次，编制年度预算。年度预算编制采取"自上而下"和"自下而上"相结合的方式，由基层单位根据该厂资金预算委员会下达的配产指标及预算编制的相关要求，编制本单位年度预算；同时，由专项部门编制全年专项预算。

第 7 章
预算分析与预算调整

预算分析是执行预算过程中很重要的一个工作，所以要根据公司情况跟领导沟通是否需要调整预算，如果需要调整预算应该怎么样去做。

企业正式下达执行的财务预算，一般不予调整。财务预算执行单位在执行中由于市场环境、经营条件、政策法规等发生重大变化，致使财务预算的编制基础不成立，或者将导致财务预算执行结果产生重大偏差的，可以调整财务预算。

7.1　预算分析概述

预算分析是指在预算正式确定、下达之前进行的对预算指标的分析调整工作，也就是在预算执行前所进行的预算分析工作。这一环节有别于预算差异分析。

预算管理的首要任务是预算编制，如果没有科学的预算编制，就谈不上管理和控制，调整和评价也只不过是数字游戏。企业应从预算编制的流程及方法等方面规范企业的预算管理工作，而预算分析工作正是这一流程中的一个重要环节，同时也是预算机制发挥作用的关键。企业预算管理作为落实企业战略的具体行动方案，是企业对未来整体生产经营活动的规划和安排，其目标应与企业发展的目标一致，而预算管理目标的实现应有助于企业长远战略目标的实现。编制预算就是制定目标和方向，并通过执行使预算管理的目标落到实处，促使企业充分挖掘与合理利用一切人力、财力和物力，从而取得最大的经济效益。通过周密的预算分析，科学确定企业预算管理目标对企业加强全面预算管理、提高企业经济效益起着先决作用。

7.1.1 确定预算分析要求

预算分析的基本要求如下。

（1）提出课题，明确目标

在进行预算分析之前，应根据本企业年度预算目标，及财务预算执行过程中发现的问题，确立分析的课题和要求，明确分析的目标，拟订分析工作的纲要，做好适当的安排，以便有计划、有步骤地开展预算分析工作。

（2）收集资料，掌握情况

在进行预算分析时，必须先收集内容真实、数字正确的资料。收集有关生产、经营等加工、业务方面的资料，不仅要收集数据、文字资料，还要收集"活"情况资料，这是进行预算分析的重要基础工作。

（3）对比差距，揭露矛盾

在进行预算分析时，主要运用对比的方法，揭露矛盾，寻找差距，发现问题。通过对比可以找出差距，分清先进和落后、成绩和问题、节约和浪费等。

（4）分析原因，抓住关键

在进行预算分析时，通过对比，一般只能看出数量上、现象上的差异，还不能说明差异实质。因此在进行预算分析时，还必须深入相关的职能部门（车间）分析差异形成的多种原因，找出主要原因，抓住主要矛盾。

首先，要从总差异着手，按其发生的时间、项目、部门（车间），研究差异结果形成的过程。如利润与预算发生差异，要分析各月利润完成程度、是销售问题还是成本问题、问题出现在哪一个部门。

其次，进行因果分析，要注意一个原因并不总是产生一个结果，而一个结果又并不总是由一个原因形成的。要将有关因素加以分类，衡量诸因素对预算完成结果的影响程度，在相互关系中找出起决定作用的主要因素。

最后，分析要全面，要抓住主要问题。

（5）提出措施改进工作

揭露矛盾、分析矛盾，是为了解决矛盾。企业要根据具体职能部门生产经营中的关键问题和薄弱环节，提出措施，改进工作，提高企业经济效益。财务会计分析不必面面俱到，应有详有略，突出重点，提出观点。

7.1.2　预算分析的内容

预算分析是对本期预算执行情况的总体回顾，对预算执行报告中所揭示的重大差异进行原因分析，并提出消除差异的措施和今后工作的重点。预算分析内容应能够满足其管理及相关的重大财务政策与风险监控的需要，同时兼顾企业对各部门的预算管理要求。预算分析内容如下。

（1）预算执行情况分析

预算执行情况分析，即对预算分析期间内本企业的核心指标及关键运营数据的完成情况进行分析。预算执行情况分析通过对比上述核心指标及关键运营数据的执行数据与预算目标值，分析其实际完成情况，发现预算执行过程中的差异（差异额、差异幅度等），并分析其对预算目标的可能影响程度。

（2）本期预算执行差异的原因分析

本期预算执行差异的原因分析，对发生超收、少收、超支、少支等事项的深层次原因进行挖掘和研究，尤其针对识别的预算执行重大差异，进一步寻找影响指标完成情况的内外部因素，追踪造成差异的外部经营环境、企业运营、预算执行、各项基础管理等方面的深层次原因，并落实预算责任。

其中：对销售预算执行差异，可从销售策略、市场环境因素、运行管理等角度来展开分析影响因素；对动力预算执行差异，可从动力结构（基数内、基数外）变化、政策影响、产量等角度来展开分析影响因素；对销售成本预算，可从材料数量、价格、期初库存、低价料比例、运行管理等角度来展开分析影响因素。

（3）针对预算执行差异的调整建议及相应对策

根据预算执行差异的原因分析结果，提出调整、修正差异的相关建议，并制定具体的行动方案，确定责任部门、完成期限等内容，以保证预算目标的达成，并为预算调整提供决策依据。

（4）专题分析

除预算执行分析常规内容外，还应根据需要定期对材料单价等关键经营要素开展专题分析，对标同行业先进企业，一方面结合外部环境变化调整对市场的预期，另一方面不断挖掘进一步改善指标表现的内部管理举措。

（5）对未来经营情况的预测

在预算执行差异分析的基础上，针对相关关键指标的完成率进行趋势分析，评价和判断其变动趋势，确定其变动规律，对市场、行业发展前景等做出预测，为下期预算编制提供依据。

（6）上期预算差异调整措施的执行情况追踪

预算分析报告应对上期预算差异的调整措施执行情况进行跟踪分析，确保预算分析结果有效和调整措施的落实。

此外，预算分析报告中还包括对本单位预算期间内发生的重要经济活动、业务事项，如融资、资本性支出（基建、技改、重大固定资产购置）等的分析说明。

7.1.3　预算分析的不足

在传统预算方式下，一方面收集信息不仅费时费力，需要编制许多分析报表以及通过大量计算才能得出实际发生额与预算之间的差异，而且数据收集的不足也会导致分析结果出现较大的差异。

另一方面在传统的以产品为核心的预算方式下，由于预算编制基础的不准确，在事后分析时不论是否有利于长远战略目标的实现，以及企业竞争力和企业价值提升，采用"一刀切"政策既会忽略具有发展优势或向顾客提供直接服务的部门的特殊情况，也会忽略经营成果显著、成本低廉的部门，对超支的一概惩罚、节约的一律奖励。这样就会陷入为降低成本而降低成本之"狭隘怪圈"。

7.1.4　预算分析的功能

财务预算分析的功能，首先是确定预算管理的预算目标。预算分析建立在对企业内部价值链、外部价值链和企业历史数据的分析上，通过对数据的深层次挖掘和分析，找到真正有助于企业价值创造的活动、作业或项目，依据预算分析结果所确定的预算目标能更加有效地支撑企业价值最大化的目标的实现。

其次是辅助预算的编制。预算分析可以判断在价值链分析的基础上所做的相关决策是否合理，从而影响下一次的预算编制，进而使下一次的预算编制基础更为合理。

最后是保障预算的实时控制。在预算执行过程中，通过企业管理信息系统的核算功能与预算功能的相互协调，自动获取实际发生数，并实现从不同角度进行分析，包括预算与实际对比分析、近几年实际数的趋势分析、实际业务数据按不同角度分析等。

7.2 预算分析与调整

预算分析流程：一是确定预算分析对象；二是确定预算差异重要性标准；三是收集数据、计算差异并对差异进行分解，找出引起差异的相关因素；四是撰写详细的分析报告及应用报告。

7.2.1 预算分析方法

预算分析是用来跟踪、反映和加强全面预算执行的有效方法。预算分析方法包括差异分析、对比分析、对标分析、进度分析、结构分析、趋势分析、价值树分析等，其中常用的是差异分析。

预算分析方法介绍如下。

（1）差异分析

预算的差异分析如图 7-1 所示。

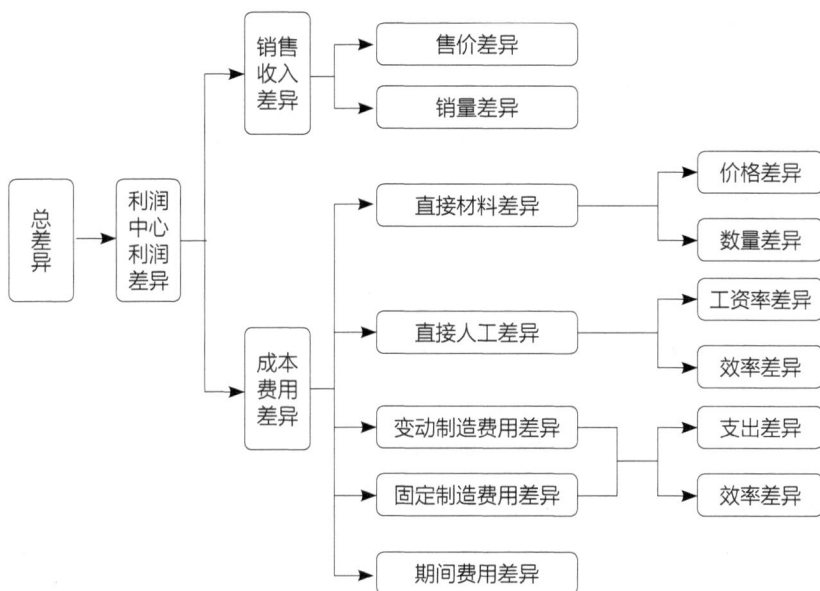

图 7-1　预算的差异分析

预算差异分析步骤：首先，消除计量和记录中的偏差；其次，划分计划性差异和经营性差异；最后，分析经营性差异因素。

（2）对比分析

对比分析包括实际数与预算数对比分析；本期实际数与去年同期实际数对比分析；本期实际数与上期实际数对比分析；本期实际数与下期预测数对比分析；上次预测数与本次预测数对比分析；本次预测数与预算数对比分析。

（3）对标分析

对标分析即选择行业内有代表性的标杆企业作为比较对象，找出自身差距，提出改进措施。

其他分析方法如下。

进度分析：月进度分析、季进度分析、年进度分析。

结构分析：通过某一子项占总项的百分比进行分析。

趋势分析：根据企业连续几个时期的分析资料，确定分析期各有关项目的变动情况和趋势。

价值树分析：按照企业价值形成的过程，对企业各价值形成环节进行分析。

7.2.2 调查预算差异

综合以下因素展开差异调查：差异的规模、差异是正向还是负向的、纠正差异的成本、可接受的偏离程度、预算的合理性、计量和记录的可靠性等。

7.2.3 调整预算差异

在执行年度预算过程中，只有市场环境、经营条件、政策因素、企业经营方针等预算的编制基础发生重大变化，或出现不可抗力，导致预算结果产生重大偏差时，企业预算方案才可以调整。

第一，自上而下的预算调整。由董事会和经理层提出预算调整意向；预算部门编制预算调整申请表，提交预算执行情况分析报告，说明调整内容和原因；预算部门上报预算管理委员会审议批准，重大预算调整（调整金额超过预算10%的）应提交董事会批准；董事会或预算管理委员会批准预算调整申请；由预算部门下发预算调整通知书。

第二，自下而上的预算调整。由预算调整申请部门提交预算调整申请表和预算执行情况分析报告，说明调整内容和原因；预算调整申请部门交主管领导审批；预算调整申请部门报预算部门审核；预算部门审核后，提出调整建议；预算部门上报预算管理委员会审议批准，重大预算调整（调整金额超过预算10%的）应提交董事会批准；董事会或预算管理委员会批准预算调整申请；由预算部门下发预算调整通知书。

例如，甲公司预算管理办公室为预算办公室，该公司的预算调整流程分为下列六个步骤。

（1）首先由预算申请单位向预算办公室提出调整或追加的申请，填写预算调整、追加申请表，上报预算办公室。

（2）由预算办公室根据申请项目的性质，向预算归口管理部门发送预算调整、追加审核表，提请预算归口管理部门审核。

（3）预算归口管理部门提出审核意见。

（4）预算办公室再根据预算归口管理部门的审核意见，结合调查情况进行综合平衡，提出审核意见，填报预算调整、追加审批表。

（5）公司领导根据审批权限审批。

（6）审批完毕后由预算办公室下发预算调整、追加通知书，通知相关部门执行。

7.2.4 预算分析重点

预算分析重点包括以下内容。

（1）通过预算与实际的对比进行分析

定期对企业经济指标完成情况与预算情况进行对比分析，通过对比年度预算完成比例与时间比例，来判断预算是否按计划实施。

分析偏差原因，追溯工程、经营预算、投资、筹资等管理的效果，判断内控流程是否合理，制定措施及优化方案，保证目标收益。

（2）进行平行对标分析

和行业内企业或公司最优秀分公司的经济指标预算完成情况对比，促使企业朝着标杆企业不断改进和发展。

在对比改进过程中，企业应结合企业自身状况进行分析，通过管理方式和管理手段的完善，提升企业的管理水平，提高企业的经济效益。

（3）突出细分预算分析，考核具体责任

分解落实经济指标责任，完善考核激励制度，不仅限于企业的高级管理人员。将预算进行细分，把责任具体落实到下层管理人员更能有效达到预期管理效果，激发全体员工的积极性和主动性，树立全员具有业绩考核意识的企业文化，约束、激励领导带领全体员工实现年度经营目标。

（4）根据具体情况分析调整实施方案

预算实施的过程中，当市场环境发生改变时，企业应以市场为导向，一切从实际出发，在充分调查和分析的基础上，确定新的指标及具体实施方案。

根据预算实施过程中采用各种分析方法得出的结论，企业领导层应调整对策，重新确定方向、目标和方案。目标要先进合理，方案要具有可行性且预期可执行。

7.2.5 预算分析报告

预算分析报告的主要内容：一是实际数与预算数的对比；二是存在差异的原

因；三是改进措施。

（1）预算分析报告的分类

预算分析报告的分类如表 7-1 所示。

表 7-1　预算分析报告的分类

报告类别	报告对象	内容
预算执行情况摘要	企业高层管理人员	预算执行情况总览，包括关键数据和差异分析
预算汇总分析报告	企业运营管理中高层人员	预算执行情况，主要包括财务、主要运营数据及差异分析
预算明细差异分析	企业一般管理或预管理人员	经营、投资和财务预算，包含预算口径和执行情况

（2）预算分析报告的内容

预算分析报告的内容：上期改进建议执行情况追踪；关键指标的完成情况；影响指标完成情况的内外部因素分析；分析差异的调整建议及相应对策；根据变动情况预测其趋势及规律。

（3）预算分析会的内容

预算分析会的内容包括：阐述上期主要预算指标完成情况；各责任中心负责人阐述上期改进计划的执行情况；与会人员进行质询、讨论；形成会议纪要并下发；跟踪会议提出的措施的落实情况。

案例　甲企业生产经营预算分析

甲企业生产一种产品，其生产 100 件产品的成本预算如下。

材料 600 千克，价格 0.6 元 / 千克；人工 25 小时，工资 1.4 元 / 小时；管理费用 30 元。3 月生产经营预算为生产该产品 20 000 件，预计售价 7.5 元 / 件。

3 月实际经营结果如表 7-2 所示。

表 7-2　3 月实际经营结果

项目	计量单位	数量
产品制造并销售	件	21 000
销售收入	元	156 000
材料采购并消耗 127 500 千克	元	76 000

项目	计量单位	数量
人工 5 200 小时	元	7 350
管理费用	元	6 500

各种因素对利润产生的影响计算如下。

3 月预算利润 ＝（7.5－0.25×1.4－6×0.6）×20 000－6 000＝65 000（元）（其中：管理费用 6 000＝20 000×0.3）

由于销量变化而增加的利润 ＝（7.5－0.6×6－1.4×0.25）×1 000－300＝3 250（元）

在实际销量情况下的预算利润 ＝65 000＋3 250＝68 250（元）

各因素对利润的影响分析如表 7-3 所示。

表 7-3　各因素对利润的影响分析

单位：元

差异项目	负向差异	正向差异
销售价格 7.5×21 000－156 000＝1 500		1 500
原材料价格 76 000－127 500×0.6＝－500	500	
工资水平 1.4×5 200－7 350＝－70	70	
管理费用 6 500－30÷100×20 000＝500		500
原材料消耗 （127 500－6×21 000）×0.6＝900		900
劳动力效率 1.4×（25÷100×21 000－5 200）＝70		70
合计	570	2 970
实际利润 68 250＋2 970－570＝70 650 增长率 ＝（70 650－68 250）÷68 250×100%＝3.5% 产销量增长率 ＝（21 000－20 000）÷20 000×100%＝5% 说明产品盈利能力下降		

7.3 预算差异分析流程

预算差异是客观存在的实际与目标之间的差距。

7.3.1 预算差异分析

预算执行中有多种权重不一的差异，按比较对象不同可分为实际与预算的差异和预算与预测的差异。前者是在预算执行每个环节或步骤进行中和完成后实际生产经营成果与预算生产经营项目之间的差异，也是在实际管理工作中经常使用的基础预算差异。后者是预算环节或步骤完成后，根据实际业务完成情况对下一个环节或步骤可能发生的情况做出的预测与预算之间的差异。

预算差异的分析方法：性质分析法（通过实地考察、座谈调查、因素评分等形式，达到查询问题、判断原因的目的）和数量分析法。

分析步骤：

第一步，明确分析目的，确定影响经营战略的关键指标并以此作为分析主体；

第二步，收集、取舍相关信息；

第三步，定期编制预算控制报告，对比实际业绩和预算目标，找出差异；

第四步，分析差异出现的原因，放弃微不足道的差异、报告中的错误造成的差异、特定的经营决策导致的差异和企业不可控因素导致的差异，着重考察原因不明确的差异和重大差异。

第五步，提出恰当的应对措施，保证企业管理的连续性。

7.3.2 风险与机会分析

风险与机会分析，从外部因素和内部因素来进行。

（1）外部因素

第一，国家政策风险分析。国家政策风险是指因国家宏观政策（如货币政策、财政政策、行业政策、地区发展政策等）发生变化，市场价格波动而产生的风险。做好国家政策风险管理是现代企业资产流动、产权重组的主要方面，也是企业管理的重要内容。企业在资产重组中可能会因与国家有关政策相抵触而遭受损失，因而加强国家政策风险管理，对企业资产重组至关重要。

第二，竞争风险分析。随着社会的发展，未来几年可能会出现新的竞争者，市场有可能被抢占。

第三，营销市场风险分析。营销市场风险受很多不确定的因素影响，和市场营销风险密切相关的包括人口环境、经济环境、政治、法律、消费者的消费行为和竞争者的行为等因素。其中人口环境涉及人口的增长率、结构、素质，以及家庭结构等方面；经济环境则会影响消费者的购买力，涉及个人的可支配收入、现有的储蓄水平、消费模式和消费倾向；政治、法律具有突然性；消费者的消费行为差异受个人因素和经济因素以及社会因素和心理因素影响。

（2）内部因素

内部因素包括两个方面的风险。

第一，财务风险。在一个企业运转的过程中，资金是支撑整个企业运转的支柱，要处理好企业的资金问题就必须依靠财务活动的协调管理。内部因素财务风险主要包括资金周转不灵，投资风险大，服务与收益不成正比等。

第二，管理风险。一个企业要发展壮大离不开组织或人员的管理，在管理过程中会遇到很多风险，主要有以下几类。

①组织变革的风险。

大多组织都是在特定的背景条件下应运而生的，都符合当时时代的发展潮流，但随着时间的推移，组织所依赖生存的内外部环境因素会发生改变，受限于组织惰性，组织改革往往很难实行，进而限制了组织的发展壮大。

②管理人员经验不足，做出错误判断。

企业成立伊始，各项管理制度不完善，各层管理人员经验不足，市场信息掌握落后，管理人员没有从企业的实际情况出发就妄下决策，从而做出错误判断。

③资深管理人员离职。

一个好的企业是需要优秀的人才来支撑发展的，但是优秀的人才有时很难留住，有经验的、有能力的、有技术的资深管理人员往往会选择更好的发展前途，跳槽去别的企业。这在任何企业都是不可避免的人才损失。

④管理人员偏好冒险，风险大。

管理人员对企业的发展起着至关重要的作用。一个成熟稳重的管理人员考虑问题的深度会不一样，他所做的决策也会随之不同。但若管理人员偏好冒险，会给企业带来较大风险。

7.3.3 销售预算差异分析

分析目的：其一，明确实际销售完成情况与预算目标的不同；其二，分析企业内、外部因素各自对预算差异的影响；其三，提供激励销售预算有关人员的数据依据；其四，确定成本和利润预算差异分析的基础。

分析数据：来自营销部门的基础性数据信息，如每天的销售量增加量、销售合同的执行进度、各责任人员的任务完成情况、某种产品的销售变动情况、某个细分市场的占有率变化情况等；来自财务部门的总结性数据信息，如各营销部门销售收入汇总、全年或期间销售量统计、产品折扣折让汇总等；来自生产部门的辅助性数据信息，如各阶段的产量、库存量变化、质量损失统计等。

分析内容如下。

（1）首先，主要分析销售价格和销售量的变化对总收入的影响程度；其次，分析各生产项目或产品种类中获利能力强或发展前景好的，为企业下一步的生产经营决策提供依据；最后，进行阶段性销售预算差异分析，这样既可以在预算执行过程中随时监控销售实现情况，又可以在预算完成后分析各时间段销售状况对总预算实现情况的影响。

（2）将销售预算和成本费用预算衔接起来，从而将企业的各项预算差异分析联系起来，形成一个完整的预算分析管理体系。

此外，对于销售量预算差异，不能简单地认为正差异就是有利的而负差异就是不利的，特别是生产和库存的差异，如果超过了企业正常的生产和库存能力，不但会对企业的经营不利，还会造成额外的负担。对销售量差异，需要根据企业所处的特定行业、企业的自身生产经营条件、企业所处的经营周期，以及不断变化的各种条件，进行综合考虑。

分析措施：外部环境不仅影响企业的销售管理，还影响企业管理、发展战略等，这不属于预算管理范畴研究的内容。内部影响因素分三类：产品销售结构、企业销售方式和企业生产经营状况。除考虑以上因素出现时的应对措施外，还要考虑辅助性的如产品质量、售后服务等方面的应对方案。

7.3.4 成本预算差异分析

分析目的：其一，明确实际总成本与预算目标的不同；其二，分析各成本费用项目的预算完成情况；其三，提供评价成本预算有关人员的数据依据；其四，理清成本预算与销售预算和利润预算的关系。

分析数据：来自各基层生产单位的基础性数据信息，如产品的直接材料消耗量、动力消耗量等；来自事业部和财务部门的总结性数据信息，如某事业部总的生产成本、企业总的工资支出等；来自其他相关部门的辅助性数据信息，如生产车间的设备折旧费和车间管理人员的工资等。

分析内容如下。

（1）直接材料成本差异，包含价格差异、用量差异和产量差异。

（2）直接人工成本差异，包含工资率差异、产量差异、生产时间差异。

（3）制造费用差异，包含车间厂房的折旧差异、车间辅助人员的工资差异、工时计算差异、产量差异和制造费用分配率差异等。

分析措施如下。

（1）针对材料价格差异，对外要关注原材料市场行情变化的趋势，建立主要材料长期合格供应商管理机制，对内要制定合理的物资采购、运输和储存政策和良好的激励机制，还要理顺内部协作单位的关系。

（2）针对材料用量差异，非生产性用量差异如仓储管理不善等，生产性用量差异由生产部门负责，如合理用料、严格工艺操作规程和技术操作工人的熟练程度、生产线的监控力度等。

（3）人工工资率的差异，体现在人事部门的原因有工资制度的变化、直接生产工人调薪等，体现在生产部门的原因有新工艺的发展、新设备的使用、人员内部变动等。

（4）针对直接人工工时差异，主要应该由生产部门负责的如生产员工的技术熟练程度和责任感、加工设备的完好程度、生产工艺流程的合理性等，其他如材料质量下降而影响生产率的应由物资采购部门负责。

（5）针对制造费用分配率差异，在制造费用项目中归集了若干组成部分，包括生产设备的维修保养费用、生产车间固定资产折旧费用和车间管理人员的工资费用等。在企业具体工作中，需要结合各项制造费用子项目的发生额、变动情况、预算完成情况等多方面因素进行调查分析，找出影响制造费用分配率的主要因素并采取相应措施，将差异落实到责任部门。

（6）针对制造费用工时差异，反映到生产中的工时效率问题由生产部门负责，如车间管理人员的工作态度和效率、设备检修一次后的使用时间等，但出现维修服务采购零部件短缺情况应该由采购部门负责。

（7）针对所有产量差异分析应该综合治理，主要由生产运营系统的仓储部门、生产部门和销售部门共同负责。产量差异所处状况不同，解决问题的方式也不同，在企业管理过程中必须保证做到具体问题具体对待。

7.3.5　利润预算差异分析

分析目的：其一，以利润差异反映企业总的预算完成情况；其二，通过利润差异分析将销售预算、成本预算和各项费用预算联系起来；其三，为利润预算负责人员提供评价的数据依据。

分析数据：利润预算差异分析信息的收集涉及企业的销售、成本、费用等各部门，各部门需要将计算利润时需要的数据传递给财务部门和利润中心的管理人员，由财务部门和利润中心的管理人员进行整理汇总并加以分析处理。

分析内容如下。

（1）主营业务利润分析，构成指标有主营业务收入、主营业务成本（单位生产成本 × 销售量）。

（2）营业利润差异分析，需要在主营业务利润差异确定的基础上考虑其他业务利润、销售费用、管理费用和财务费用等项目。

（3）利润总额差异分析，需要在营业利润基础上考虑投资收益、营业外收入和支出等项目。

（4）净利润差异分析，需要在利润总额差异确定的基础上考虑所得税项目，一般情况下企业的所得税税率是固定不变的，故主要还是由利润总额决定。

分析措施如下。

非利润项目的应对措施如下。

（1）主营业务收入的差异，首先需要明确是什么业务产生的差异，然后面对不同部门制定不同措施。如果是销售商品产生的差异，就可以跟销售预算联系起来，将差异的分析和措施的采取延伸到销售预算中，而不必在利润预算中重复工作。

（2）主营业务成本差异也需要落实到具体部门，其分析方法类似于主营业务收入差异分析方法。

（3）税金及附加记录企业日常活动应负担的税金及附加，包括消费税、城市维护建设税、资源税、土地增值税和教育费附加等。一般来说，税金及附加不是企业能够控制的，属于企业的外部因素，所以其差异基本上不会作为企业评价和奖惩标准。

（4）其他业务收入差异在企业正常经营中不会对企业经营结果产生重大影响，可以适当关注，特别注意浪费和营私舞弊现象，如对材料销售、代购代销、包装物出租等做好监控和严格管理。

（5）其他业务支出差异管理类似于其他业务收入差异管理，可以利用相关制度规定来约束，坚持流程化管理，防止有关人员以权谋私。

（6）销售费用差异也需要分解给不同的责任部门，要求各部门尽量挖掘潜力，在一定的资金投入上实现更多回报或者在一定的回报水平上花费更少的资金。

（7）管理费用差异是控制企业开支的一个重要项目，企业如果管理不善就会隐藏着许多不恰当的支出。因此，管理费用的各项支出都需要有严格的制度加以规范，如开支预算、审批程序、支出跟踪、结果考核等，关键是企业要根据具体情况制定适合本行业、本企业经营方式和特点的管理措施。

（8）财务费用差异主要应该由财务部门和利息支出或收入对应的资金所在部门负责管理。以利息支出项目来说，使用资金的部门应该注意资金使用效率。

（9）投资收益差异应该由做出投资决策的决策部门和实际执行投资决策的业务部门负责管理，因为差异的产生既可能是决策部门的全部或部分决策失误造成的，也可能是实际执行部门的操作不当造成的。发现问题后，应该采取调整投资方向、修改投资额度、改变投资管理方法等措施进行解决。

（10）营业外收入差异由发生差异的有关部门负责管理，对固定资产、无形资产等的处置要有相应规定，以避免有损害企业整体利益的行为发生。

（11）营业外支出差异将分解到各责任部门，对违反规定的部门和人员应加以惩戒。

利润项目的应对措施如下。

主营业务利润、营业利润、利润总额和净利润四个项目都是带有综合性质的，是通过其他项目计算得到的，在财务报表体系中没有单独的科目进行核算。在分析它们的差异时，需要考虑它们的计算公式，也就是利润预算中各利润项目与非利润项目之间的关系。

在进行利润项目差异分析时，可以按照利润计算公式将利润项目的差异明确到每一个非利润项目，然后按照每个项目的相关制度和规定采取适当措施。虽然利润项目差异通过非利润指标落实到具体部门和个人，将企业各级、各部门联系在一起，通过合理的评价和激励措施，使所有员工共同为了企业的生产经营目标而努力；但是利润中心的经理人员和企业的管理层仍然要对利润预算的完成承担责任。

预算激励是根据预算考评的结果对预算执行人进行奖惩的活动，是确保全面预算管理体系长期稳定运行的原动力，在预算管理体系中处于核心地位。

8.1　预算管理中的激励机制

要做到轻松有效地预算，就意味着要让参与预算的人员，从观念上认可和接受预算工作，使他们认识到自己是"做正确的事"，变"被动"的负担态度为"主动"的轻松态度；还意味着要采取恰当的预算方法和手段，提高预算过程的效率，"正确地做事"。

这就离不开预算激励。预算是一个十分重要的管理工具，已经超越了原来成本控制的意义，因此要从整体管理的角度对待预算。企业管理层制定企业的发展战略之后，有必要向全体员工传达，使其明确预算同战略过程中的企业使命、战略目标、战略类型、政策、行动计划、程序以及业绩等要素之间的关系，明确预算的重要定位，体会各自的预算工作对企业发展的重要意义。

企业应充分鼓励各级经理人和普通员工，对各自的责任业务活动进行资源分析和计算，同时要鼓励各种业务数据和信息纵向和横向地充分流通和共享。这样，员工就会普遍感觉到在做自己分配而不是主管分配的工作，普遍主动地投入预算工作，从而增加预算和经营计划的匹配度和数据信息的可靠性。

8.1.1 基于预算的激励机制

基于预算的激励机制就是以预算考评结果为依据，对预算执行主体进行激励。制定科学合理的激励制度是确保企业全面预算管理信息系统长期稳定有效运行的一个重要条件。明确的激励制度，可以让预算执行者在预算执行之前就了解其业绩与奖励之间的密切关系，使个体目标与企业预算整体目标紧密地结合在一起，从而使得人们自觉地调整、约束自己的行为，努力工作，提高工作效率，全面完成企业预算指标。

因此在企业预算管理工作中，一定要确立以人为本的管理观念，要把心思花在相关激励制度的设计、执行中，以全面提高预算工作的效率。企业对下属部门的业绩评价，可以根据其先进性决定激励方案的系数进行。一般来说，预算难度较大的下属激励计划的奖励系数大于预算难度较小的下属激励计划的奖励系数，这样才能鼓励各个部门编制先进预算，努力创造出更好的业绩。刻意编制先进预算而无法完成预算的要受到惩罚，编制保守预算但是完成情况较好的应给予一定的奖励。

当外部环境恶化，预算指标完不成时，各下级单位应及时反映变化的客观情况，要求上级调整预算目标；但当外部形势好转时，下级各单位一般对上级调整预算有相当大的抵触情绪，希望不调整或者少调整，因此企业应对预算基数的确立做好事先安排，使激励机制更加合理，更加科学。

（1）我国激励机制的现状

目前在我国，由于人们长期以来总是将预算与计划相联系，认为预算是计划经济的产物，市场经济体制下企业预算没有必要。事实上，系统的预算管理思想是在实行市场经济的西方国家首先提出的，并且在西方企业的管理实践中得以广泛应用。

在我国，与预算考评对应最紧密的是"考核"，考核工作在我国进行了很久，一般与"奖惩"联系在一起。这本来是对执行预算的一种激励，无可非议，但是预算考评的真实目的不在于"奖惩"，而在于总结经验，发现问题，不断改进。同样，考评和奖惩措施落实不到位，从而激励不足或不合理已经成了企业预算目标无法很好实现的重要原因。

在企业预算管理过程中，如果激励制度不完善，考评后没有配套的奖励措施，缺乏应有的激励机制，往往会使考评工作流于形式，预算指标丧失约束作用，甚至会使整个预算工作失去应有的功效。

因此，企业实行激励机制的最根本的目的是诱导员工的工作动机，使他们在实现企业目标的同时实现自身利益，增加其满意度，从而激发他们的积极性。

（2）改革措施

首先，建立多层次的激励机制，综合运用多种激励机制。企业可以根据本企业的特点采用不同的激励机制，把员工放在他所适合的位置上，同时在可能的条件下轮换工作岗位以增加员工的新奇感、求知欲，不断丰富员工的视野和阅历，从而赋予工作以更大的挑战性，进一步激发员工的工作激情；还可以通过员工的自我管理、自我约束形成员工对企业的归属感、认同感，以此进一步满足员工自尊和自我实现的需要。企业还可以将物质奖励与精神奖励相结合，坚持以人为本，切实加强员工素质培养，提高工作效率，增强企业的向心力，有效地优化人员结构，提升队伍素质和工作能力。

其次，激励机制要坚持公平原则。激励机制首先是要体现公平原则，激励机制应在广泛征求各级部门意见后制定出来，并且公布出来，严格执行激励机制并长期坚持。激励机制要和考核制度结合起来，兑现奖惩，激发员工的竞争意识，从而转化成员工自我努力工作的动力，最大限度地发挥人的内在潜能。

最后，企业领导者要以身作则。企业领导者的行为对激励机制至关重要。企业领导者要做到自身廉洁，不要因为自己多拿多占而对员工产生负面影响；同时要做到公正不偏，不任人唯亲；要加强与员工沟通，尊重和支持下属，对员工所做出的成绩要表扬。此外，企业领导者要率先垂范，通过展示自己的工作技能、管理艺术、办事能力和良好的职业意识，让下属尊敬自己，从而增强企业的凝聚力、创造力。

总之，企业的生产活动是非常复杂的活动，要使这样复杂的活动相互协调，同步进行，达到生产经营目标，没有一个完整的预算并为全体员工所掌握，是很难实现的。而在董事会和管理者可以控制的所有工具中，对企业影响最大的就是业绩评价和激励机制。在我国，随着市场经济的发展，对企业预算管理水平的要求将会越来越高。

8.1.2　预算激励的必要性

有人认为，企业进行预算管理时，最好将预算的业绩评价与考核脱钩。他们的理由如下。首先，预算的资源配置职能和考核与激励职能之间存在矛盾，如依据预算进行考核，会影响预算资源配置的正确性进而使预算管理失效。其次，如以预算完成情况作为激励的依据，会使得集团企业各部门及分（子）公司之间为完成本部门、本公司预算而各自为战，影响预算协调全体功能的发挥。最后，如以预算作为激励依据，会使分（子）公司预算目标代替企业整体目标，因为这时分（子）公司经理人员主要关注的不是企业整体利益，而是本分（子）公司的利益。

以上观点不准确。

首先，从整体上说，预算激励是预算考评乃至整个预算管理的保证。如果企业不以预算作为激励的依据，则对分（子）公司经理的业绩考核只能流于形式，利用预算作为控制的手段也会失去约束力，因为此时分（子）公司经理已并不在意预算与实际的偏差。

其次，预算的资源配置职能和考核与激励职能之间确实存在一种偏差，但并不是互不相容的矛盾。从本质上说，预算的考核与激励职能是预算发挥控制作用的关键，而预算的控制作用是资源配置的保证，因为在企业编制出预算后，企业资源配置还只是在纸上，没有落实，企业预算的资源配置作用只有等到预算落实才能发挥。正因为如此，预算的考核与激励职能是预算的资源配置职能的前提。

最后，那种认为预算的考核与激励职能妨碍企业各部门沟通协调，使得分（子）公司预算目标代替企业目标的说法也是片面的。发挥预算沟通职能是企业每个部门在执行预算时必须遵守的，如果每个部门不能与其他部门沟通协调，则很难完成本部门预算；而且部门目标是企业整体目标分解下来的，二者并没有根本矛盾。因此，认为各分（子）公司会以本分（子）公司预算目标代替企业整体目标的说法并不可信。即使偶尔部门预算目标与企业整体目标产生矛盾，只要集团企业总部领导及时调节，就可以化解。

8.1.3　激励机制

"考评与奖惩是预算管理工作的生命线"——预算提供了明确的在一定期间要求达到的经营目标，是对企业计划的数量化和货币化表现，为业绩评价提供了考核标准，是业绩评价的重要依据。

预算管理通过事先确定企业绩效的评价标准，对企业各部门及其员工的日常活动进行规范，使得企业的经营活动有目标可循，有制度可依，消除了企业管理中指令朝令夕改、活动随意变化的现象。

对预算的执行情况进行考评，监督预算的执行和落实，可以加强和完善企业的内部控制，便于对各部门实施量化的业绩考核和奖惩制度，也为对员工的激励提供了科学可靠的基础。

没有考评，企业预算无法执行，预算管理就没有意义。严格考评不仅是为了更好地动态改进管理工作，也是为了对员工实施公正的奖惩，调动员工积极性，激励员工共同努力，确保企业战略目标顺利实现。

（1）激励原则

激励应遵循的原则包括：物质与精神相结合原则、个体与群体相结合原则、成本与收益相结合原则、激励与约束相结合原则、制度化与艺术化相结合原则、个体目标与团体目标相一致原则、短期激励与长期激励相结合原则、公正性与多样性相结合原则。

（2）预算关联性

在企业预算管理过程中，如果激励制度不完善，考评后没有配套的奖惩措施，缺乏应有的激励机制，往往会使考评工作流于形式，预算指标丧失约束作用，甚至会使整个预算工作失去应有的功效。因此，在企业预算管理过程中，预算过程控制和预算的激励落实是并重的。

8.2　考评与激励

激励机制对企业预算管理具有重要作用，用于预算管理的激励理论有综合激励理论、期望理论、目标设置理论、成就激励理论等。

在预算管理中实施激励，涉及企业内部的各个方面，包括企业高级管理人员及普通员工。激励对象不同，所采用的激励方式也不同。

8.2.1　对高级管理人员的考评与激励

针对高级管理人员进行预算考评，注意以下问题：区分不同工作性质的考评；区分不同层级的考评；区分对个人和对集体的考评；区分可控与不可控因素的考评；区分当期与未来长远发展的考评。

有效的高级管理人员激励计划应该包括以下条件：企业愿意且能够识别并衡量财务绩效指标；计划参与者有能力控制影响短期结果的重要因素；通过比较每位参与者的工作结果，评价其绩效，并给予相应的奖惩。

对高级管理人员的激励方式分行政激励（职位升迁和精神激励）、财务激励（短期激励——年薪和奖金；长期激励——股票期权、限制性股票）、机会激励（个人平台、社会地位）。

8.2.2　对责任中心的考评与激励

（1）对成本（费用）中心的考评与激励

成本（费用）中心工作成果的评价与考核，主要是通过一定期间实际发生的成本（费用）同其责任预算所确定的预计数对比来实现的。成本中心通常以"标准成本"作为评价和考核的依据，以其可控成本作为评价和考核的主要依据，不可控成本只具有参考意义；费用中心则以一定的业务工作量为基础，事先按期编制费用弹性预算，作为评价和考核实际费用水平的尺度。对成本（费用）中心的激励主要应当针对其预算期间内成本（费用）预算完成的情况以及其他节约情况进行定额和按比例的奖励。

（2）对利润中心的考评与激励

利润中心的收入与成本都以货币为单位计量，能根据收入与成本计算利润，并以此作为对责任中心主管考核的主要指标。利润中心分为两类：以对外销售产品而取得实际收入为特征的自然利润中心，以产品在企业内部流转而取得内部销售收入为特征的人为利润中心。

利润中心工作成果的考评，主要通过对比一定期间实际实现的利润与责任预算所确定的预计利润数，进而对差异形成的原因和责任进行具体分析，借以对其经营上的得失和有关人员的是非功过做出全面且正确的评价。激励奖惩方法有直接奖惩（规定各项责任预算完成后应得的奖金总额并制定超额完成责任预算或未完成责任预算目标嘉奖或惩罚的计算方法，然后根据各责任中心的预算执行情况计算应得的奖金）和按比例奖惩（针对各责任中心的各项责任预算目标规定不同的分值，并制定不同的预算目标的权重和分值加减方法，然后据以计算各责任中心预算期间的总分值，并根据分值按照事先确定的奖励方法按比例奖惩）。同时，为了确保各责任中心按质、按量、按时完成预算目标，组织安全生产，遵守各项制度规定，企业还可以视重要程度在评分时规定适当的权重。对于特别重要的指标，如安全生产预算的完成情况等，还可以将其作为否决性项目，只要没有达到目标设定的水平，其他责任预算完成得再好也不予奖励。

（3）对投资中心的考评与激励

某些企业内部责任中心，不但在产品的生产和销售上享有较大的自主权，而且能够相对独立地运用其所掌握的资金，并有权购建或处理固定资产，扩大或缩减现有的生产规模，考核资金的利用效果。这一类责任中心，通常称为投资中心。

投资利润率按经营总资产（经营净利润／经营总资产 ×100%）计算，主要用于评价和考核由投资中心掌握、使用的全部资产的盈利能力，计算该指标时借入资金的使用代价——利息费用不应作为确定经营净利润的扣减项目；投资利润率按经营净资产（经营净利润／经营净资产 ×100%）计算则用于说明投资中心运用企业所有的每一元资金对企业整体利润贡献的大小，计算该指标时利息费用应作为确定经营净利润的扣减项目。

剩余利润指投资中心的经营净利润扣减其经营资产按规定的最低利润率计算的投资报酬后的余额 [经营净利润 −（经营资产 × 规定的最低利润率）]。把它作为评价和考核经营成果的尺度，可以鼓励投资中心负责人接受比较有利的投资，使部门的目标和企业整体目标趋于一致。

对于投资中心的激励，因其本身的特征，应当在其预算考评工作结果的基础上，比照企业整体的激励方式进行相应的奖惩，以调动全体人员的积极性，保证责任预算目标顺利达成，不断提高企业经济效益。

激励，采取物质奖励与精神奖励结合的方式，避免降低待遇与批评。例如：某公司针对市场部当年1月至7月累计降低费用7.22万元，兑现了所降低费用的10%作为奖金，即7 220元，并颁发了奖状，在公司网络平台上通报表扬。

8.2.3　对普通员工的考评与激励

对普通员工的考评除了遵循一般的考评原则和程序外，还应当特别注意以下几个问题：要合理确定员工所应承担的责任、义务和应享有的权利，明确可控与不可控因素，合理评价其工作业绩；通过个人绩效与所在团队绩效按比例综合加权来确定个人预算考评结果的方式，充分调动员工的团队合作精神；要等到预算考评的数据或资料相对稳定后再将其与相应的激励方式挂钩；确定预算考评指标的原则主要是可查证性与可比性，而不仅仅是可量化性；确定的考评方案不是一成不变的，应当在相对稳定的状态中随着周围情况的变化适时修正。

对普通员工的激励应当从以下几个方面来考虑和设计。

（1）物质因素

由于普通员工对物质激励普遍比较重视，因此这部分激励制度的设计是预算管理考评的重中之重，该方面激励包括三个部分内容。

首先，员工基本工资的合理确定（包括员工基本工资数额的合理确定，也包括基本工资的提升如何与企业预算考评结果挂钩并体现预算考评的结果。基本工资的确定方式有与单位效益挂钩的统一基本工资、按件计酬、按时计酬、年功序列制和反映个人价值的基本工资）。其次，员工奖金的确定。最后，员工福利制度。

（2）心理因素

心理因素方面的激励包括心理激励，如组织各种评优活动、劳动竞赛、表彰大会、职务职称等正面激励；还包括约束、惩罚的压力机制等负面激励。在正面的奖励手段同质化的情况下，其边际效应已愈来愈小，而这时应用较少的负面激励的边际拉动效应则可能会更明显一些。传统的激励机制多侧重于考虑如何实施相应的奖励，但激励绝不仅仅是奖励，还应该包括约束、惩罚。没有约束机制的激励制度就如单翼之鸟，不可能在高空翱翔。

一个完善的激励模式应该由动力机制和约束机制两方面构成。企业的激励制度包括企业的动力机制和压力机制两个方面。这些压力既来自企业外部激烈的市场竞争，也来自企业内部的考评、监督、管理等方面。实施企业全面预算管理，从企业内部来讲，需要根据不同的情况分别设计不同性质的负面激励方式。

（3）环境因素

企业实施预算管理，不仅仅是简单地编制预算，而且要创造条件，营造一个有利于预算管理的环境，吸引企业员工积极参与企业预算管理。这个环境就是以人为本的企业文化环境。

案例　非成熟产品线或新兴产品项目如何制定预算和激励

实施费用包管理方法时，对于成熟产品线比较好实施。但对于非成熟产品线或者新成立的产品项目，却不好实施费用包管理。如何针对这种类型产品线和新产品项目制定预算和提出激励政策，成为公司高层管理者比较头疼的问题。

通常，对于非成熟产品线或新产品项目，最核心的是寻找领军人物和组建优秀的团队。目标及预算原则以及激励措施一般有以下三种方式。

第一种是当年打平，即要求产出的毛利额能够打平自身的费用，不亏损。

应用类型：有一定基础和要求，当前重点突破的产品线。

目标及预算：明确产品线的固定费用，反推产品线需要完成的毛利和任务并将此作为最低目标要求。

激励措施：超出最低目标部分的毛利额，作为产品线的业务费用和激励包的来源。

第二种是三年打平，即要求三年内累计的毛利额能够打平所有的前期投入和三年该产品产生的费用。

应用类型：公司战略明确需要布局和突破的产品线。

目标及预算：明确早期投入及三年需要花费的费用并将其作为最低目标要求，反推需要完成多少毛利，再分解到每年的任务指标。

激励措施：中长期激励，三年累计产生的净利润乘以事先确定的比例作为产品线的激励包。

第三种是项目制，即通过项目管理的方式进行管理。

应用类型：市场不成熟，商业模式不清晰，对公司长远战略有影响，需要做试探性投入的产品线。

目标与预算：使用项目预算分阶段、分目标及里程碑考核。

激励措施：用项目的预算减去项目的实际费用，然后乘以事先确定的比例作为项目团队的奖励来源，按照一定的原则发放。

第 9 章
大数据下的财务分析与预算管理

　　大数据指的是所涉及的资料量规模巨大到无法透过主流软件工具，在合理时间内达到撷取、管理、处理，并整理成为帮助企业经营决策积极目的的资讯。大数据不仅要关注实际数据量的多少，还要关注数据处理方法。大数据让数据产生巨大的创新价值。

9.1　大数据时代财务分析新思路与分析重点

　　数据分析首先对历史数据进行事后分析，在通过描述性分析了解事情发生的情况后，便开始诊断性分析。当事件的数据可以被实时采集时，智能分析进入预测性分析阶段。在预测性分析方面，大数据分析重视借鉴历史经验。

9.1.1　寻找财务业绩背后的业务动因

　　财务业绩背后有以下业务动因。

　　（1）尽管收入仍低于预算和预期，但处在逐渐恢复中。

　　（2）人员结构造成的固定成本影响了利润率的恢复。

　　（3）短期内需要一些成本控制目标抵消人工成本的压力，以维持利润率。

　　（4）优化成本结构，从而在宏观经济恢复的过程中更好地立足。

　　（5）调整销售人员的结构，以便更好地应对市场变化。

（6）企业主营业务特点。

（7）企业经营策略。

（8）市场策略。

（9）内部组织结构。

（10）技术变革。

（11）同行业竞争法律法规。

（12）宏观经济格局的影响（货币政策、财税政策、汇率政策）。

9.1.2　从业务层获取业务信息

从业务层获取业务信息的方法如下。

（1）双向沟通。单向沟通是不可能持久的，只求索取、不予回报的事情做不长久。

（2）让业务人员感觉到你对他们有用，比如财务预警和咨询。

（3）多了解业务，用业务语言而非会计语言说话。

从业务层获取业务信息如图 9-1 所示。

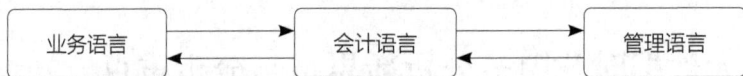

图 9-1　从业务层获取业务信息

9.1.3　与业务人员沟通分析结果

与业务人员沟通分析结果的相关内容如下。

（1）慎用计算过于复杂和专业的财务指标。

（2）思考需要业务部门做什么，做了能有怎样的结果。

（3）指标要和流程相结合。

（4）为业务部门量身定做表单。

9.1.4　向高层汇报解读预算执行情况

向高层汇报解读预算执行情况的方法如下。

（1）提示风险、机会放在第一位。

（2）语言和文字简洁明了。

（3）除非对方主动提问，不要自行纠结细节。

（4）关键指标的同行业对比，不同历史时期的对比，从企业、行业、市场的角度，多做横向和纵向的比较。

（5）做不同假设条件下的预演。

9.1.5　与相关部门、单位沟通成本费用控制

第一，说明立场：核算是帮助其完成目标工作的一种手段。

第二，气氛基调：不要对立，帮其节省费用，不是削减预算。

第三，业务知识：对费用支出的业务背景要事先了解。

第四，入手点：该业务是否必要？如果必要，该费用标准和数量是否合理？

9.1.6　大数据时代财务分析重点

（1）分析重点

分析的重点：利润、现金、价值、风险、成长。

第一步，利润分析。

某公司利润分析如表 9-1 所示。

表 9-1　利润分析

金额单位：万元

项目	2019 年	2020 年	增减额	增减率 （%）	2019 年 （%）	2020 年 （%）
一、营业收入	2 550	3 800	1 250	49.02	100	100
减：营业成本	1 600	2 600	1 000	62.50	62.75	68.42
税金及附加	12	18	6	50	0.47	0.47
销售费用	5	10	5	100	0.20	0.26
管理费用	450	525	75	16.67	17.65	13.82
财务费用	30.50	60	29.50	96.72	1.20	1.58
资产减值损失	2	3	1	50	0.08	0.08
加：投资收益	0	0.50	0.50			

项目	2019 年	2020 年	增减额	增减率（%）	2019 年（%）	2020 年（%）
二、营业利润	450.50	584.50	134	29.74	17.67	15.38
加：营业外收入	0	0.30	0.30			
减：营业外支出	2	2.30	0.30	15	0.08	0.06
三、利润总额	448.50	582.50	134	29.88	17.59	15.32
分析：2019 年毛利 950（2 550-1 600）万元、毛利率 37.25%（950÷2 550×100%）；2020 年毛利 1 200（3 800-2 600）万元、毛利率 31.58%（1 200÷3 800×100%）。						

通过计算可知该公司 2020 年管理费用占营业收入的比率低于上年，但由于毛利率低于上年，利润率 15.32% 低于上年的 17.59%。

第二步，现金分析。

现金分析如图 9-2 所示。

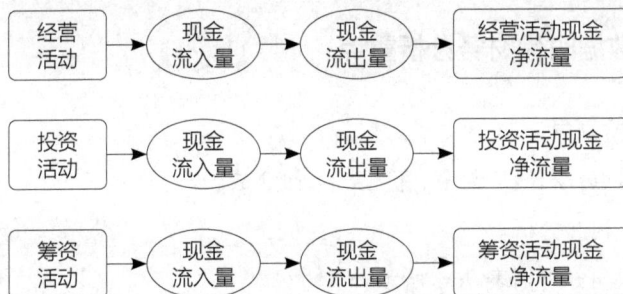

图 9-2 现金分析

现金流量就是经营活动、投资活动、筹资活动三者对现金净流量的贡献。在这一分析过程中，要结合企业所处的经营周期确定分析重点。

处于导入期的企业，经营活动现金流量可能为负，应重点分析企业的筹资活动，分析其资本金是否到位、资金流动性如何、企业是否过度负债、有无继续筹措足够经营资金的可能；同时判断其投资活动是否适合经营需要、有无出现资金挪用或费用化现象。企业应通过现金流量预测分析，将还款期限定于经营活动可产生现金净流入的时期。

处于成长期的企业，经营活动现金流量应该为正，要重点分析其经营活动现金流入、流出结构，分析其货款回笼速度、赊销是否有力和得当，了解成本、费用控制情况，预测企业发展空间，判断企业是否充分利用应付款项，同时要关注这一阶段企业有无过分扩张，导致债务增加。

处于成熟期的企业，投资活动和筹资活动趋于正常化或适当萎缩，要重点分析其经营活动现金流入是否有保障、现金收入与销售收入增长速度是否匹配，同时关注企业是否过分支付股利、有无资金外流情况、现金流入是否主要依赖投资收益或不明确的营业外收入。

处于衰退期的企业，经营活动现金流量开始萎缩，要重点分析其投资活动在收回投资过程中是否获利、有无冒险性的扩张活动，同时要分析企业是否及时缩减负债，减少利息负担。

第三步，价值分析。

价值分析过程如下。

①把整个价值链分解为与战略相关的作业、成本、收入和资产，并把它们分配到"有价值的作业"中。

②确定引起价值变动的各项作业，并根据这些作业，分析形成作业成本及产生差异的原因。

③分析整个价值链中各节点企业之间的关系，确定核心企业与客户和供应商之间作业的相关性。

④利用分析结果，重新组合或改进价值链，以更好地控制成本动因，产生可持续的竞争优势，使价值链中各节点企业在激烈的市场竞争中获得优势。

第四步，风险分析。

风险分析包括三个方面：经营活动现金流风险与应对；投资活动现金流风险与应对；筹资活动现金流风险与应对。

第五步，成长分析。

成长分析采用雷达图财务分析法，如图 9-3 所示。

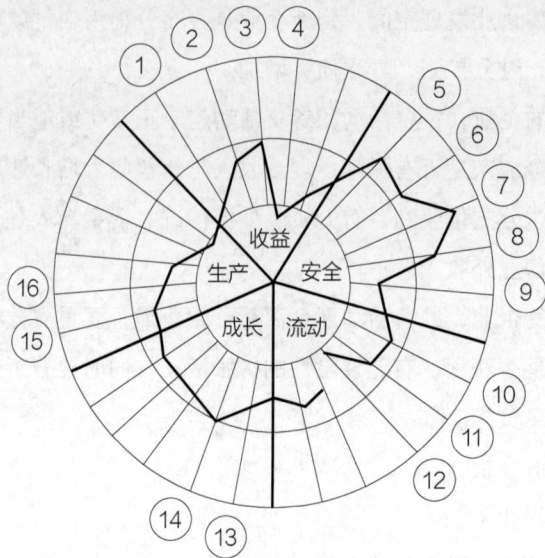

图9-3　成长分析

收益性指标：①资产报酬率；②所有者权益报酬率；③销售利润率；④成本费用率。

安全性指标：⑤流动比率；⑥速动比率；⑦资产负债率；⑧所有者权益比率；⑨利息保障倍数。

流动性指标：⑩总资产周转率；⑪应收账款周转率；⑫存货周转率。

成长性指标：⑬销售收入增长率；⑭产值增长率。

生产性指标：⑮人均工资；⑯人均销售收入。

依据图9-3可以看出，当指标值处于标准线以内，说明该指标低于同行业水平，需要加以改进；若接近最小圆圈或处于其内，说明该指标处于极差状态，是企业经营的危险标志；若处于标准线外侧，说明该指标处于较理想状态，是企业的优势所在。

（2）盈亏平衡点

盈亏平衡分析是通过盈亏平衡点（Break Even Point，BEP）分析项目成本与收益的平衡关系的一种方法。各种不确定因素（如投资、成本、销售量、产品价格、项目寿命期等）的变化会影响投资方案的经济效果，当这些因素的变化达到某一临界值时，就会影响方案的取舍。

盈亏平衡分析的目的就是找出这一临界值，即盈亏平衡点，判断投资方案对不确定因素变化的承受能力，从而为决策提供依据。

盈亏平衡点越小，说明项目盈利的可能性越大，亏损的可能性越小，因而项目有较强的抗经营风险能力。因为盈亏平衡分析分析产量（销量）、成本与利润的关系，所以又称量本利分析。

盈亏平衡点的表达形式有多种。它可以用实物产量、单位产品售价、单位产品可变成本以及年固定成本总量表示，也可以用生产能力利用率（盈亏平衡点率）等相对量表示。其中实物产量与生产能力利用率，是在项目不确定性分析中应用较广的。

盈亏平衡点如图 9-4 所示。

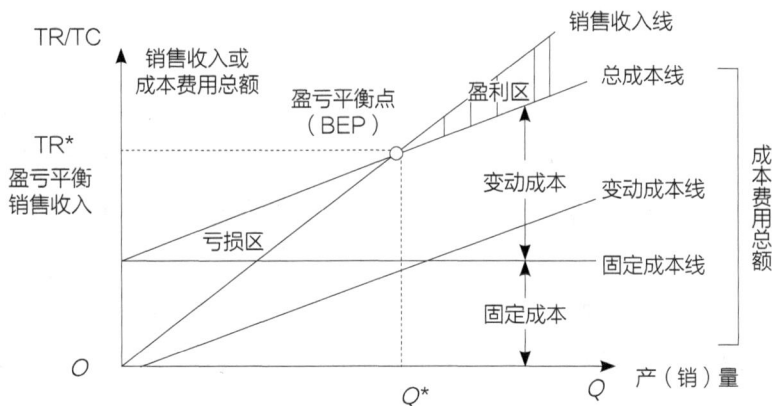

图 9-4　盈亏平衡点

盈亏平衡点，又叫零利润点、保本点、盈亏临界点、损益分歧点、收益转折点，是财务上一个很重要的概念，通常是指全部销售收入等于全部成本时（销售收入线与总成本线的交点）的产量。判断一家企业盈亏的情况可以以盈亏平衡点为界限，当销售收入高于盈亏平衡点时企业盈利，相反，企业亏损。

案例　餐饮企业盈亏平衡点

老李是做餐饮的，每天来吃饭的顾客不少，但一结算发现竟然没有赚到钱。为此，老李很困惑，希望找到他的餐饮企业问题所在。

一般来说，餐饮企业是用营业额来作为盈亏的衡量标准的：达到这个营业额以前，餐饮企业处于亏损状态；超过这个营业额，餐饮企业就处于盈利状态。

餐饮企业营业额的最低要求就是盈亏平衡点，也叫保本点。营业额＞盈亏平衡点，餐饮企业不会亏损；营业额＜盈亏平衡点，餐饮企业亏损。

那么，如何计算盈亏平衡点？盈亏平衡点计算公式如下。

盈亏平衡点＝固定成本÷毛利率

老李的餐饮企业的固定成本主要有租金、物业管理费、人工成本等。其中，每月租金和物业管理费共5万元；每月人工成本10万元。

固定成本＝租金＋物业管理费＋人工成本=5+10=15（万元）

通过以上计算，可以算出老李的餐饮企业每个月要赚到15万元才能满足固定成本开支。按照餐饮企业多数菜品为50%的毛利率计算的盈亏平衡点如下。

盈亏平衡点＝固定成本÷毛利率=15÷50%=30（万元）

这表明老李的餐饮企业的菜品每个月至少要销售30万元，收支才能平衡。

分摊到每一天（按30天计算）如下。

日营业额＝月营业额÷天数=30÷30=1（万元）

这表明老李的餐饮企业要想达到收支平衡，每天需要达到1万元的营业额。也就是说，老李的餐饮企业每天有1万元的营业额才能开始盈利。算出盈亏平衡点，老李就可以分析他营业以来的情况，如果企业长期达不到盈亏平衡点，企业则需要调整或者及时止损。

不过，在实际经营过程中，盈亏平衡点会涉及很多具体的数据，不同的阶段选取的参考标准也不一样。所以，只有注意具体数据的变化，计算出来的盈亏平衡点才有参考价值。

盈亏平衡点对管理很重要，可以让经营者知道自己的目标起点在哪里。

案例 根据固定费用、产品单价与变动成本计算盈亏平衡产量

盈亏平衡产量如表9-2所示。

表9-2 盈亏平衡产量

项目	单位	数量
固定成本/固定费用	元	20 000
产品单价	元	10
单位材料成本/变动成本	元	4
盈亏平衡产量		3 334
盈亏平衡产量＝固定费用÷（产品单价－变动成本）		

案例　计算考虑目标利润的盈亏平衡点

考虑目标利润的盈亏平衡点如表 9-3 所示。

表 9-3　考虑目标利润的盈亏平衡点

生产多少台产品保本？（保本生产量）	单位	数量
固定费用	万元	2 700
产品单价	元	800
单位变动成本	元	600
盈亏平衡点（年需销售量）	万台	13.5
达到盈亏平衡的最低售价		
年产量	万台	12
目标利润	万元	40
产品最低售价	元	828.33
售价＝（固定费用＋目标利润）÷年产量＋单位变动成本		

（3）资本资产结构优化

筹资决策就是确定各种资金来源在总资金中的比重，即确定最佳资本结构，以使筹资风险和筹资成本相配合。资本结构主要是指权益资本与借入资本的比例关系。一般来说，完全通过权益资本筹资是不明智的，不能得到负债经营的好处，但负债的比例大则风险也大，企业随时可能陷入财务危机。因此，必须进行投资组合，以确定最佳资本结构。当企业价值最大，加权平均资本成本最低时对应的资本结构就是最佳资本结构。

（4）现金流预警

预警体系从逻辑上讲，包括明确警义、寻找警源、分析警兆、预报警度四个方面，在现金流预警中，警兆是主要衡量指标。企业现金流预警体系包括预警指标、制度、流程、组织机构、职能部门、岗位、应对机制等。

预警指标主要包括以下方面。

①资产质量指标。

现金比率＝现金及现金等价物／流动资产 ×100%

经营现金流动资产比率＝经营现金净流量／流动资产 ×100%

②现金流量结构指标。

一是现金流入结构指标，二是现金流出结构指标，三是现金流入流出结构指标。

③偿债能力指标。

经营现金到期债务率 = 经营现金净流量 / 本期到期债务 ×100%

经营现金流动负债比率 = 经营现金净流量 / 流动负债 ×100%

现金债务总额比率 = 现金及现金等价物净增加额 / 负债总额 ×100%

④利润质量指标。

主营业务现金比率 = 经营现金净流量 / 主营业务收入 ×100%

经营现金营业利润比率 = 经营现金净流量 / 营业利润 ×100%

⑤经营现金流量成长性指标。

经营现金流量成长比率 = 本期经营活动产生的现金净流量 / 基期经营活动产生的现金净流量 ×100%

（5）资本成本

资本成本是指企业取得和使用资本时所付出的代价。取得资本所付出的代价，主要指发行债券、股票的费用，向非银行金融机构借款的手续费用等；使用资本所付出的代价，如股利、利息等。资本成本是指企业为筹集和使用资金而付出的代价。从广义上讲，企业筹集和使用任何资金，不论是短期的还是长期的，都要付出代价。狭义的资本成本仅指筹集和使用长期资金（包括自有资本和借入长期资金）的成本。由于长期资金也被称为资本，所以长期资金的成本也被称为资本成本。

资本成本的作用，体现在以下三个方面：资本成本是企业筹资决策的重要依据；资本成本是评价和选择投资项目的重要标准；资本成本是衡量企业资金效益的临界基准。

（6）经济增加值

甲股份有限公司 2020 年度经济增加值计算如表 9-4 所示。

表 9-4　甲股份有限公司 2020 年度经济增加值计算

项目	行次	数值
会计调整后的税后净利润（亿元）	1	1.2
利息净支出（亿元）	2	1.5
调整后的税后净营业利润（亿元）	3=1+2	2.7

续表

项目	行次	数值
调整后的投入资本平均数（亿元）	4	42
投入资本收益率（%）	5=3÷4	6.43%
综合资本成本率（%）	6	8%
资本成本（亿元）	7=4×6	3.36
资本效率（%）	8=5-6	−1.57%
经济增加值（亿元）	9=8×4	−0.66

甲股份有限公司 2020 年度经济增加值之所以变成负值，是因为其投入资本收益率低于综合资本成本率。

9.1.7　大数据时代下全面预算管理的趋势

大数据时代来临。麦肯锡咨询公司发布的报告称，全球 90% 的数据都是在过去两年中生成的，到 2020 年全球数据使用量将需要约 376 亿个 1TB 的硬盘进行存储。而且，今天所说的数据，已不再是传统的数据，而是大数据，即大量、复杂、快速变动的数据。

在感知化、物联化和智能化的交汇下，遍及各处的数据量，正在从原本的潺潺细流汇集成磅礴大川，再倾泻灌入一片无边无际的数据海洋。

预算，是计划工作的成果。它既是决策的具体化，又是控制生产经营活动的依据。预算不仅是控制支出的工具，更是利用企业现有资源增加企业价值的一种方法，是各部门工作的奋斗目标、协调工具、控制标准、考核依据，在经营管理中发挥着重大作用。

在大数据时代，在云会计环境下进行全面预算管理势在必行。

（1）预算编制实时、动态、个性化

全面预算管理应当以企业现有资源为前提，以市场经济环境为指导方向，实时调整，以面对环境变化给企业带来的威胁。

在现有的预算管理模式下，企业信息数据间的动态联系极少，大量的数据处理工作使财务人员疲于应付。因此，预算编制时极少使用与一系列业务量相关的弹性预算法。如果不能进行动态调整，预算将无法充分发挥其预测作用，不能对企业经营决策形成有效的指导。

云会计的优势之一是能够提供实时、动态和个性化服务。企业在云会计环境下进行预算编制，可以实时获取市场上各种经营信息，动态调整、完善预算编制，从而保证预算的合理性、专业性和权威性。通过实时、动态的数据，企业可以尽可能地从企业具体情况出发，考虑预算执行过程中遇到的突发问题，且预算留有弹性，控制在合理范围内。

（2）预算控制更精确

预算编制完成后，一经下达执行，就要进行预算控制。在现有的预算管理模式下，由于缺乏有效的数据共享平台，预算管理的各个环节都由人工推进，不能及时控制，容易造成预算执行与实际情况的偏差，严重影响预算效果。

在内部资源共享的情况下，企业应仔细分析其所处的内外部经济环境，根据历史数据，对新会计年度的有关项目做出预测，并在执行过程中进行严格控制。

在云会计环境下，所有预算项目都应提交预算申请流程，经相关负责人审批后在云端储存。

同时，在预算执行过程中，政策法规、经营条件或市场环境等发生变化，导致预算执行结果产生重大偏差的，可以在不偏离企业发展战略和年度预算目标的前提下，编制预算调整方案，审批后调整的预算数将自动在云端修改和存储，从而形成有效控制。

（3）预算分析从事后分析变为事前预测

作为企业管理的重要内容，预算管理需要企业定期对预算执行情况进行分析和总结。企业希望从大量数据中抽丝剥茧，进而优化经营管理。但是，这些数据统统都是已经形成的事实，即使经过整理，最后还得凭借个人经验进行预算分析。换言之，企业当前的预算分析模式是以"事后分析来做事前预测"的。

但是，等到数据出炉之后再做事后分析，最大的弊端在于无法实时洞察最重要的市场反应。而云会计环境下的预算分析则可以实现对未知的预计。当业务发生时，各项发生额和企业的预算数实时、自动汇集于云端，及时计算出预算数与实际数的差额，并与企业同期及同行业、同规模的企业相比较，自动形成预算分析报告，为企业经营决策提供事前预测，使预算分析更为科学。

9.1.8　大数据背景下如何做好全面预算

大数据时代具有四大典型特征。一是数据量大，大数据的起始计量单位至少是 P（1 000 个 T）。二是数据类型繁多，数据类型包括网络日志、音频、视频、图片、地理位置信息等。多类型的数据对数据的处理能力提出了更高的要求。三是价值密度低。信息海量，但价值密度较低。如何通过强大的机器算法更迅速地完成数据的价值"提纯"，是大数据时代亟待解决的难题。四是速度快、时效强。数据处理速度快，是大数据区分于传统数据挖掘最显著的特征。

大数据的上述特征，足以弥补传统预算体系下缺乏足够、有效、实时的数据的缺陷，从而使全面预算管理信息系统这一闭环能够更高效、顺畅地运行。借助大数据与商业智能（BI）技术，对数据进行收集、存储、加工、筛选、分析等，使之可视化、信息化，可以帮助企业洞察整个产业链的现状，制定更切实可行的预算政策和经营策略。

随着大数据概念的普及，商业智能、多维分析、数据挖掘、人工智能、机器学习等概念纷纷被引入企业管理应用领域。在大数据背景下，如何通过全面预算与大数据相结合的方式，发挥大数据在数据分析、数据挖掘方面的价值，使全面预算管理真正成为连通企业战略和经营的利器，为企业决策助力，是当下企业信息化建设中必须重点考虑的内容。

针对当前企业密切关注的"大数据背景下如何做好全面预算"问题，智达方通认为，企业想成为大数据时代的弄潮儿，不仅需要建立完备的全面预算体系，还需要在全面预算系统的基础上，运用大数据为全面预算管理提供新路径、新工具和新方法，变现大数据价值，助力企业更全面、更深刻地洞察经营管理状态，为企业决策提供数据支撑。

全面预算软件系统作为企业预算管理以及决策支持平台系统，会有很多业务系统（如财务总账、项目管理、资金管理、人事、生产制造、库存管理、资产管理等系统）与其对接，以提供业务实际数据。随着企业的业务越来越复杂，企业规模越来越大，各业务系统产生的数据也会越来越多。尽管推送到全面预算软件系统的数据经过清洗转换降低了数据量，但其数据量仍然会随企业业务的增长而增长。这时，在实际发生的业务数据层面上就形成了大数据。

从预算编报和测算的角度来看，随着企业规模扩大和业务复杂程度的增加，编报产生的计划预算数据也会越来越多，加上多版本、多场景，以及数年的累计，数据量增长到亿级、百亿级也是非常可能的。

案例 保险公司大数据应用

保险公司的汽车险，通过搜罗数据，得到车主的驾车习惯是否良好、驾车时间和路段是否安全、停车的车库环境等数据，进而降低驾车风险低的车主的保险费用，提高驾车风险高的车主的保险费用，这样便在一定程度上增加了保险公司的收益，保证了保险公司的利益。

案例 销售公司大数据应用

销售公司可以通过收集客户的家庭水电费、煤气燃气费的消费情况，使用的手机、计算机、车子的型号，以及经常出没的餐厅、娱乐场所等信息，更加了解客户的生活水平，以便日后推广产品。

9.2 大数据下基于 ERP 架构的全面预算管理信息系统

全面预算管理的实施必须借助信息化工具，但传统信息手段存在管理任务、运行机制上的缺陷。基于 ERP 的数据架构和管理思想，通过两者在管理功能与手段上的融合，利用已经具备的信息技术条件，设计多维预算，定制模型化多循环预算流程，将信息技术与预算管理紧密结合，能够真正实现全面预算管理的系统化、战略化管理目标。

9.2.1 企业管理模式 ERP

先进的企业管理模式 ERP，为企业资源计划提供了信息集成的最佳方案。它以企业价值运动为中心，协调企业各管理部门最大限度地综合利用企业拥有的人力、资金、技术、设备、材料、方法、信息、时间等各种资源，平衡企业的各项生产经营活动，为企业提供计划、决策、控制与评估等全方位的管理支持。例如，用友公司设计的 ERP 预算系统。

（1）总体框架

ERP 预算系统提供了从预算目标下达、预算编制、预算执行与控制、预算分析与调整到预算考核评价的完整预算应用流程。

ERP 预算系统总体框架如图 9-5 所示。

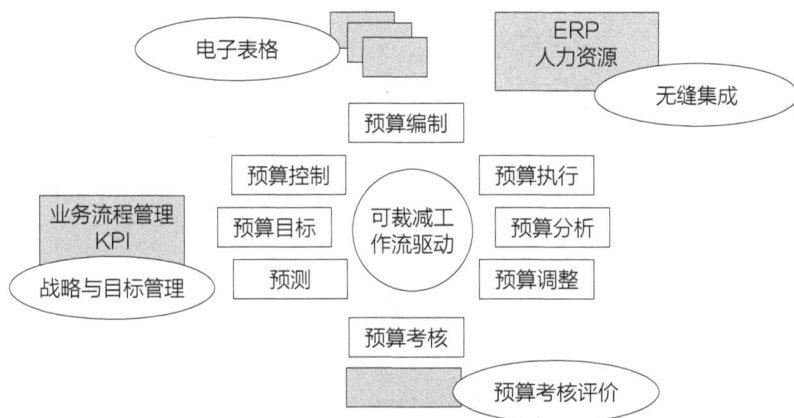

图 9-5　ERP 预算系统总体框架

（2）预算流程

ERP 预算流程具有以下特点。

层级性：具有很多相互联系的控制层级。

反复性：编制过程往返多次，有多个版本。

广泛性：需要很多人参与，而且这些人分布广泛。

期间性：通常一年、一个季度或者一个月编制一次。

易变性：企业环境的改变增加了不确定性。

（3）预算组织

ERP 预算系统的组织与职责对应关系架构如图 9-6 所示。

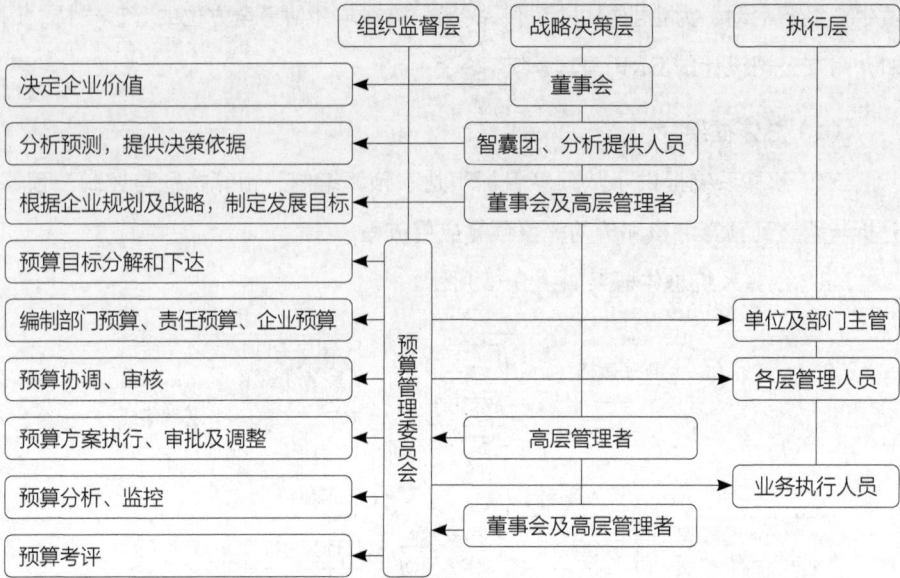

图 9-6　ERP 预算系统的组织与职责对应关系架构

9.2.2　ERP 如何实现全面预算管理

　　企业的主要目标是实现盈利。为达到这个目标，企业需要通过预算分门别类、有层次地表达企业的各种目标，包括销售目标、生产目标、成本目标、费用目标、收入目标和利润目标等。企业的总目标通过预算被分解成各级部门的具体目标，体现在 ERP 上就是一种"事先计划"。

　　计划一经确定，就进入了实施阶段，管理工作的重心转入控制，即设法使经济活动按计划进行。ERP 能在事中实时监控整个过程，控制过程包括经济活动状态的计量、实际和预算的比较，以及两者差异的确定和分析、采取措施调整经济活动等。预算是控制经济活动的依据，也是衡量其合理性的标准。

　　当实际和预算有较大差异时，要查明原因并采取措施。ERP 预算系统对预算执行情况的分析结果可以作为业绩考核的依据。财务活动是全面预算管理与 ERP 预算系统的交叉部分，二者的融合可以通过以该交叉部分（财务部门）为核心向企业的其他部门扩散，从而形成在企业整体层面上的融合，以产生最大的整合效应。

（1）从价值流方面来看，ERP 中融入全面预算信息

在 ERP 中融入全面预算管理可以实现事前计划、事中控制、事后反馈三者的统一。在 ERP 中，可以将企业的研究开发、设计、采购、生产以及销售等职能看作一个价值链，产品通过整个过程的流动，体现出其附加价值。价值链被视为一个整体，管理者通过价值链控制着整个价值流的总成本。

价值流的体现主要通过管理会计来实现。管理会计模块，可以帮助企业方便地查询企业的成本构成和各种影响因素，为管理人员提供分辨可降低成本的高价值活动。但 ERP 缺乏对企业价值流的全面预算，管理会计只是在成本发生后进行统计核算。

将价值流信息用于成本核算模块，进行成本控制，将导致成本分析没有统一的衡量标准。因此，在价值流管理中加入全面预算管理信息是必要的。将全面预算管理融入 ERP 管理会计中，ERP 能及时根据全面预算管理所反馈的信息进行成本控制。

（2）ERP 可以及时提供全面预算管理所需要的数据，有效地实现全面预算管理

ERP 包含的产品结构图和物料清单之间的数量关系、物料主文件中记录的采购成本、工作中心文件中的各种小时费率、工艺路线文件中的标准时间等数据可满足全面预算对基础数据的需要。会计核算功能是 ERP 极其重要的组成部分。

因此，ERP 也可以满足全面预算对历年基础数据的需要，即 ERP 可以提供以前年度的财务数据、报表数据以及各种重要的预算数据。当企业的实际业务发生时，ERP 会记录下当期发生的各种实际业务、会计数据等。因此，对于全面预算需要的预算年度发生的会计核算数据，ERP 可以及时提供。比较当期会计核算数据与当期预算数据，可以分析出不同性质的量化差异。ERP 没有提供的全面预算管理所需要的其他数据，可以通过相应的功能扩展来实现。

（3）全面预算管理信息系统与 ERP 中其他子系统集成，形成企业各种资源的信息集成系统

ERP 将企业的基本流程联结在一起，从来自顾客的订单进而控制和管理库存数量，直到在各种账表上记录。通过会计、制造或材料管理系统，ERP 可以自动记录且执行计划并产生报表，使企业能及时掌握内部资源运转的信息。在

ERP 中，要如同考虑设置生产计划员一样设置预算员，保障预算员的地位。

预算员周期性地跟踪预算和预算的执行可以成批更新业务量，保证企业各部门的需求，符合经营运作计划，从而不断满足当前资金消耗需要，实现物流与资金流、信息流同步。

ERP 对企业内部的信息能有效、及时整合，并可以通过延伸的升级系统联结外部信息，使企业内、外部信息相互调节，达到资源共享、信息及时的整合效应。

全面预算管理信息系统可分为预算编制、预算控制、预算分析和考核系统。预算编制方面，在 ERP 环境下，预算编制所需要的数据都可由 ERP 其他子系统提供。销售预算由销售子系统和市场预测子系统产生，生产预算由主生产计划子系统产生，材料采购预算由采购管理子系统产生，存货预算由库存管理子系统产生，等等。所以，在 ERP 环境下，全面预算管理信息系统可以根据其他子系统的变化随时更新预算的编制，同时预算的变化又反过来影响各子系统的运行，从而构成了一个闭环的管理系统。

预算控制方面，预算控制系统的功能主要是在预算期间对 ERP 的各子系统采用一定的控制方法，对预先设定的预算项目进行控制，并提供相应的预算控制报告。当经济业务发生时，该业务作为一个事件实时驱动相应的子系统获取信息，同时驱动预算子系统的控制器接收数据：预算控制器将计划数与实际数进行比较，根据控制方法进行有效控制。财务与业务的协同使企业各项经营业务的财务信息能及时准确地得到反馈，从而加强了资金流的全局管理和控制。

预算分析和考核方面，预算分析和考核系统对企业内部各级责任中心执行结果（实际经营业绩）和预算指标之间的差异进行的分析和评价，是对各级责任中心考核和评价的依据。

在预算执行年度，按固定时间从 ERP 其他子系统中取得预算执行数据，并与期初预算进行对比分析（不同预算从不同角度进行差异分析），找出预算的不合理之处，并综合分析整个预算和生产计划的执行情况。

全面预算管理与 ERP 融合可以实现事前计划、事中控制、事后反馈三者的统一；全面预算管理与 ERP 的各子系统有机融合和信息充分共享；ERP 能及时提供全面预算管理所需要的数据，可以有效实现全面预算管理。

总之，二者的融合，能更好地贯彻企业的管理思想。二者在管理流程再造、员工行为优化和组织关系调整等方面发挥着积极的主导作用，能增强企业对资源的有效配置能力和对企业战略目标的支撑作用，提升企业的核心竞争力。

9.2.3　大数据时代与 ERP 的发展前景

为了适应以"顾客、竞争和变化"为特征的外部环境，企业必须进行管理思想上的革新、管理模式与业务流程上的重组、管理手段上的更新，从而在全球范围内引发了一场以业务流程重组（BPR）为主要内容的管理模式革命和以企业资源计划（ERP）系统应用为主体的管理手段革命。

（1）大型企业离不开 ERP 管理系统

ERP 并不仅仅是财务模块。企业在部署了财务、销售、生产系统以后，又根据实际需要部署了资产管理、物料管理、生产计划、人力资源、项目系统等模块。注意，由于每家企业的具体情况不同、管控方式不同、信息化程度不同，所以 ERP 需要逐个部署实施，每家企业从沟通到实施再到培训，至少需要十几个人共同工作半年。

（2）ERP 的实施、维护和调整是一个长期工作，不会一蹴而就

当 ERP 中的数据积累到一定量级时，企业发现可以进行更精细化的管控。于是，企业建立了数据总线和数据仓库，统一从 ERP 中读表，把项目号、订单号、资金、成本、投资计划、利润中心、成本中心、生产计划等信息都抽取到数据仓库中，为其他业务系统提供数据接口。

（3）当 ERP 贯穿了企业运营后，企业其他业务系统需要读写 ERP 数据

企业做了数据仓库以后，发现仍然面对着海量的数据，生成一张报表仍然需要 10 分钟以上的时间，如果要看几十张报表并从中发现问题，那会计部门的工作人员只能老老实实地等下班。于是，企业准备部署 HANA，把数据仓库放在内存里。这样才能高效地对数据进行分析，及时做出正确决策。

总之，ERP 与大数据分析集成给企业带来了很多好处。合理地结合使用大数据与 ERP，能在销售排程、生产排程、销售预测、招聘人才中发挥巨大的作用。

第 10 章
投资、咨询公司经营预算的编制

　　投资、咨询公司的经营预算，是指与投资、咨询公司预算期的日常经营活动相关的预算，是这类公司具有实质性的基本活动的预算。

　　经营预算是指与企业预算期的日常经营活动，即生产和购销活动相关的预算，是企业具有实质性的基本活动的预算。这些预算以实物量指标和价值量指标分别反映企业收入与费用的构成情况。

10.1　投资、咨询公司业务概念与业务范围

　　投资、咨询公司最大的特点，就是根据客户的要求，收集大量的基础信息资料，进行系统的研究分析，向客户提供分析报告和操作建议，帮助客户建立投资策略，确定投资方向。

10.1.1　投资、咨询公司业务概念

　　广义的投资公司，既包括信托投资公司、投资银行和基金公司等金融机构，也包括涉足产权和证券的各类企业。业务包括购买企业的股权和债券、参加企业的创建和经营活动、提供中长期贷款、经营本国及外国政府债券、管理基金等，资金来源主要是发行自己的债券、股票或基金，从其他银行取得贷款，接受委托存款等。

　　狭义的投资公司，专指公司型投资基金的主体。这是依法组成的以营利为目的的股份有限公司，投资者通过购买公司股份成为股东，由股东大会选定某一投资管理公司来管理该公司的资产。

　　咨询顾问业务是以转让、出售和提供服务为主要内容的服务业务，它涉及的范围相当广泛。其显著特点：通过咨询更好地为企业和社会服务；是信息系统的重要组成部分；以信用和资金以及相关联的项目为主要内容。

　　证券投资咨询公司最大的特点，就是根据客户的要求，收集大量的基础信息资料，进行系统的研究分析，向客户提供分析报告和操作建议，帮助客户建立投资策略，确定投资方向。此类公司的咨询业务主要如下。

　　（1）接受政府、证券管理机关和有关业务部门的委托，提供宏观经济及证券市场方面的研究分析报告和对策咨询服务。

　　（2）接受证券投资者的委托，提供证券投资、市场法规等方面的业务咨询服务。

　　（3）接受公司委托，策划公司证券的发行与上市方案。

　　（4）接受证券经营机构的委托，策划有关的证券事务方案，担任顾问。

　　（5）编辑、出版证券市场方面的资料、刊物和图书等。

　　（6）举办有关证券投资咨询的讲座、报告会、分析会等。

　　（7）发表证券投资咨询的文章、评论、报告，以及通过公众传播媒体和电信设备系统提供证券投资咨询服务。

10.1.2　投资、咨询公司业务范围

　　投资、咨询公司业务范围如下。

　　建设项目投资、商业贸易投资、教育基础设施及其咨询服务。

　　实业投资、风险投资、融资理财、助贷咨询服务，委托理财，企业、个人贷款服务，个人投资理财服务，房产抵押贷款咨询服务，在建工程项目贷款及短期垫资咨询服务。

　　城市建设、商业、教育投资，投资咨询服务，信用担保及相关担保咨询服务，金融信息咨询服务。

　　工程项目投资、实业投资、创业投资、房地产投资、投资管理、咨询服务。

咨询服务经营范围包括的内容有：技术、财务、资产、人力资源、商务设计、金融服务等。

案例 建筑咨询公司经营范围参考

建筑咨询公司经营范围参考一：建筑工程咨询、建设工程造价咨询、建设工程招标代理、建设工程监理服务、建设工程检测、建设工程审图、建筑专业建设工程设计、工程管理服务、工程勘察设计、法律咨询、企业管理。（依法须经批准的项目，经相关部门批准后方可开展经营活动。）

建筑咨询公司经营范围参考二：建筑工程信息咨询，建设工程可行性研究，预决算编制咨询，建设工程项目管理咨询，工程建筑规划设计咨询（均须取得相应许可证后方可开展经营活动），其他与建筑相关业务。

建筑咨询公司经营范围参考三：建筑信息咨询，劳务服务。（依法须经批准的项目，经相关部门批准后依批准的内容开展经营活动。）

10.2　投资、咨询公司业务预算的编制

投资、咨询公司业务收入主要包括投资收益、利息收入、股权转让收益、委托管理收入、其他业务收入；业务支出主要包括利息支出、其他业务支出、销售费用、管理费用和财务费用。

10.2.1　编制投资成本预算

在对各项投资业务进行可行性研究并评估认定可行，且办理完毕审批手续以后，由公司预算管理组织汇总编制年度、季度、月度各项投资业务投资规模和投资期限预算（计划），以及资金使用预算（计划），做到投融资匹配。

年度投资计划表如表10-1所示。

表 10-1 年度投资计划表

编号	投资类别	项目名称	项目主要内容	投资方向	总投资（万元）	公司投资总额（万元）	占股比（%）	收益率（%）	备注
1									
2									
3									
4									
5									
6									
……									
注：投资类别可分为股权投资、项目投资与产业收购；投资方向可分为主投、跟投									

投资业务包括建设项目投资、实业投资、风险投资、融资理财、助贷咨询服务，委托理财，贷款服务，个人投资理财服务，房产抵押贷款咨询服务，在建工程项目贷款及短期垫资咨询服务等。

编制过程中做到"三上三下，逐级审核平衡"。

年度资金计划表如表 10-2 所示。

表 10-2　年度资金计划表

序号	工作事项	负责人	工作目标	投入预算	2021 年现金流（万元）											
					1月	2月	3月	4月	5月	6月	7月	8月	9月	10月	11月	12月
1	项目投资		回拢周期：≤ 月 回报率：≥ %													
1.1																
1.2																
1.3	……															
1.4																
2	股权投资		项目周期：≤ 年 回报率：≥ %													
2.1																
2.2																
2.3																
2.4																
2.5																
3	公司费用		人均生产率：≥ %													
3.1																
3.2	……															
3.3																
4	其他															
汇总																

10.2.2　编制投资收益预算

科学编制投资收益预算，要注意以下两点。

（1）合理选择投资预算方法

目前，常用的投资预算方法大体有净现值法、还本期间法、平均会计报酬率法、折现还本期间法、内部报酬率法等。净现值法是企业应用最广泛的方法之一，主要通过对投资所折现的净现值来评判投资的市价和成本之间的差额，若该差额为正，则该项投资可以被准许。内部报酬率法和净现值法相似，一般企业管理者更喜欢内部报酬率这种呈现方式。虽然其他投资预算方法或多或少存在一定的缺陷，但其各有优势，投资公司应根据具体投资项目、规模大小等来合理选择和确定投资预算方法。

（2）加大事前调研力度

投资公司在项目投资前期，应组建一支经验丰富的投资分析团队，扩大前期调研范围，除利用比率分析、趋势分析等多样化的分析方法来分析拟投资企业利润表、资产负债表以外，还应结合市场动向来对拟投资企业行业发展现状、项目发展前景等进行分析，多维度估量公司各投资项目的盈利情况、投资风险以及预算目标等，再结合投资公司战略发展目标，合理选择具有投资可行性、效益性以及必要性的项目，避免盲目扩张。

另外，在前期调研中，为尽可能保证调研信息的真实性，投资公司的投资分析团队应深入到拟投资企业实际经营或项目实际计划中，做好财务尽调工作。或者投资公司可以直接邀请资质良好的会计师事务所，在企业财务人员的配合下，有机结合现场调查和内部访谈手段，进一步充实投资分析数据，保证财务尽调报告等资料的有效性，为投资决策、投资预算方案等的制定提供有效支撑，提高投资预算目标的科学性。

10.3　投资、咨询公司成本费用预算的编制

成本、费用预算是指企业为成本、费用支出而做的预算。企业一般事先做好计划，然后严格按预算执行，如果有超出，则需要特别的流程进行审批；事后对预算和执行情况进行对比研究分析，为下一预算提供科学依据。

10.3.1　管理费用预算

管理费用主要包括管理人员工资和福利费、业务招待费、社会保障费用、计提的有关减值准备、交通费、培训费、会议费等。

管理费用预算要求各职能部门先编制本部门的预算，再由财务部门汇总；在分析基期预算执行情况的基础上，要求考虑预算期内各项费用的变动情况以及影响因素，并对其进行适当的修正。

管理费用分为约束性管理费用和非约束性管理费用。

针对管理费用预算的具体项目，编制年度分月或分季管理费用预算，如表10-3所示。

表 10-3　管理费用预算表

单位：万元

项目	行次	第一季度	第二季度	第三季度	第四季度	全年
一、约束性管理费用						
管理人员薪酬						
折旧费						
低值易耗品摊销						
社会保障费						
租赁费						
培训费						
职工教育经费						
资产减值准备						
其他						
二、非约束性管理费用						
办公费						

续表

项目	行次	第一季度	第二季度	第三季度	第四季度	全年
邮电费						
差旅费						
业务招待费						
会议费						
其他						
合计						
减：折旧						
现金支出						

10.3.2　销售费用预算

销售费用主要包括差旅费、业务宣传费、审计费、咨询费、租赁及物业管理费等。

销售费用分为变动销售费用和固定销售费用。

根据营业目标与方针制定销售费用预算的具体项目，销售费用预算表如表10-4 所示。

表 10-4　销售费用预算表

单位：万元

项目	行次	第一季度	第二季度	第三季度	第四季度	全年
一、变动销售费用						
差旅费						
审计费						
咨询费						
物业管理费						
广告宣传费						
业务招待费						
其他						
二、固定销售费用						
营业部门薪酬						
办公费						

项目	行次	第一季度	第二季度	第三季度	第四季度	全年
折旧费						
租赁费						
保险费						
其他						
三、销售费用合计						
减：折旧						
现金支出						

10.3.3　财务费用预算

财务费用只反映结算、融资等发生的汇兑损益和各项手续费支出，以及投资公司银行存款取得的利息收入等，不包括投资公司委托金融机构向其他单位贷款所取得的利息收入和向银行等金融机构借款所发生的利息支出。

（1）投资公司银行存款利息收入

投资公司银行存款利息收入包括定期存款利息、活期存款利息、带息应收票据到期利息等收入。利息收入计算公式如下。

$$季度银行存款利息收入 = 月平均每日存款金额 \times 月存款利率 \times 3$$

$$应收票据利息 = 应收票据票面金额 \times 利率 \times 期限$$

（2）汇兑损益

汇兑损益是指在各种外币业务的会计处理过程中，因采用不同的汇率而产生的会计记账本位币金额的差额。

（3）手续费

手续费，即办理银行业务等所需要支付的费用，包括凭证的工本费。

（4）其他

其他财务费用包括现金折扣等。

财务费用预算表如表 10-5 所示。

表 10-5　财务费用预算表

单位：万元

项目	行次	第一季度	第二季度	第三季度	第四季度	全年
利息收入						
汇兑损益						
金融机构手续费						
现金折扣						
其他						
合计						

第 11 章
投资、咨询公司财务预算的编制

投资、咨询公司财务部门的工作是至关重要的,财务部门是公司的重要组成部分,财务工作对公司的运行来说,也起着决定性作用。财务预算工作就是其中最为关键的。

11.1 投资、咨询公司财务预算管理

财务预算管理是企业预算管理的一个分支,也是预算管理的核心部分。企业的预算是一个综合性的财务计划,包括经营预算、资本预算和财务预算。经营预算是对企业收入、费用和利润做出的预计;资本预算是对企业的资本性投资方案所进行的计划和评价;财务预算则是在经营预算和资本预算的基础上做出的现金流量的安排,以及一定时期内的损益表和一定时期末的资产负债表的预计。

11.1.1 财务预算管理的重要性

财务预算管理的重要性如下。

(1)实行财务预算管理是现代企业管理的迫切需要

企业为了求得生存、盈利和发展,必须打破传统职能管理的界限,将企业视为一个整体,在战略目标及战略计划的指导下,注重企业内部综合协调管理,强化企业管理的计划、组织、控制和协调职能。

只有这样，才能让所有职能部门和所属单位的子目标与企业整体目标趋同，从而使得投资者的战略决策与经营者的管理行为相一致。这种管理格局无疑需要企业管理有一条主线，将企业各职能部门的管理工作和所属单位的生产经营活动贯穿起来，从而提高企业整体的管理效率和经济效益。经验证明，这条主线就是预算管理。

（2）实行财务预算管理是产权制度变革的必然选择

随着我国经济体制改革不断深入，企业的产权结构发生了变化，逐渐趋于多元化，出现了分散的、多元化的投资者群体。企业也出现了所有权与经营权的两权分离现象。分散投资者不仅关注企业当前的经营成果，而且关注企业未来的发展前景；不仅关注企业当前实现的利润，而且关注企业未来的盈利能力和发展能力；不仅关注利润的总额，而且关注利润的质量。

在这种情况下，为了适应投资者的需要，经营者对企业的控制和规划也就从经营结果（利润预算）扩大到经营过程（业务预算和资金预算），进而延伸到经营质量（资产负债预算和现金流量预算）。

（3）现代化财务管理适应财务活动变化的机制

企业的财务活动已成为连接市场和企业的桥梁和纽带，不再是简单的资金收付活动，而是包括资金筹措、投资决策与日常管理等多项内容的十分复杂的活动。

现代企业的财务管理，不仅要对不同的投资方案进行比较和选择，还要为企业的生产经营活动筹措资金，以及对资金的日常运用进行管理。企业能否有效地预算所需资金的金额，能否有效地筹集资金并将其配置在适当的地方等，这些企业财务活动的有效性不仅关系到一个企业的生存与发展，而且将影响到整个社会经济的发展。

（4）企业资本经营机制运行的必然需要

资本经营机制就是对资金有效管理、控制和运行的机制。财务预算管理是在科学经营预测与决策的基础上，围绕企业战略目标，对一定时期内企业资金的筹集、使用、分配等财务活动进行计划与规划，使生产经营活动按照预定的计划与规划流转和运动，以实现企业理财目标的有效管理机制，与资本经营机制的内在要求是一致的。

（5）促进企业提高经济效益的有效途径

首先，以市场为导向、以销售为龙头、以产定销的财务预算管理是连接市场与企业的纽带和桥梁。财务预算管理，可以合理配置企业内部资源，以保证最大限度地满足市场需求，长期在市场上获得最大收益。

其次，在市场销售量一定、销售价格一定的情况下，降低成本费用是提高经济效益的关键。

再次，财务预算管理实行程序化管理，通过自上而下、自下而上的"讨价还价"过程，将预算指标层层分解，落实到各责任单位，从而将经济效益目标落到实处，为提高企业经济效益提供了可靠的保证。

最后，企业预算管理的重心从经营结果（目标利润）延伸到经营过程（业务预算和资金预算），进而扩展到经营质量（资产负债预算和现金流量预算），为提高经济效益提供了广阔的空间和时间。

11.1.2　财务预算管理存在的问题

财务预算管理主要存在以下问题。

（1）只重视短期活动，忽视战略目标

部分企业在财务预算管理过程中，只重视短期活动，忽视长期发展目标，使各期编制的财务预算衔接性差，预算指标与企业长期发展战略不相适应。以企业战略目标为基础进行财务预算管理，可使企业把眼前利益与长远发展有机结合起来，促进企业的可持续发展。

（2）只强调财会部门的预算管理工作，忽视预算管理组织机构的完善

由于我国企业尚未具备真正有效的法人治理结构，董事会和董事长在财务预算编制过程中的参与程度较低，加之多数企业对有无必要开展财务预算管理这一问题的认识并不十分清楚和统一，所以财务预算的编制和调整工作都落在财会部门或预算小组，致使财务预算管理缺乏权威性和前瞻性，难以发挥财务预算的控制作用。

（3）只重视静态管理，忽视动态管理

在预算编制方法的选择上，多数企业对业务预算、资本支出预算和财务预算等仍采用传统的固定预算、定期预算等方法编制，所有的预算指标在执行过程中都保持不变，执行结束时将结果直接与预算指标进行比较。这种静态预算编制方法适用于业务量波动不大的企业。当企业销售量、价格和成本等因素变化较大时，静态预算指标则表现出盲目性、滞后性和缺乏弹性，难以成为考核和评价员工的有效基准。

所以，企业应积极寻求科学、合理的方法，加强动态管理。例如：采用零基预算，不受现有项目的限制；利用概率预算，在不确定性环境中提高预算编制的可靠性和预算值的准确性，降低预算指标的风险；实行滚动预算，不仅能及时调整近期预算，使预算更加切合实际，而且能实现与日常管理的衔接，使管理人员始终从动态的角度把握企业近期的规划目标和远期的战略布局。

（4）只重视资金运用管理，忽视资金成本管理

企业主要以业务预算和资本支出预算为基础编制财务预算，非常重视成本费用预算和投资项目的资金支出安排，而忽视资金占用成本。这不仅使得资金使用效率降低、资源浪费，而且造成资金结构不尽合理，资金成本增高，财务风险加大。所以，企业必须树立资金占用的成本观，加强筹资预算工作，真正做到不因预算安排提前而形成资金闲置浪费，不因预算安排滞后而延误生产经营。企业通过筹资预算管理解决两个问题：一是资金筹集方式和成本，二是资金需要与偿还及时间安排。

（5）只重视制造成本法的运用，忽视成本管理方法的改进

企业仍然采用传统的制造成本法计算和控制成本。虽然将成本管理与核算工作结合起来，能使成本指标与会计准则保持一致，同时对提高员工生产积极性、增强规模效应起到一定的作用，但在确定产品价格、控制未来成本方面，仍不能发挥积极作用。先进的成本管理方法如变动成本法，虽然在理论上的研究已趋于成熟，但在实践中由于管理者的认识不足、员工的素质不高等一直未能得到广泛运用。

变动成本法在预算管理中的运用，具体规定如下：第一，期间费用预算应当区分变动费用与固定费用；第二，弹性预算是在按成本（费用）性态分类的基础上，根据量、本、利之间的依存关系编制的预算。

（6）只重视内部因素分析，忽视外部环境研究

部分企业在财务预算管理过程中，主要以历史指标和过去的活动为基础，结

合资金、技术和管理水平确定未来的财务预算指标，往往忽视对外部环境的详尽调研与预测，使很多财务预算指标难以与外部环境相适应，更难以在企业中实施。

所以，企业加强财务预算管理工作，不仅要考虑内部因素，还要考虑外部环境因素，如市场占有率、竞争对手情况和客户的盈利水平等，以此来确定销售量变动范围和价格变动幅度，最终形成弹性预算，以增强应变能力和相应的指导与控制作用。

11.1.3　财务预算管理秉持的理念

要解决财务预算管理中存在的问题，使财务预算管理工作取得预期的效果，必须树立以下新观念。

（1）确立"以企业战略为基础实施财务预算管理"的新理念，使日常的财务预算管理成为企业实现长期发展战略的基石

财务预算管理是对计划的数字化反映，是落实企业发展战略的有效手段。因此，企业在实施财务预算管理之前，应该认真地进行市场调研和企业资源分析，明确自己的长期发展目标，并以此为基础编制各期的预算，使企业各期的预算前后衔接起来，避免预算工作的盲目性。

（2）确立"面向市场做预算"的新理念，使预算指标经得起市场的检验

企业总预算的基础是销售预算，只有预计的销售额确定了，一定时期的生产预算、采购预算、直接材料预算、直接人工预算、制造费用预算、期间费用预算、预计资产负债表、预计损益表和预计现金流量表等才能最终确定下来。而销售预算又是由预计的销售额和销售单价决定的。可见，整个企业预算体系的基础是对市场情况的预测与分析。

（3）确立"面向未来和基于活动分解做预算"的新理念，使预算指标客观公正，易于被企业员工接受

企业的活动是收入的源泉和成本费用的动因，企业未来的活动则是企业预算数值大小的直接决定因素。只有以企业未来活动的预测为基础，并将这些活动在各部门之间进行合理的分解，才能使企业的预算指标接近实际状况，使财务预算管理工作的控制与激励作用充分发挥，从总体上减少无效活动的发生，同时又保障企业各项增值活动的顺利实施。

（4）确立"基于企业价值链分析做预算"的新理念，使财务预算管理进一步成为协调企业内部各部门之间经济活动和利益冲突的有效手段

价值链是能够创造和交付顾客有价值的产品或劳务的一整套不可缺少的作业和资源。如同自行车的链条缺少一环就变得毫无用处一样，企业通过产品和劳务向顾客传递价值的过程中需要各部门密切配合。制定预算的过程就是企业各部门之间的利益调整和分享过程。

如果基于价值链分析做预算，那么企业的预算活动就能使部门间的利益较好协调，有助于企业自身的价值创造，也有助于企业为顾客传递价值活动的顺利完成。

（5）确立"恰当的假定是预算的基点"的新理念，使预算指标建立在一些未知而又合理的假定因素基础上，以利于企业财务预算的编制和财务预算管理工作的开展

财务预算管理中最令人头痛的问题是预算管理者不得不面对一些不确定的因素，也不得不预计确定一些预算指标之间的关系。

比如：在确定采购预算的现金支出时，必须先预定各种原材料价格的未来走向；在确定销售费用时，一般是通过其占销售收入的比重来确定的；在确定利息费用时，需要假定未来的借款余额和利率水平。

可见，没有一些合理的假定，预算没法制定，预算工作无法开展。

（6）确立"考核与奖惩是预算工作生命线"的新理念，确保财务预算管理落实到位

西方有句谚语："在管理活动中，如果没有监督与考核，再美丽的天使都会变成可怕的魔鬼。"用此来形容考核、监督工作的重要性是十分恰当的。没有考核，预算工作无法执行，财务预算管理变得毫无意义。

严格考核不仅是为了将预算指标值与预算的实际执行结果进行比较，肯定成绩，找出问题，分析原因，改进以后的工作；也是为了对员工实施公正的奖惩，以便奖勤罚懒，调动员工的积极性，激励员工共同努力，确保企业战略目标的最终实现。在企业管理实践中，考核与奖惩确实是财务预算管理工作的生命线。

（7）确立"以人为本，关注预算道德"的新理念，全面提高预算工作的效率

人是预算的制定者、预算信息的利用者、预算的执行者，也是预算制度的被考核者。人是预算工作的主体，是预算工作效果的决定性因素。因此，预算工作应该以人为本，离开了对人的关注，企业的预算工作就无法做好。由于预算影响到很多人的经济利益，预算管理不可避免地涉及道德问题。

比如，不少部门为了小团体的利益，在制定预算时经常表现出本位主义的思想，做出较为宽松的预算，即有意低估收入、高估成本。然而，这违背了预算指标应该尽量客观、公正、可靠的要求。缺乏道德意识的财务预算管理必然影响预算工作的质量。"以人为本，关注预算道德"的理念要求企业在执行预算过程中尊重人性，注意发挥员工的主观能动性，鼓励各级员工参与预算工作，在员工中塑造"这是我们的预算"的氛围，不给员工"这是你强加给我的预算"的感觉。

11.1.4 财务预算模式应用

财务预算在分权管理模式下，应当按照"上下结合、分级编制、逐级汇总、全员参与"的原则编制，其具体程序如下。

（1）制定财务预算管理目标

董事会根据企业在预算期内的发展战略和对经济形势的初步预测，在决策的基础上提出下一年度企业财务预算目标，包括销售目标、成本费用目标、利润目标和现金流量目标，并确定财务预算编制的政策，由财务预算委员会下达各预算执行部门。

（2）各预算执行部门初步编制财务预算草案

各预算执行部门结合自身特点以及预测的执行条件，按照企业财务预算委员会下达的财务预算目标和政策，填写各自的预算表格并上报至企业财务预算委员会。

（3）审批上报的财务预算草案，并形成财务预算决议

财务预算委员会对各预算执行部门上报的财务预算方案进行审查、汇总时，应当充分协调，对于不符合企业发展战略或者财务预算目标的事项，财务预算委员会应当责成有关预算执行部门进一步修订、调整；在讨论、调整的基础上，形成修正的财务预算草案并提交董事会审批，最终形成财务预算决议。

（4）将财务预算决议下达执行

财务预算决议一旦形成，对企业各个职能部门、高级管理人员及员工都具有

约束力，由财务预算委员会逐级下达各预算执行部门执行。

（5）财务预算决议执行过程中的再调整

正式下达执行的财务预算决议，要保证其权威性，一般应不予调整。各预算执行部门在执行中由于市场环境、经营条件、政策法规等发生重大变化，财务预算的编制基础不成立，或者财务预算执行结果产生重大偏差等确需调整财务预算决议的，由提出调整预算的部门向财务预算委员会提出书面报告，阐述财务预算执行的具体情况、客观因素变化情况及其对财务预算执行的影响程度，提出财务预算的调整幅度。财务预算委员会对预算执行部门的财务预算调整报告进行审核分析，并编制财务预算调整后的现金预算及预计损益表，提交董事会审议批准，然后下达执行。

（6）建立健全财务预算管理的控制机制

财务预算决议一经下达，各部门应认真组织实施，将财务预算指标层层分解，从横向和纵向落实到各个环节及岗位，形成全方位的财务预算执行责任体系。此外，务必建立健全财务预算管理的控制机制，及时向各预算执行部门及财务预算委员会以至董事会提供财务预算的执行进度、执行差异及其对财务预算目标的影响等财务信息，保证财务预算目标顺利完成。

11.2　投资、咨询公司现金流量预算

投资、咨询公司以现金流量预算表为基础，预测对企业短期现金流量的需求，并根据预测结果制定短期融资预算，以保证日常运营现金充足。以预计资产负债表、预计损益表为基础，预测企业长期发展的现金流量，测算出企业投资期的资金盈余或短缺，有助于企业投资预算的制定。这样企业能制定出较全面的现金流量预算。现金流量预算以收付实现制编制。

11.2.1 收益预算现金收入

投资、咨询公司收益预算如表 11-1 所示。

表 11-1 收益预算

单位：万元

项目	第一季度	第二季度	第三季度	第四季度	全年
投资收益	500	750	1 000	900	3 150
利息收入	100	100	100	100	400
股权转让收益	50 000	75 000	10 000	90 000	225 000
委托管理费收入	15 000				15 000
其他业务收入	30 000	20 000			50 000
现金收入合计	95 600	95 850	11 100	91 000	293 550

　　一般来说，企业持有现金的主要目的是交易，而出于预防目的和满足将来需要则表现为一种风险防范。这种安全储备的持有，主要和现金流入和流出不能准确地预测直接相关，这样会间接影响企业净收益，更严重的会导致危机。预算时，企业现金持有量不足或过多，都说明现金管理不力，所以对现金的流入和流出进行有效预算和管控，使现金持有量接近于最优水平，就显得尤其重要，而做好现金预算管理则往往可以达到此效果。现金流量预算要动态地反映企业的现金余缺，首先，要保证出现现金过剩或现金短缺时，财务管理部门能够将暂时过剩的现金转入投资或在显露短缺时期来临之前安排筹资；其次，预测未来时期企业对到期债务的直接偿付能力；再次，区分可延期支出和不可延期支出；最后，对其他财务预算提出改进建议。

　　编制现金流量预算可以帮助企业有效地预计未来现金流量，使企业从容地筹集资金，从而避免需用资金时"饥不择食"。现金流量管理中的现金，不是通常所理解的手持现金，而是指企业的库存现金和银行存款，还包括现金等价物，即企业持有的期限短、流动性强、容易转换为已知金额现金、价值变动风险很小的投资等。现金包括库存现金、可以随时用于支付的银行存款和其他货币资金。

　　现金流量是指企业某一期间内的现金流入和流出的数量。例如：销售商品、提供劳务、出售固定资产、收回投资、借入资金等，形成的企业现金流入；购买商品、接受劳务、购建固定资产、现金投资、偿还债务等，形成的企业现金流出。

衡量企业经营状况是否良好、是否有足够的现金偿还债务、资产的变现能力等，现金流量是非常重要的指标。企业日常经营业务是影响现金流量的重要因素，但并不是所有的经营业务都影响现金流量。影响或不影响现金流量的因素如下。

（1）各现金项目之间的增减变动，不会引起现金流量净额的变动。例如，从银行提取现金、将现金存入银行、用现金购买两个月到期的债券等，均属于各现金项目之间内部资金转换，不会使现金流量净额增加或减少。

（2）各非现金项目之间的增减变动，也不会引起现金流量净额的变动。例如，用固定资产清偿债务、用原材料对外投资、用存货清偿债务、用固定资产对外投资等，均属于各非现金项目之间的增减变动，不涉及现金的收支，不会使现金流量净额增加或减少。

（3）各现金项目与各非现金项目之间的增减变动，会引起现金流量净额的变动。例如，用现金购买原材料、用现金对外投资、收回长期债券等，均涉及各现金项目与各非现金项目之间的增减变动，这些变动会引起现金流入或现金流出。

现金流量按其来源性质不同分为三类：经营活动产生的现金流量、投资活动产生的现金流量和筹资活动产生的现金流量。现金流量是指企业在一定会计期间以收付实现制为基础，通过一定经济活动（诸如经营活动、投资活动、筹资活动和非经常性项目）产生的现金流入、现金流出及其差量情况的总称。编制现金流量预算是加强现金流量管理的基本手段，现金流量预算由财务部门直接负责编制。

企业所处的发展阶段不同，对现金流量的需求也有所不同，因此现金流量预算要根据企业不同阶段经营情况，采取相对应的、有效的现金流量预算编制方法编制。由于现金流量预算的编制较其他预算的编制难，一般开始导入预算管理时，编制现金流量预算可从粗到细，先编制月度现金流量预算。这样，一方面比较好入手，另一方面执行的时候便于有效管控。虽然许多企业的经营还是不错的，但由于缺乏现金流量管控方法，一笔资金晚收到几天，就可能给企业的生存带来致命的冲击。

11.2.2　管理费用现金支出

投资、咨询公司管理费用现金支出如表 11-2 所示。

表 11-2 管理费用预算

单位：万元

项目	行次	第一季度	第二季度	第三季度	第四季度	全年
一、约束性管理费用		3 000	3 500	5 000	5 000	16 500
管理人员薪酬		600	600	600	600	2 400
折旧费		1 000	1 000	1 000	1 000	4 000
低值易耗品摊销		100	100	300	300	800
社会保险费		200	200	400	400	1 200
租赁费		300	300	500	500	1 600
工会经费		200	200	200	200	800
职工教育经费		200	200	200	200	800
资产减值准备		300	300	800	800	2 200
其他		100	600	1 000	1 000	2 700
二、非约束性管理费用		2 000	2 600	3 100	3 100	10 800
办公费		300	300	400	400	1 400
邮电费		300	300	300	300	1 200
差旅费		500	600	800	800	2 700
业务招待费		500	800	900	900	3 100
会议费		200	200	200	200	800
其他		200	400	500	500	1 600
合计		5 000	6 100	8 100	8 100	27 300
减：折旧		1 000	1 000	1 000	1 000	4 000
现金支出		4 000	5 100	7 100	7 100	23 300

随着企业规模的扩大，一般管理职能日益重要，因而其费用也会相应增加。在编制管理费用预算时，要分析企业的业务成绩和一般经济状况，务必做到合理化。管理费用项目比较复杂，且多属固定成本，因此，可以先由各费用归口部门上报费用预算。

企业在比较、分析过去的实际开支的基础上，应充分考虑预算期各费用项目变动情况及影响因素，确定各费用项目预计数额。值得注意的是，必须充分考虑各种费用是否必要，以提高费用支出效率。

另外，为了给现金流量预算提供现金支出资料，在管理费用预算的最后，还可预计预算期管理费用的现金支出数额。管理费用中的固定资产折旧费、低值易耗品摊销、坏账准备金、无形资产摊销和递延资产摊销均属不需要现金支出的项目，在预计管理费用现金支出时，应予以扣除。在通常情况下，管理费用各期支出比较均衡，因此，各季度的管理费用现金支出数为预计全年管理费用现金支出数的 1/4。

11.2.3　销售费用现金支出

投资、咨询公司销售费用现金支出如表 11-3 所示。

表 11-3　销售费用预算

单位：万元

项目	行次	第一季度	第二季度	第三季度	第四季度	全年
一、变动销售费用		2 400	3 000	2 750	2 550	10 700
差旅费		250	250	250	250	1 000
审计费		500	500	500	500	2 000
咨询费		300	600	500	600	2 000
物业管理费		500	700	500	500	2 200
广告宣传费		600	600	700	400	2 300
业务招待费		200	300	250	250	1 000
其他		50	50	50	50	200
二、固定销售费用		2 300	2 300	2 300	2 400	9 300
营业部门薪酬		1 500	1 500	1 500	1 500	6 000
办公费		100	100	100	100	400
折旧费		250	250	250	250	1 000
租赁费		200	200	200	200	800
保险费		150	150	150	150	600
其他		100	100	100	200	500
三、销售费用合计		4 700	5 300	5 050	4 950	20 000
减：折旧		250	250	250	250	1 000
现金支出		4 450	5 050	4 800	4 700	19 000

经营现金支出包括哪些？

经营现金支出包括材料采购支出、直接人工支出、分配股利都属于经营现金支出。

在现金流量表中，经营活动产生的现金流量（现金流出）下的"支付的各种税费"项目反映。

"支付的各种税费"项目反映企业当期实际上缴税务部门的各种税金，以及支付的教育费附加、印花税、房产税、土地增值税、车船税等，但不包括计入固定资产价值、实际支付的耕地占用税。

单位的现金必须按照《现金管理条例》规定的范围办理支出业务，主要包括日常经营性零星支出（如发放工资等）、非经营性往来支出（如职工生活借款等）以及其他支出。

经营费用包括哪些？

经营费用是经营过程中产生的费用，主要有以下两类。

（1）场地租赁费及办公耗材费

场地租赁费：包含办公室租赁费、仓库租赁费、宿舍租赁费等。

办公耗材费：复印纸、文件夹等消耗品费用。

（2）经营管理费

劳务支出：工资支出、促销活动劳务支出等。

运费：货运发货、物流快递等费用。

车辆使用费：汽车加油费、保养维护费、过路费等。

招待费：单位之间工作用餐、聚会活动 、礼品赠送等费用。

差旅费：交通工具（含飞机、火车、高铁、汽车、轮渡、出租车等）费用、住宿费等。

第三方信息服务费：用于支付第三方酬劳的费用。

11.2.4　财务费用预算现金支出

投资、咨询公司财务费用预算现金支出如表 11-4 所示。

表 11-4　财务费用预算

单位：万元

项目	行次	第一季度	第二季度	第三季度	第四季度	全年
利息收入		-500	-500	-500	-500	-2 000
汇兑损益		300	300	300	500	1 400
金融机构手续费		200	200	200	500	1 100
现金折扣		500	500	500	500	2 000
其他		0	0	0	0	0
合计		500	500	500	1 000	2 500

　　财务费用预算是指预算期内因筹集生产经营所需资金而发生的费用的计划。财务费用预算应按照预算期的借款计划、预计现金流量表外币存贷款情况、发行的债券等计算出的应发生的费用编制。企业应充分了解各种金融工具和金融政策，并选择最适合本企业的金融产品来降低企业的财务费用。财务费用预算的明细项目主要包括利息支出（减利息收入）、汇兑损失（减汇兑收益）、借款手续费及其他筹资费用。为符合资本化条件的资产借款而发生的费用，应予以资本化，不列入财务费用预算。符合资本化条件的资产是指需要经过相当长时间的购建或者生产活动才能达到预定可使用或者可销售状态的固定资产和投资性房地产等资产。"相当长时间"是指资产的购建或者生产所必需的时间，通常为一年（含）以上。

　　由于财务费用的发生主要与企业存、贷款数额和利率变动直接有关，在利率较平稳的情况下只要企业生产和销售规模不变，预算期财务费用就与上年应基本一致。因此，可在上年财务费用开支数的基础之上，按预算期可预见的变化调整，以此作为预算期财务费用预算数。

　　无上年预算数（或实际开支数）的企业，可按以下公式计算。

$$预计财务费用 = \sum 每次借款额 \times 每次借款期限 \times 每次借款利率 - 4 \times 每季度平均$$
$$银行存款累计计息积数 \times 存款利率$$

　　财务费用各项目均需支付现金，费用的预算数即为预计财务费用现金支出数。

　　财务费用预算最难估计，它涉及企业本年的信贷规模，并牵涉到专门决策预算，所以，首先应进行信贷预算和专门决策预算，再在此基础上进行财务费用预算。

11.2.5 其他费用预算现金支出

投资、咨询公司其他费用预算现金支出如表 11-5 所示。

表 11-5 其他费用预算

单位：万元

项目	行次	第一季度	第二季度	第三季度	第四季度	全年
利息支出		1 500	1 500	1 500	1 500	6 000
其他业务支出		400	400	400	600	1 800
税金及附加		200	200	200	500	1 100
合计		2 100	2 100	2 100	2 600	8 900

其他费用支出包括什么内容？

除管理费用、销售费用、财务费用等外的费用支出。

预算的目的主要包括以下几点。

（1）强迫计划。预算迫使管理层向前看，制订详细的计划来实现每个部门、每项业务甚至每个经理的目标并预测将会出现的问题。

（2）交流思想和计划。预算是一个正式的系统，这个系统确保计划涉及的每个人意识到自己应该做的事情。沟通可能是单向的，如经理给下属布置任务；也可能是双向的对话。

（3）协调活动。需要整合不同部门的活动，以确保向着共同目标一起努力。这意味着协调是很难实现的。例如，采购部应立足于生产要求编制预算，而生产预算应当基于销售预期。

（4）分配资源。预算过程包括识别将来需要以及能够获得的资源。预算编制者应当根据期望的活动层级或者资源水平判断他们的资源需求，以便更好地利用资源。

（5）提供责任计算框架。预算要求预算中心经理对其预算控制目标负责。

（6）授权。正规的预算应当作为对预算经理发生费用的授权。只要预算中包括费用支出项目，就不需在费用发生之前获得进一步的批准。

（7）建立控制系统。可以通过比较现实结果和预算计划来提供对实际业绩的控制。建立控制系统使背离预算能够被调查，而且应将背离的原因区分为可控和不可控的因素。

（8）提供绩效评估手段。它提供了可以与实际结果比较的目标，以便评估员工的绩效。

（9）激励员工提高业绩。如果存在一个可以让员工了解其工作完成好坏的系统，员工就可以保持其兴趣和投入程度，以此激励员工提高业绩。

然而，不切实际的预算，或者经理对预算进行缓冲以保证实现目标的预算，或者仅仅关注目标的实现而没有实际行动的预算都不是好的预算。这些预算都没有关注长期结果。

11.2.6　现金流量预算基础表的编制

汇总以上各预算现金收支数，编制投资、咨询公司现金流量预算基础表，如表 11-6 所示。

表 11-6　现金流量预算基础表

单位：万元

项目	行次	第一季度	第二季度	第三季度	第四季度	全年
期初现金余额	1	1 000	1 000	1 000	1 000	4 000
本期收益现金收入（表 11-1）	2	95 600	95 850	11 100	91 000	293 550
管理费用现金支出（表 11-2）	3	4 000	5 100	7 100	7 100	23 300
销售费用现金支出（表 11-3）	4	4 450	5 050	4 800	4 700	19 000
财务费用现金支出（表 11-4）	5	500	500	500	1 000	2 500
其他费用现金支出（表 11-5）	6	2 100	2 100	2 100	2 600	8 900
表 11-2 到表 11-5 现金支出	7	11 050	12 750	14 500	15 400	53 700
对外投资、购建固定资产	8	90 000	40 000	90 000	122 000	342 000
缴纳企业所得税	9	2 000	2 000	2 000	2 000	8 000
缴纳流转税	10	1 500	1 500	1 500	1 500	6 000
支付各项预付款	11	1 000	1 000	1 000	1 000	4 000

续表

项目	行次	第一季度	第二季度	第三季度	第四季度	全年
其他现金支出	12	500	500	500	500	2 000
本期现金支出合计	13=7+8+9+ 10+11+12	106 050	57 750	109 500	142 400	415 700
现金余缺	14=1+2-13	-9 450	39 100	-97 400	-50 400	-118 150
加：新增金融机构借款	15	50 000		70 000	150 000	270 000
减：偿还借款及利息	16	30 000	20 000	50 000	70 000	170 000
预算期末现金余额	17=14+15-16	10 550	19 100	-77 400	29 600	-18 150

现金流量预算基础表是以现金及现金等价物为基础编制的，这里的现金包括库存现金、可以随时用于支付的银行存款以及其他货币资金。

（1）现金

现金具体包括库存现金、银行存款和其他货币资金。

存在金融机构的款项中不能随时用于支付的存款不作为现金流量预算基础表中的现金，例如，不能随时用于支付的定期存款；但提前通知金融机构便可支取的定期存款，包括在现金范围内。

（2）现金等价物

现金等价物是指企业持有的期限短、流动性强、易于转换为已知金额现金、价值变动风险小的短期投资。

现金等价物是短期投资，但并不是所有的短期投资都是现金等价物。作为现金等价物的短期投资必须同时满足四个条件。

第一，期限短。一般指从购买日起，三个月到期。

第二，流动性强。

第三，易于转换为已知金额现金。

第四，价值变动风险小。权益性投资变现的金额通常不确定，因而不属于现金等价物。例如，准备三个月内出售的短期股票投资就不是现金等价物。

现金流量预算是以经营活动、投资活动、筹资活动产生的现金流入及流出量为基础编制的，反映企业预算期间现金流量的方向、规模和结构，以现金流入、流出的净值反映企业的支付能力和偿债能力。

通过编制现金流量预算，合理地安排、处理现金收支及资金调度业务，保证企业编制现金流量预算，以企业期初现金的结存额为基点，充分考虑预算期间的现金收入，预计期末的理想现金结存额，确定预算期间的现金支出。

11.3　投资、咨询公司利润预算

在确定目标利润时，要以本企业的历史资料为基础，根据对未来发展的预测，通过研究产品品种、结构、成本、产销数量和价格几个变量间的关系及对利润产生的影响，结合市场经济动态、企业的长远发展规划等有关信息，在反复研讨论证的基础上加以确定，以确保本期利润的最优化。

企业确定目标利润的方法一般有以下四种：量本利分析法、相关比率法、利润增长比率法和标杆瞄准法。企业应根据自身的特点，选用与企业经营环境相适应的确定方法。

11.3.1　投资、咨询公司利润预算概述

投资、咨询公司利润预算的编制流程如下。

①以收益为基础，减去费用（销售费用、管理费用、财务费用、利息支出、其他业务支出、税金及附加），计算出营业利润。

②以营业利润为基础，加补贴收入、营业外收入，减营业外支出，计算出利润总额。

③以利润总额为基础，减所得税，计算出净利润（或亏损）。

④利润预算表的数据主要根据现金流量预算中的各基础表数据计算得出。

（1）专门决策预算

专门决策预算主要包括资本预算和研究与开发费预算。资本预算是企业对投资项目进行分析、筛选和计划的过程产生的预算，其最关键的内容是估算投资项

目的现金流量。现金流量由初始现金流量、营业现金流量和终结现金流量三部分组成。

资本投资项目评估的基本方法有静态法和动态法，对于不同投资项目，企业斟酌使用适当的方法估算现金流量，并进行敏感性分析和多因素分析，掌握风险特征，做出不同风险条件下的投资决策。研究与开发费预算基本上是一种分摊预算，在总额支出先行确定的前提下，将其分摊至各研究项目或科研部门。

研究与开发费的支出由于具有不确定性、风险大、支出金额占企业费用支出比例越来越大等特点，越来越受到企业管理者的重视。因其支出有别于其他支出，管理者在进行预算控制时应保持一定弹性，不能只注重控制支出情况，而忽视研究效果。

（2）综合预算

综合预算是反映企业总体经营成果和财务状况的预算，以预计损益表、预计资产负债表及预计现金流量表三种形式来体现。其中预计资产负债表的编制要以资产负债表期初数为起点，充分考虑预计损益表、预计现金流量表的相关数据对资产、负债、所有者权益期初数的影响。

（3）弹性利润预算

弹性利润预算以计划期内预计的不同销售量作为出发点，按照成本性态，从不同销售量水平的销售收入中扣减相应的成本，计算出可能实现的利润或发生的亏损。因此，弹性利润预算是以弹性成本预算为基础编制的，其主要内容包括销售量、价格、单位变动成本、贡献边际和固定成本。

（4）全面利润预算

全面利润预算是指运用一种系统化、正式化的方法来完成管理计划和控制职能的重要阶段。具体来讲，它包括：①企业主要长期目标的制定与应用；②企业目标细化；③长期利润计划；④针对具体责任（分公司、产品或项目）的短期详细利润计划；⑤针对具体责任的定期绩效报告；⑥后续工作。

全面利润预算管理以目标利润为出发点，将实现目标利润所涉及的经济资源取得及货币形式运用落实到详细计划之中，使之成为某个特定阶段管理者的计划目标。

利润预算管理法通过市场调查、预测，以及和同行业先进水平、本企业最好水平比较，对企业将来一定期间所获得的利润做出科学预测。以此为基础，将利润预算目标层层分解，进而延伸到生产、成本支出和资金收支等方面，并对各生产、经营、辅助管理等单位进行控制，然后通过分析实际与预算之间的差异，明确各经营管理者的业绩。

全面利润预算的内涵，远远超过传统预算的范畴。全面利润预算中涉及的各种方法、技术和步骤，都是对管理科学理论中的原则和观念的具体而适当的运用。"全面"一词的含义，应包括企业各个层级及各项作业的每一层面，不应局限于少数部门、少数计划、少数人员或少数技术及方法。

11.3.2　投资、咨询公司利润预算表

投资、咨询公司利润预算表如表 11-7 所示。

表 11-7　利润预算表

单位：万元

项目	上年实际（略）	本年累计实际（略）	下年度
一、收益			293 550
投资收益			3 150
利息收入			400
股权转让收益			225 000
委托管理费收入			15 000
其他业务收入			50 000
二、费用			54 700
销售费用			20 000
管理费用			23 300
财务费用			2 500
利息支出			6 000
其他业务支出			1 800
税金及附加			1 100
三、营业利润			244 250
加：补贴收入			100 000
营业外收入			30 000
减：营业外支出			20 000

项目	上年实际（略）	本年累计实际（略）	下年度
四、利润总额			354 250
减：所得税（税率为 25%）			88 562.5
五、净利润			265 687.5

第 12 章
投、融（筹）资预算的编制

投、融（筹）资预算编制是在可行性研究的基础上对企业的固定资产的购置、扩建、改造、更新等编制的预算。投、融（筹）资预算编制具体反映在何时进行投资、投资多少、资金从何处取得、何时可获得收益、每年的现金净流量为多少，需要多少时间回收全部投资等。

由于投、融（筹）资的资金来源往往是影响企业决策的限定因素之一，而对厂房和设备等固定资产的投资又往往需要很长时间才能收回，因此，投、融（筹）资预算应当力求和企业的战略以及长期计划紧密联系在一起。

12.1 资本预算方法

对投资项目进行财务评价既是投资项目可行性研究的重要内容，也是对投资项目进行评估决策的重要环节。财务评价的主要内容包括测算投资项目的资金投入、未来现金流量和投资回报；评价的主要目的是通过比较投资项目资金投入和资金收回，评估投资项目的生存能力和盈利能力，并据以判断投资项目是否值得投资。

资本预算方法是指企业进行长期投资决策、选择投资项目的基本方法。

12.1.1 资源分配标准的确定

　　企业的资源配置是企业经营总战略在资源配置方面的更为细致的战略，属于企业的职能战略或经营战略。现代企业的资源除了人、财、物等传统资源以外，信息资源在现代企业资源管理中扮演着日益重要的角色。因此，现代企业的资源战略应该包括采购资源战略、财务资源战略、人力资源战略和信息资源战略。

　　长期投资方案有利于实现企业价值最大化是资本资源分配的主要标准。

（1）采购资源配置

　　现代企业的运行，总是要付出一定的代价从外部获得生产经营所需的物资。为了以尽可能低的支出取得完全符合需要的物资，保证生产经营正常进行，必须考虑是自己生产还是即时购买或以长期合同形式购买，以及如何选择供货企业和确定最优库存规模等。

　　一般企业在下述情况下可以考虑自己生产：与资源供应企业合作或协调不方便，如距离过远、运输不方便等；企业所需物资量大、规格统一，自己生产成本低于购买价格；资源供应企业不能满足本企业的某些要求，或者没有可靠的资源供应企业；对原材料的供应需要加强控制。

　　这里有两种情况：一是企业原材料需要量全部由自己投资建厂生产，实行纵向一体化，从而使企业得到可靠的原材料供应；二是企业自己生产一部分，为的是在外部供应企业供应中断时起缓冲作用。如果有可靠的供应企业，一般情况下，应尽可能利用外界的力量。

（2）财务资源配置

　　资金是企业系统的组成要素之一，是每个企业不可缺少的经营资源。企业在开展"投入—转换—产出"的生产经营活动时，必须有一股资金流。企业要用资金购置设备、购买材料、发放工资、支付销售费用与管理费用。

　　企业应确定自己筹资的原则：以满足企业最低必要资金需求作为资金筹集的数量目标；为投资而筹资，投资项目应确实必要、有利，投资方案应技术先进、经济可行；要创造良好的投资环境作为争取资金来源的基础；贷款利率低是筹资的主要标准，因为企业筹集的资金绝大部分需要支付使用报酬，尤其是以各种贷款为主要来源的资金必须按期付息，所以应该选择贷款利率低的筹资对象；要认真考虑资金的用途和资金提供者的权利。

（3）人力资源配置

人力资源管理要做到人尽其才、才尽其用、人事相宜，最大限度地发挥人力资源的作用。但是，如何实现科学合理的配置，是人力资源管理长期以来亟待解决的一个重要问题。

对企业人力资源进行有效合理的配置必须遵循以下原则：能级对应原则，合理的人力资源配置应使人力资源的整体功能强化，使人的能力与岗位要求相匹配；优势定位原则，一是指人自身应根据自己的优势和岗位的要求选择最有利于发挥自己优势的岗位，二是指管理者也应据此将人安置到最有利于发挥其优势的岗位上；动态调节原则，当人员或岗位要求发生变化的时候，要适时地对人员配备进行调整，以保证始终使合适的人工作在合适的岗位上；内部为主原则，建立起人才资源的开发机制，使用人才的激励机制。

（4）信息资源配置

现代企业如何围绕用户信息需求和现有信息资源分布结构，采用有效手段配置信息资源，使信息资源在时间、空间上分布合理，已成为信息资源战略的重要内容。企业要尽可能降低信息资源配置成本。

信息资源配置成本是指信息资源配置中的资源耗费，即信息资源配置所需付出的代价。尽可能减少信息资源配置成本是信息资源配置的基本要求。这就要求现代企业要善于应用公共信息资源及信息企业提供的信息资源，而不要一味地靠自己收集信息。

12.1.2　资本预算评价指标的选择

资本预算是企业理财的重要内容。长期投资项目投资金额大、风险高、回收期长，对其的决策正确与否往往决定着企业能否在激烈的竞争中生存和发展。在其财务评价过程中，评价指标的选择和运用是关键的一环。

资本预算的评价方法包括贴现现金流量法和非贴现现金流量法两类。

贴现现金流量法考虑货币时间价值因素。该方法假定不同时点的现金流量具有不同的价值，通过一定的方法将其折算到同一时点，然后进行比较和判断。该方法主要包括净现值法、内含报酬率法和获利指数法等。

非贴现现金流量法不考虑货币时间价值因素。该方法假定不同时点的现金流量具有相同的价值，对其不加区别，直接相加减。该方法主要包括投资回收期法、会计收益率法等。

在资本预算实践中，最常用的评价方法有投资回收期法、净现值法和内含报酬率法。

12.1.3 项目的风险调整与折现率的确定

风险的存在，使得各年的现金流量变得不确定，因此，需要按风险情况对各年的现金流量进行调整。这种先按风险调整现金流量，然后进行长期投资决策的评价方法，叫按风险调整现金流量法。

项目的折现率如何确定？一般是按照组合风险投资所确定的折现率来对未来现金流量折现。

12.1.4 优化配置技术

投资项目的财务评价方法按照其是否考虑货币时间价值，分为折现评价法和非折现评价法。

折现评价法即贴现现金流量法，也称动态评价法，是指在进行投资项目评估时，考虑货币时间价值因素，先将投资项目各年的现金流量按一定折现率折现，再进行评价选择的方法，主要包括净现值法、内含报酬率法和获利指数法。

非折现评价法即非贴现现金流量法，也称静态评价法，是指在进行项目评估时，不考虑货币时间价值因素，直接按各项目的现金流量进行评价选择的方法，主要包括投资回收期法和平均报酬率法。

（1）净现值法（NPV）

实际上，所谓一项投资的净现值就是该投资的市价与成本间的差额，这个差额如果是正的，则说明该投资是赚钱的；若是负的，则说明该投资是亏本的，投资提案通常也就要被否决。

（2）内含报酬率法（IRR）

内含报酬率法实际上和净现值法密切相关，甚至可以说两者基本上是一种方法，只是表达方式不同。内含报酬率法能更明确、直接地说明某项投资的预期报酬率。

（3）平均报酬率法（AAR）

平均报酬率法是可以直接从会计资料里算出报酬率的方法。一项投资方案的平均报酬率是平均净利润与平均账面价值（或称平均投资额）的比率。

资本预算的方法很多，有还本期间法、折现还本期间法、净现值法、平均报酬率法、内含报酬率法及获利指数法等，其中还本期间法和净现值法较为常用。但还本期间法也有缺点，因其没有对现金流量折现，从而忽视了货币时间价值。

由于一项投资方案的平均报酬率是平均净利润与平均账面价值（或称平均投资额）的比率，因此平均报酬率法和还本期间法一样，忽略了货币时间价值。另外，平均报酬率确实也不是具有任何经济意义的报酬率，但平均报酬率法的最大优点就是便于计算。

其他的方法像折现还本期间法，因比还本期间法麻烦，又不及净现值法严谨，故使用较少。而获利指数法是用投资方案未来现金流量的现值除以最初投资后的数值来表示的。实际上这个数值反映了每投资一单位货币创造的价值。获利指数法和净现值法也密切相关，并更容易理解。

12.1.5 投资项目的现金流量

投资项目的现金流量是指一个投资项目引起的企业现金流出和现金流入的数量。

现金流量一般包括初始现金流量、营业现金流量、终结现金流量。

现金流量是综合性很强的指标，可以据以评价各投资方案的综合效益。因此，编制投资预算时，测算现金流量是很重要的一个环节。下面举例说明现金流量的计算方法。

金峰公司属国家重点扶持的高新技术企业，计划购置一台设备扩大产品的生产能力。现有甲、乙两个方案可供选择，资料如表 12-1 所示。其中，甲、乙两个方案均采用直线法计提折旧，所得税税率均为 15%。据以计算两个方案的净现金流量。

表 12-1　甲、乙投资方案资料

项目	初始投资（万元）	投产前垫付（万元）	每年销售收入营运资金（万元）	第1年付现成本（万元）	付现成本每年递增（万元）	设备残值（万元）	设备使用寿命（年）
甲方案	30	0	22	9	0	0	5
乙方案	37	5	26	10	1	2	5

首先，计算两个方案的年折旧额 = 甲方案年折旧额 =30÷5=6（万元），乙方案年折旧额 =（37-2）÷5=7（万元）。

其次，计算两个方案的营业现金流量。

用来购买设备的初始投资相当于项目的初始现金流量，设备残值相当于项目的终结现金流量。要想计算两个方案的全部现金流量，需要计算出甲、乙投资方案的营业现金流量，如表 12-2 所示。

表 12-2　甲、乙投资方案营业现金流量

单位：万元

年份	甲方案							乙方案						
	销售收入	付现成本	折旧	税前利润	所得税	税后利润	净现金流	销售收入	付现成本	折旧	税前利润	所得税	税后利润	净现金流
第1年	22	9	6	7	1.05	5.95	11.95	26	10	7	9	1.35	7.65	14.65
第2年	22	9	6	7	1.05	5.95	11.95	26	11	7	8	1.2	6.8	13.8
第3年	22	9	6	7	1.05	5.95	11.95	26	12	7	7	1.05	5.95	12.95
第4年	22	9	6	7	1.05	5.95	11.95	26	13	7	6	0.9	5.1	12.1
第5年	22	9	6	7	1.05	5.95	11.95	26	14	7	5	0.75	4.25	11.25

最后，结合初始现金流量和终结现金流量计算甲、乙投资方案的全部现金流量，如表 12-3 所示。

表 12-3 甲、乙投资方案全部现金流量

单位：万元

年份	甲方案			乙方案					
	固定资产投资	营业净现金流	净现金流合计	固定资产投资	营运资金垫支	营业净现金流	固定资产残值	营运资金收回	净现金流合计
第 0 年	-30		-30	-37	-5				-42
第 1 年		11.95	11.95			14.65			14.65
第 2 年		11.95	11.95			13.8			13.8
第 3 年		11.95	11.95			12.95			12.95
第 4 年		11.95	11.95			12.1			12.1
第 5 年		11.95	11.95			11.25	2		13.25

（1）非贴现现金流量法

①投资回收期法。

投资回收期是指以投资项目经营期净现金流量抵偿原始总投资所需要的时间，一般以年为单位。投资回收期作为决策评价指标之一，简单实用，便于理解。它是所有静态指标中应用较为广泛的传统评价指标，同时也是一个反指标。由于它没有考虑资金时间价值因素，又不考虑回收期满后继续发生的现金流量的变化情况，故存在一定的弊端，属于次要指标。该方法主要用于多项目间的筛选和初评。

投资回收期的计算，因每年的营业净现金流量是否相等而有所不同。

第一，公式法。如果生产经营期各年的净现金流量（NCF）相等，则投资回收期可按以下公式计算。

投资回收期 = 原始投资额 / 生产经营期各年净现金流量

用投资回收期法对项目的可行性进行评价没有一个统一的标准。在比较多个互斥方案时，若几个方案原始投资额和项目经营期限都相等，则投资回收期最短的为最优方案；只存在单一方案的情况下，原则上投资回收期 ≤ 1/2 项目经营期的方为可行方案。

例如，企业拟进行某项固定资产投资，投资 A 方案需要原始投资额 100 万元，假设该设备预计使用年限为 5 年，当年完工投产，生产经营期各年净现金流量均为 32 万元。要求：计算该方案的投资回收期。

A 方案投资回收期 =100÷32=3.125（年）

3.125 > 2.5（1/2 项目经营期），故原则上该项目不可行。

第二，列表法。如果每年的净现金流量不相等，则需要通过计算累计未收回现金流量来计算投资回收期。

沿上例，假设另有一个 B 方案，需要的原始投资额也是 100 万元，该设备在报废时有残值收入 20 万元。其他有关资料如表 12-4 所示。要求：计算 B 方案的投资回收期。

表 12-4　B 方案累计净现金流量

单位：万元

项目计算期（年）	0	1	2	3	4	5
净现金流量	−100	38	35	32	29	46
累计未收回现金流量	100	62	27	−5	−34	−80

因为第二年累计未收回现金流量大于零，第三年累计未收回现金流量小于零，所以 B 方案投资回收期 =2+27÷32=2.84（年）。

因为 2.84 > 2.5（1/2 项目经营期），故原则上该项目也不可行。

但如果两个方案必须选一个，则应选择 B 方案。需要说明的是，投资回收期只能作为项目决策的参考依据，因为它没有考虑资金时间价值因素。

②平均报酬率法。

平均报酬率也称年平均投资报酬率，是投资项目生产经营期内年平均净现金流量占原始投资额的百分比。其计算公式如下。

平均报酬率 = 平均净现金流量 / 原始投资额 ×100%

平均报酬率是一个非折现相对值正指标，属于辅助指标。在采用平均报酬率这一指标进行决策时，需事先确定一个企业要求达到的平均报酬率，或称必要报酬率，只有高于平均报酬率的方案才能入选。在有多个方案的互斥选择中，选用平均报酬率最高的方案。平均报酬率法的优点是简明、易懂，主要缺点是没有考虑资金时间价值。

沿用上例资料，若该企业要求的平均报酬率为 34%，计算 B 方案的平均报酬率，并判断该方案是否可行。

B 方案年平均利润 =（38+35+32+29+46）÷5=36（万元）

年平均报酬率 =36÷100×100%=36%

因为 B 方案的年平均报酬率为 36%，大于企业要求的平均报酬率，所以该方案可行。

（2）贴现现金流量法

以上非折现评价指标未考虑资金时间价值，会造成决策的失误。因此，在实际的投资决策中，广泛运用折现评价指标，它们在计算过程中考虑了资金时间价值。

①净现值法。

第一，净现值的概念。净现值是指整个投资项目计算期内，按行业基准折现率或其他设定的折现率计算的各年净现金流量现值的代数和，记作 NPV。

净现值是一个折现的绝对值正指标，其优点是计算过程中既考虑了资金时间价值，又运用了项目计算期的全部净现金流量。净现值指标是投资决策评价指标中最重要的指标之一，其计算方法又与净现值率、内含报酬率的计算有关，所以应当熟练地掌握它的计算技巧。净现值法的缺点是并不能揭示各个投资方案本身可能达到的实际报酬率。

第二，净现值的计算。在生产经营期各年的净现金流量都相等的情况下，净现值的计算非常简便，即：

$$\text{NPV} = \text{NCF}_0 + \text{NCF}_{1\sim n} \times \left(P / A, i, n \right)$$

公式中的年金现值系数是按照行业基准折现率或其他设定的折现率和项目计算期确定的。

沿用上例中有关 A 方案的资料，假设行业基准折现率为 10%。要求：计算 A 方案的净现值。

A 方案的净现值（NPV）=32×（P/A，10%，5）−100

$$\qquad\qquad\qquad\qquad =32 \times 3.791 - 100$$

$$\qquad\qquad\qquad\qquad =21.31（万元）$$

在生产经营期各年净现金流量不相等的情况下，需要先分别计算各年净现金流量的复利现值，然后求出项目计算期内折现的净现金流量的代数和，即所要计算的净现值指标。

沿用上例中有关 B 方案的资料，假设行业基准折现率为 10%。要求：计算 B 方案的净现值。

因为 B 方案生产经营期各年的净现金流量不相等，因此只能按照复利现值的方法分别计算各年净现金流量的现值，然后求出项目计算期内折现的净现金流量的代数和。

B 方案的净现值（ NPV ）=38×0.909+35×0.826+32×0.751+29×0.683+46×0.621−100

=34.54+28.91+24.03+19.81+28.57−100

=35.86（万元）

第三，净现值法的决策原则。在运用净现值指标对一个投资决策方案进行评价时，方案的净现值至少要大于或者等于零，该方案才具有财务可行性；如果方案的净现值小于零，则该方案不具有财务可行性。因为当净现值大于零时，表明该投资项目的报酬率大于预定的折现率，应采纳该投资项目；当净现值等于零时，表明该投资项目的报酬率等于预定的折现率，基本可以采纳该投资项目；当净现值小于零时，表明该投资项目的报酬率小于预定的折现率，应拒绝该投资项目。在对多个投资项目进行选择时，应选择正的净现值最大的投资方案。

上面的案例中，两个投资项目的净现值都大于零，都具有财务可行性，但是 B 方案的净现值比 A 方案的净现值大，所以应选择 B 方案。

②内含报酬率法。

第一，内含报酬率的概念。内含报酬率又称为内部收益率，是指使投资项目的净现值等于零时的折现率，记作 IRR。

内含报酬率是一个折现的相对值正指标，它能从动态的角度直接反映投资项目的实际收益水平，又不受行业基准收益率的影响，计算结果比较客观，是投资决策评价指标中重要的指标之一。目前，越来越多的企业使用该项指标对投资项目进行评价。但是该指标的计算过程比较复杂，特别是每年净现金流量不相等的投资项目，一般要经过多次测算才能算出其内含报酬率。

第二，内含报酬率的计算。在生产经营期各年的净现金流量都相等的情况，内含报酬率的计算比较简单，即年金现值的逆运算。

（ P/A , IRR , n ）= 原始投资额的现值 / 生产经营期各年的净现金流量

根据上述公式计算出来的年金现值系数，在年金现值系数表的对应期数下查找该系数，如果恰好能找到等于上述数值的年金现值系数，则该系数所对应的折

现率 i 即为所要计算的内含报酬率。如果找不到恰好相等的年金现值系数，则进一步采用内插法进行计算。用内插法计算内含报酬率，又分为两种方法，即公式内插法和直观内插法。

公式内插法是指直接通过公式计算内含报酬率的方法。设 α 为（P/A，IRR，n）所对应的系数，若找不到恰好等于 α 的系数值，则在年金现值系数表中查找最为接近 α 值的左右临界系数 β_1 和 β_2，以及对应的临界利率 i_1 和 i_2，然后代入以下公式。

$$IRR = i_1 + \frac{\beta - \alpha}{\beta_1 - \beta_2}(i_2 - i_1)$$

直观内插法先分别垂直列出利率及其对应的系数，求出利率及对应系数的差额，再根据比例式计算内含报酬率。

沿用上例中有关 A 方案的资料，计算 A 方案的内含报酬率。

（P/A，IRR，5）$=100 \div 32 = 3.125$

查年金现值系数表，计算期为 5 期中没有找到正好等于 3.125 的系数，因此进一步采用内插法。确定与 3.125 左右临界的两个系数分别为 3.127 和 3.058，对应的折现率分别为 18% 和 19%。

A 方案的内含报酬率 $=18\%+$（$19\%-18\%$）$\times$（$3.127-3.125$）$\div$（$3.127-3.058$）$=18.03\%$

用直观内插法计算如下。

$$
\begin{array}{cc}
\left.\begin{array}{c}19\% \\ IRR \\ 18\%\end{array}\right] \times \quad 1\% & \left.\left.\begin{array}{c}3.058 \\ 3.125 \\ 3.127\end{array}\right]{-0.067}\right]{-0.069}
\end{array}
$$

$$\frac{X}{1\%} = \frac{-0.067}{-0.069} \Rightarrow X = 0.97\% \Rightarrow IRR = 19\% - 0.97\% = 18.03\%$$

在生产经营期各年净现金流量不相等的情况下，要采用逐次测试法。

第三，内含报酬率法的决策原则。在运用内含报酬率指标对一个投资方案进行评价时，内含报酬率大于或等于企业的资金成本或预期的投资报酬率，该方案才具有财务可行性；如果方案的内含报酬率小于企业的资金成本或预期的投资报酬率，该方案不具有财务可行性。在对多个投资项目进行选择时，应选择内含报酬率超过资金成本或预期的投资报酬率最多的方案。

12.2　投资项目因素分析

项目投资是国家经济发展必不可少的前提，但是任何项目投资都必须考虑经济效益和社会效益，必须对项目投资进行科学的评价，并依据科学评价的结果，做出科学的决策。

12.2.1　投资项目的不确定性因素分析

项目评价所采用的数据，大部分来自预测和估算，有一定程度的不确定性。为了分析不确定性因素对经济评价指标的影响，需进行不确定性分析，以估计项目可能承担的风险，确定项目在经济上的可靠性。

（1）不确定性的来源

投资项目不确定性来源，主要包括：物价变动；生产能力利用率变化；工艺技术方案更改；建设工期与资金变化；项目经济寿命变动；汇率波动；国内外政策和规定变化；其他不可预测的意外事件。

（2）项目不确定性分析的作用

项目不确定性分析的作用如下。

①明确不确定性因素对投资效益的影响范围，了解项目投资效益变动的大小。

②确定项目评估结论的有效范围。

③提高项目评估结论的可靠性。

④寻找在项目效益指标达到临界点时，变量因素允许变化的极限值。

（3）项目不确定性分析的内容与方法

项目不确定性分析的内容与方法如下。

①盈亏平衡分析。

这是分析研究投资项目成本与收益之间平衡关系的方法。其研究的内容主要是在一定的市场和生产能力条件下，分析产量、成本、收入之间的相互关系，找出项目实现盈利与亏损的临界点，即盈亏平衡点。以此了解不确定性因素允许变化的最大范围，寻求获得最大盈利的可能性。

②敏感性分析。

在项目执行或经营过程中，当不确定性因素发生变化时，项目的经济效益会发生相应变化，其变化的大小反映了其对不确定性因素的敏感程度。

选取敏感性强的因素来预测项目效益的变动幅度，即为敏感性分析。这种分析主要用于测定投资项目评估结论的稳定性和可靠性。

③概率分析。

当投资项目不确定性因素的变动值偏离正常值较远并常具有偶然性时，用盈亏平衡分析和敏感性分析已难以对项目的变动度进行测定，而需要运用概率分析的方法进行预测。

概率分析的内容在于根据经验设定各种情况可能发生的概率，进而求得在不确定情况下的最大期望值，以及取得此效益的可能性。这种分析亦称为简单风险分析。

④风险决策分析。

当不确定性因素发生的概率能够用一定的方法事先予以估计时，对项目效益变动性的分析就称为风险决策分析。

但在实际中，不确定性和风险往往难以区分，所以常把风险决策分析也归为不确定性分析的内容。

12.2.2　投资项目的可行性研究

项目可行性研究的主要内容如下。

（1）投资必要性。一是做好投资环境分析，对构成投资环境的各种要素进行全面的分析和论证；二是做好市场调查研究，包括市场供求预测、竞争力分析、价格分析、市场细分、定位及营销策略论证。

（2）技术可行性。各行业不同项目技术可行性的研究内容及深度差别很大，要区分情况进行分析。

（3）财务可行性。财务可行性分析主要从企业理财的角度进行长期投资核算，评价项目的财务盈利能力，进行投资决策，并从融资主体的角度评价股东投资收益、现金流量计划及偿债能力。

（4）组织可行性。组织可行性是指需要制定合理的项目实施进度计划，设计合理的组织结构，选择经验丰富的管理人员，保证项目建设能够顺利进行。

（5）经济可行性。经济可行性研究是指从资源配置的角度衡量项目的价值，评价项目在实现区域经济发展目标、有效配置经济资源、增加供应、创造就业岗位、改善环境、提高人民生活水平等方面的效益。

（6）社会可行性。社会可行性研究主要分析项目对社会的影响。

（7）风险因素及对策。这主要针对项目的市场分析、技术风险、财务风险、组织风险、法律风险、经济及社会风险等风险因素进行评价，制定规避风险的对策，为项目风险全过程的风险管理提供依据。

12.2.3　项目可行性研究报告的编制

项目可行性研究报告的一般内容如下。

（1）总论；（2）需求预测和建设规模；（3）自然资源、原材料、燃料动力及公司设施情况；（4）建厂条件及厂址选择；（5）项目设计；（6）环境保护、劳动保护与安全防护；（7）工厂组织机构、劳动定员和职工培训；（8）建设进度计划；（9）投资与成果预算；（10）资金来源融资方案；（11）效益分析与风险评价；（12）结论与建议。

案例　某投资项目可行性研究报告

第一部分　投资项目总论

总论作为可行性研究报告的首要部分，要综合叙述研究报告中各部分的主要问题和研究结论，并对项目可行与否提出最终建议，为可行性研究的审批提供方便。

第二部分　投资项目建设可行性

第三部分　投资项目市场需求分析

市场分析在可行性研究中的重要地位在于，任何一个项目，其生产规模的确定、技术的选择、投资估算甚至厂址的选择，都必须在对市场需求情况有了充分了解以后才能决定。而且市场分析的结果，还可以决定产品的价格、销售收入，最终影响到项目的盈利性和可行性。在可行性研究报告中，要详细研究当前市场现状，以此作为后期决策的依据。

第四部分　投资项目产品规划方案

第五部分　投资项目建设地与土建总规

第六部分　投资项目环保、节能与劳动安全方案在项目建设中，必须贯彻执行国家有关环境保护、能源节约和职业安全方面的法规、法律，对项目可能影响周边环境或劳动者健康和安全的，必须在可行性研究阶段进行论证分析，提出防治措施，并对其进行评价，推荐技术可行、经济，且布局合理，对环境有害影响较小的最佳方案。按照国家现行规定，凡从事对环境有影响的建设项目都必须执行环境影响报告书的审批制度，同时，在可行性研究报告中，对环境保护和劳动安全要有专门论述。

第七部分　投资项目组织和劳动定员

在可行性研究报告中，根据项目规模、项目组成和工艺流程，研究提出相应的企业组织机构、劳动定员总数、劳动力来源及相应的人员培训计划。

第八部分　投资项目实施进度安排

项目实施时期的进度安排是可行性研究报告的一个重要组成部分。项目实施时期亦称投资时间，是指从正式确定建设项目到项目达到正常生产这段时期，这一时期包括项目实施准备、资金筹集安排、勘察设计和设备订货、施工准备、生产准备、试运转直到竣工验收和交付使用等各个工作阶段。这些阶段的各项投资活动和各个工作环节，有些是相互影响、前后紧密衔接的，也有些是同时开展、相互交叉进行的。因此，在可行性研究阶段，需将项目实施时期每个阶段的工作环节进行统一规划，综合平衡，做出合理又切实可行的安排。

第九部分　投资项目财务评价分析

第十部分　投资项目财务效益

第十一部分　投资项目风险分析及风险防控

第十二部分　投资项目可行性研究结论与建议

12.3　长期投资预算的编制

长期投资预算是根据已确定的投资方案编制的分年度的长期资金收支计划。由于投资的资金来源往往是影响企业决策的限定因素之一，而对厂房和设备等固定资产的投资又往往需要很长时间才能收回，因此，长期投资预算应当力求和企业的战略以及长期计划紧密联系在一起。

长期投资预算对未来一年以上的一个时期内的收入、成本及费用进行估计，这个时期甚至可以长达五到十年。

12.3.1　长期投资预算的内容

长期投资预算是为资本性投资活动服务的，它具体反映企业在何时进行投资、投多少资、资金从何处取得、用什么方式取得、何时可取得收益、每年的现金净流量为多少、需要多少时间收回全部投资等。

企业的资本性投资可分为内部投资和外部投资。内部投资是指企业用于固定资产的购置、扩建、改建、更新、改造等方面的投资和无形资产方面的投资；外部投资是指企业用于股权、收购、兼并、联营投资及债券等方面的投资。同时，企业要投资，就必须要融资，筹措项目资金。

因此，长期投资预算的内容主要包括固定资产投资预算、权益性资本投资预算、无形资产投资预算、收购兼并预算、债券投资预算、投资收益预算和项目筹资预算等。

长期投资预算的内容具体如下。

（1）固定资产投资预算

固定资产投资预算是指企业在预算期内为购建、改建、扩建、更新固定资产而进行资本投资的预算。它主要根据企业有关投资决策资料和预算期固定资产投资计划编制。

固定资产投资项目一般分为基本建设项目以及设备更新和技术改造项目两类。这两类项目的主要区别在于基本建设项目属于固定资产的外延扩大再生产，而设备更新和技术改造项目属于固定资产内涵扩大再生产。

（2）权益性资本投资预算

固定资产投资属于资本性投资。所谓资本性投资，是投入生产、建设等物质生产领域中的投资，其最终成果是各种生产性资产，可以理解为对内投资。而权益性投资是指为获取其他企业的权益或净资产所进行的投资，可以理解为对外投资。

权益性资本投资预算是指企业在预算期内为取得其他企业的股权及收益分配权而进行资本投资的预算。它主要根据企业有关投资决策资料和预算期权益性资本投资计划编制。

（3）无形资产投资预算

无形资产投资预算是指企业在预算期内为取得专利权、非专利技术、商标权、著作权、土地使用权等无形资产而进行资本投资的预算。它主要根据预算期无形资产投资计划编制。

（4）债券投资预算

债券投资预算是指企业在预算期内为购买国债、企业债券、金融债券等而编制的预算。它主要根据企业有关投资决策资料和证券市场行情编制。

12.3.2　固定资产投资管理

固定资产投资管理是在财务整体框架内，有效地规划投资配置，满足业务需求，确保投资效率。

固定资产投资是以货币形式表现的、企业在一定时期内建造和购置固定资产的工作量以及与此有关的费用变化情况。包括房产、建筑物、机器、机械、运输工具，以及企业用于基本建设、更新改造、大修理和其他固定资产投资等。

建造和购置固定资产的经济活动，即固定资产再生产活动。固定资产再生产过程包括固定资产更新（局部和全部更新）、改建、扩建、新建等活动。固定资产投资是社会固定资产再生产的主要手段。固定资产投资额是以货币表现的建造和购置固定资产活动的工作量，它是反映固定资产投资规模、速度、比例关系和使用方向的综合性指标。

这里涉及的固定资产的概念，包含新增资产投资和现有资产两大块。现有固定资产的管理关注资产的维护，常规工作有：资产盘点（防止遗失）和维护（防止因异常磨损减少使用寿命）、资产报废管理（有控制地进行资产报废）。

固定资产投资短期内可以拉动业绩，因为投资带来的成本是折旧，年度成本也就是 1/15（假设一般机器设备折旧 15 年），而短期收益全部计入当年业绩。因此管理者会倾向于尽可能将支出列为固定资产投资。相对应，投资回报的合理性论证非常重要。确保投资回收期的回报如预期获取收益，更是至关重要。这里的风险在于只在短期获得收益，而给未来背上沉重的资产折旧包袱。

其目的是：确保整体投资支出在预算控制范围内；确保投资方案最优化，把钱花到应该花的地方；确保投资在预期时间范围内发生；标准化投资项目的实施过程，确保执行方案最优化，获得尽可能高的投资效率。

衡量收益率的指标如下。

①年收益与投资总额的比例。

②投资回收期，越短越好。

③净现值。净现值是投资方案所产生的现金净流量以资金成本为折现率折现之后与原始投资额现值的差额。简单地说，以项目总收益为目标，现在要有多少钱存银行，在一定的利率下，才能在收益周期内赚回来。这笔钱减去投资额就是净现值。净现值大于零说明项目可行，且该值越大越好。

④内含报酬率。内含报酬率就是资金流入现值总额与资金流出现值总额相等、净现值等于零时的折现率。该指标越大越好。

衡量当年执行效率的指标如下。

①准时完成率。准时完成率应该是 100%，至少应是 95%。道理很简单，决定要花一笔钱，就要让资本以最快速度为业绩做出贡献，因为资金闲置也是有成本的。

②节约，实际支出不应该超过投资预算总额。这里指的是，通过技术方案的优化、招投标控制和项目执行期间的有效控制，在达到投资预期效果的同时，产生的节约。超预算是会带来很大的成本的。同时，节约部分在计算完成率时是算作完成的。

固定资产投资管理，包含预算编制、年中预估、进度控制。

（1）预算编制

每年第四季度开始准备下一年度的预算编制，通过具体的战略规划和差距分析，得出具体的需求。具体来说就是先明确下一年度想干什么，得出现状和预期的差距，列出具体的项目。

同时，财务状况在这一阶段也会得出方向性的指导，如果业务发展趋势好，资金充裕，投资策略会比较激进；相反，投资策略会比较保守。

通常不同阶段投资策略会有不同的侧重点。比如，当年的成本压力很大，那投资重点应该是节约型项目；如果质量状况急需改善，那就应该偏重质量改善的投资项目，即使回报率很低。同理，即使有很多投资需求，也不太可能一次性完成，而要根据重要、紧急程度，分阶段开展。并且不可避免的情况是，管理层期望在预算环比持平的前提下，决策投资新的扩张项目。这种项目投资额很大，需要从其他方面挤出资金。这是预算编制中的难点，也体现了资源优化配置。

这一阶段不需要非常精准的投资测算，但要有指导性，投资测算的精准度一般控制在 10% 以内。这个阶段至少会有两轮，先是从下往上汇总需求，再由上而下进行策略指导。固定资产投资项目会有具体分类，例如质量、商务、节约等，大致可归为两种类型：运营改善型和扩张型。

运营改善型：在现有实体基础上进行改善，而不改变其基本属性，譬如EHS（即环保、健康与安全）相关改造改善项目、质量优化改造项目、节约或效率提升类项目、老化设备的更新替换。

扩张型：新增产能，或增加新产品，一般投资较大。

预算的分析，通过横向和纵向两个方面对比，来验证投资预算和策略的符合性。横向，即分类之间的比较。纵向，即当年同往年的比较。

在面对一个较大区域的管理的时候，这一阶段需要进行大量的数据分析，以比较直观地体现相关信息。削减预算一般就是在这种分析之上进行的。

削减预算，是个非常熟悉的词，这里要说的是：削减预算从来不应是拍脑袋决定的，背后的逻辑就是把有限的钢用到刀刃上。基于固定资产投资管理者提供的这些大量的分析，即使管理层十分不熟悉具体的现场状态和需求，管理层也可以做出方向性的决策。具体项目的调整，则需要固定资产投资团队落实。

论证充分是立项的先决条件，包含战略需求确定、差距分析、投资方案制定、投资回报分析。

战略需求确定：对于扩张型项目，战略需求可以是产量的需求、新产品的需求，一般需要至少三年的量来支撑，需要有具体的数字和合理的逻辑支持，这些数据会用于投资回报分析。运营改善型项目的战略需求可以是法规和内部规范的要求。这里解决的是"要什么"的问题。

差距分析：重点是体现真实现状，用于具体化投资内容。这里解决的是"缺什么"的问题。

投资方案制定：这里要解决的是"怎么做，花多少钱"的问题，包括投资总额、范围、技术方案、投资进度计划，也就是项目实施阶段需要达成的结果（项目团队的目标）。

投资回报分析：主要是与财务相关的分析，各个企业有自己的方法。结合内部控制标准，投资回报的结果会反过来影响投资方案，决定花多少钱。这又关联到投资策略是激进型还是保守型。

论证部分的内容，可以直接作为后续招投标的资料。论证阶段工作内容越详细，招投标部分越轻松。或者说，施工方或技术供应商在前期论证阶段的介入有利于项目的论证。

编制预算的同时，需要设定每月的进度计划，包含两个方面：其一是固定资产投资进度，用来衡量项目的进度，进度越快越能提高投资效率，项目团队承担KPI；其二是现金流进度，用来体现支付进度，支付进度一般会滞后于项目进度，一般企业都会有账期，这有利于现金流的管理。

预算编制阶段属于项目的前期阶段，通过管理层批准列入预算就意味着项目的立项。对于投资规模很大的战略性项目，其前期的准备时间会拉得更长，譬如可行性分析、概念设计等需要花较长的时间论证。也就是说只有进行了充分的论证才会列入预算。

至此，可以看到预算编制阶段会进行很多前期分析。这是基于一个逻辑：一次把事情做好。花多的时间进行充分的准备，把各种可能性以及对应方案都考虑进来，一旦启动就快速推进，一次做对、做好。过程中翻来覆去，成本更高。

（2）年中预估

一般会至少每半年进行一次年中预估，可能有的企业财务系统非常谨慎，会每个季度进行一次。年中预估的目的是根据实际进度修正预算（项目一般都处于实施阶段），使其更加贴近真实的情况，进而优化财务方面的资金配置。特别是对于财务紧张的企业，其预估的频率会略高。

这里有两个非常重要的逻辑前提。其一，预算管理。就是说，实际发生要符合预算，没有列入预算的原则上不能实施，管理者的目标和各项工作计划都是基于预算设定的，这是关系到奖金的大事。并且因为预算编制期间进行了充分的分析和准备，过程中再翻来覆去就意味着大量的重复工作。其二，偏差管理。实际上，企业有可能在过程中做出策略调整，而且实施过程中可能会有变化。为了解决这个问题，就通过偏差管理来解决增减和调整项目的窗口期，但偏差和变化仍需要管理层的批准。这个偏差需要控制得越小越好，而且最好比预算有节约。

预估的逻辑和预算基本一致，只不过其精度要求更高，越接近年底，就要越贴近实际。年中如果出现大的策略变动，削减预算的情况也会随机发生。

（3）进度控制

进度控制，最简单的理解就是避免年底突击花钱。其背后涉及计划设定、进度控制、偏差管理等问题。与项目实施管理中的进度控制具有相同的逻辑，只不过这里放在一个项目群组的层面去管理进度。

先明确一个定义，固定资产投资进度管理，通过钱来衡量项目实施进度，并不是付款进度。举例来说：买一台设备，从开始准备到投入运行，需要三个月，会经历签订合同、交货、安装、测试等过程，固定资产投资进度就是根据这些过程占总项目周期的比例，用金额体现出来的。

S 曲线可以非常直观地体现进度情况，重点关注实际与计划的偏差，具体可以参考赢得值法（Earned Value Management，EVM）。

数据的体现，可以界定问题，更重要的是可以通过分析，找到推动的方法。例行会议是必要的，通过周期性的回顾，与项目团队充分沟通。一般情况下，项目经理都会非常清楚项目的状态，例会只是起到一种督促作用。复杂的项目有很多不可预知的问题，譬如技术变更、施工环境变化、利益相关方协调等，需要通过进度回顾平台提供支持和资源解决问题。

项目经理对一个项目负责，固定资产投资管理者要对整个项目群组负责，利益是捆绑的，所以这并不是简单地开会、统计数据就完了的。项目经理上要面对管理层应答自如，下要衔接项目团队，或推或拉，促进进展。

复杂的情形，固定资产投资管理者需要介入项目，通过深入了解问题，协调各方面的资源，来解决问题。因此，优秀的固定资产投资管理者应具有相当的项目管理经验，不被忽悠还能直接给予建设性的指导；同时要有很强的协调能力，遇到利益相关方的协调，必须能在各环节顺畅沟通。

举例来说，如何解决年底突击花钱的问题？大家不应该只停留在看到这种情况就嘲讽的层面，其实在很多企业都有这种情况。

在供应链，对于一般项目，项目团队都是兼职团队，也就是由不同部门的人成立一个项目团队，而且各自还有 KPI，就看怎样设置优先级，将管理团队的精力合理投入项目。这对项目经理的要求比较高。如果项目经理有更多其他的优先级，那项目进度会往后拖，更不要说遇到困难了。

对于职能型的组织结构，各环节和利益相关方的协调本身就是一个耗时耗力的事情，一旦遇到某个环节特别是高级别的停滞，就需要专门的沟通去解决。

还有一些复杂项目，本身有很多待验证的环节，一轮测试不成功就要再来一轮，时间加倍。或者由于特别因素出现变更，这些因素都要控制。

前期的项目计划设定就是要将上面的可能性都考虑到。设置一个合理的进度计划，可以让你在过程中运筹帷幄；相反，则"四处着火"，上面压力大，下面困难重重。

还有一个容易分歧的点：是验收合格算完成，还是调试合格算完成。这经常是项目团队和运营团队之间非常容易出现的争论，关键在于大家的利益点不同，运营团队关注效率，想通过验收环节来挟制项目团队，不达效率不接收，而项目团队关注当年的固定资产投资完成率。其实，这是两个问题。首先，应该回到财务方面来看，只需回答一个问题，这台设备是否已经实体全部到位，会不会出现被搬走重新做的情况？ 实体全部到位，并不会被搬走重新做，意味着投资和资产基本等值（搬走重新做则意味着产品不合格，不能够实现资产和投资等值），符合会计上的权责发生制。运营团队肯定要接收，只是早晚的问题，那必然按照年度的预算进行当年入账，不然就违背了预算管理，明年也没有这笔钱。

其次，与运营团队的交接应根据是否满足合同约定的条款，建立另外一个流程，这个流程的核心指标是满足合同条款。无论是供应商还是运营团队，这个流程的完成情况决定了验收款项的支付和保质期的起始。

在考虑上面因素的同时，还有一些常识。所谓 S 曲线，就是一种理想的项目进度模型。根据规律，前期进度应该是缓慢的，因为在准备阶段，入场、磨合适应等因素使得进度不明显；项目实施中期，各方面都成熟了，进度应该是加速的；收尾阶段，速度又会平缓下来。

对于一个项目群组来说，也有规律，譬如年初是准备期和审批期，进度缓慢，随着项目集中启动，进度就会加快，年底项目陆续结束，进度再次放缓。再有，一些淡旺季的影响，也会让曲线呈现出相应的规律。但总体的原则应该是：一旦立项，就要早做，让投资快速产生效益。

在项目群组固定资产投资管理的操作实践上，应该将有限的精力投入最重要的事情里。挑最重要的项目，以及重点的深受关注的项目，深入项目过程，参与项目进度例会，专门了解具体进度，详细了解其中的问题，才能有效地管理，并做到对管理层关注的问题非常清楚，应对自如。

最后，进度控制的目标是准时完成、完成率 100%，出发点就是有效地推动资本产生效益。

总之，总部固定资产投资管理是一个分析型的工作，要求数据准确，分析充分，需要缜密的逻辑，快速地从项目群组数据中分析出主要信息，同时还要能够站在高处去思考投资策略，为管理层投资决策提供充分的支持。

固定资产投资管理需要相关人员具有很强的组织协调能力，预算编制涉及总部和多个功能环节，以及采购、财务，要确保内部的充分沟通和协调一致。每次预算或预估，都需要几个星期，统筹各环节按统一进度进展，从下往上收集数据，从上往下反馈决策。进度控制，更需要紧密衔接，有效推动。

固定资产投资管理的相关人员项目经验要丰富，有技术背景，对项目的论证和进度中的问题才能快速做出判断，能够提供有效的支持；还需要有一定的财务基础，能理解财务指标，快速判断一个项目的投资回报是否合理，算法逻辑是否准确。

12.3.3　长期投资预算管理

长期投资预算是对长期投资活动的总体安排，属于计划范畴。长期投资预算管理是指企业运用预算方式对预算期内的长期投资活动进行规划、测算、评价、论证、决策和描述，并以长期投资预算为标准，对长期投资预算的执行过程与结果进行计量、控制、调整、分析、报告、审计的一系列程序和内容。

从过程管理角度，长期投资预算管理主要关注资本预算主体的定位及其相应的责权利对等关系。这一点是与企业治理、企业管理相结合的。从操作上，与企业重大投资决策相关的长期投资预算管理的基本程序包括以下几个步骤。

（1）投资项目的出发点

应该把企业总体战略作为出发点对企业的投资战略进行规划，依据企业投资战略对各投资机会所在行业的行业成长性、竞争情况加以初步分析。

（2）投资项目的论证

投资项目的论证主要涉及以下几项工作：一是把提出的投资项目进行分类，为分析评价做好准备；二是计算有关项目的预计收入和成本，预测投资项目的现金流量；三是运用各种投资评价指标，把各项投资按可行性顺序进行排列；四是编制项目可行性研究报告。

（3）投资项目的评估与决策

项目评估一般是委托建设单位或投资单位以外的中介机构，对可行性研究报告再进行评价，作为项目决策的最后依据。从决策主体来看，投资额较小的项目，有时中层经理就有决策权；投资额较大的项目，一般由董事会决策；投资额特别大的项目，由董事会甚至股东大会投票表决。投资项目一经批准，也就意味着正式做出了投资决策，进入项目实施阶段。

（4）投资项目实施与评价

在投资项目的实施过程中和实施后都要对项目的效果进行评价，以检查项目是否按照原先的计划进行，是否取得了预期的经济效益，是否符合企业的总体战略和投资战略规划。

长期投资预算管理的程序与内容归纳如下：根据投资策略，确定长期投资项目；进行项目测算，实施项目认证；按照法定程序进行项目决策；实施投资项目，执行长期投资预算；设立责任中心，实施责任会计核算；建立反馈制度，做好责任分析；建立审计制度，实施全方位监督；按照法定程序，做好竣工验收。

12.3.4 长期投资预算编制步骤

长期投资预算编制步骤如下。

（1）分解投资。

（2）明确工作事项的任务、要求以及负责人，并明确各工作事项的相互关系。

（3）明确工作事项的进度安排和关键事项。

（4）规划各工作事项的资源配置。

（5）确定各工作事项的支出预算。

（6）编制工作项目表，汇总编制项目投资总预算。

12.4　融（筹）资预算的编制

　　筹资预算是企业在预算期内需要新借入的长短期借款、经批准发行的债券以及对原有借款、债券还本付息的预算，主要依据企业有关资金需求决策资料、发行债券审批文件、期初借款余额及利率等编制。企业经批准发行股票、配股和增发股票，应当根据股票发行计划、配股计划和增发股票计划等资料单独编制预算。股票发行费用，也应当在筹资预算中分项做出安排。

12.4.1　融资管理工作流程

　　企业融资管理工作流程如图 12-1 所示。

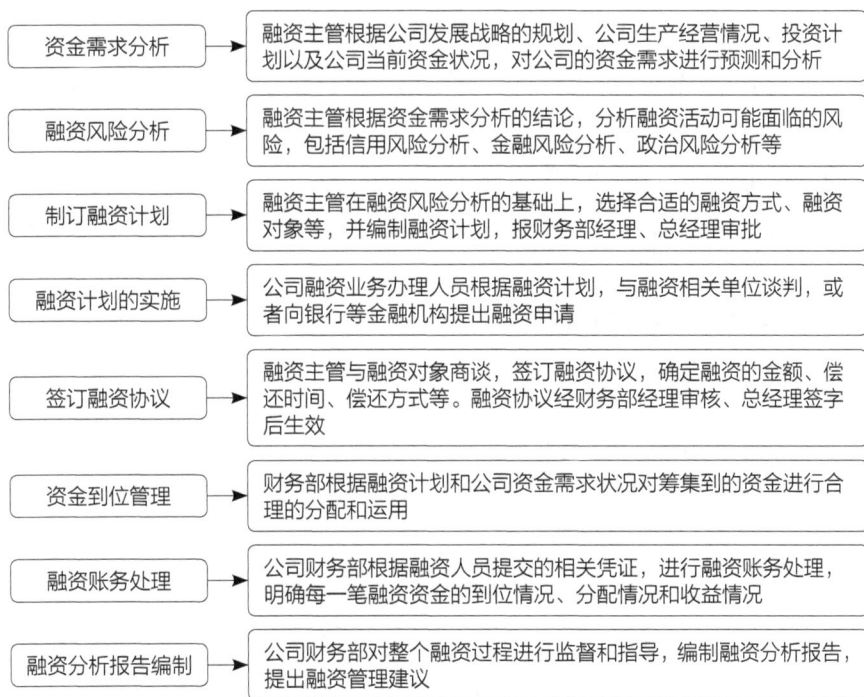

资金需求分析	融资主管根据公司发展战略的规划、公司生产经营情况、投资计划以及公司当前资金状况，对公司的资金需求进行预测和分析
融资风险分析	融资主管根据资金需求分析的结论，分析融资活动可能面临的风险，包括信用风险分析、金融风险分析、政治风险分析等
制订融资计划	融资主管在融资风险分析的基础上，选择合适的融资方式、融资对象等，并编制融资计划，报财务部经理、总经理审批
融资计划的实施	公司融资业务办理人员根据融资计划，与融资相关单位谈判，或者向银行等金融机构提出融资申请
签订融资协议	融资主管与融资对象商谈，签订融资协议，确定融资的金额、偿还时间、偿还方式等。融资协议经财务部经理审核、总经理签字后生效
资金到位管理	财务部根据融资计划和公司资金需求状况对筹集到的资金进行合理的分配和运用
融资账务处理	公司财务部根据融资人员提交的相关凭证，进行融资账务处理，明确每一笔融资资金的到位情况、分配情况和收益情况
融资分析报告编制	公司财务部对整个融资过程进行监督和指导，编制融资分析报告，提出融资管理建议

图 12-1　企业融资管理工作流程

12.4.2　向金融机构借款流程

　　向金融机构借款的流程如下。

（1）与金融机构接洽。

（2）向金融机构提供借款人的以下书面资料：借款申请、借款人公司章程、营业执照、贷款卡、法定代表人身份证明、法人简介、验资报告、近三年经审计的年度财务报告和最近一期月度财务报告、项目资本金落实情况证明资料、与项目建设相关的合同和协议等，以及国家有关部门对项目在环境保护、土地使用、资源利用、城市规划、安全生产等方面的许可文件。

（3）请有资质的单位编制项目可行性研究报告。

（4）政府有关部门审批项目并出具项目立项批复。

（5）预评估抵押物，出具预评估报告。

（6）金融机构方面出具《项目贷款评估报告》。

（7）项目资料准备齐全，内部评审后，送交贷审会审批。审批有三个级次，分别为市行、省行、总行审批。部分银行省行有额度内的最终审批权。

（8）贷审会通过，即授信额度已批复。

（9）出具抵押物评估报告。

（10）抵押物设定抵押登记，即办理他项权证。

（11）办理放款手续及放款后续事宜。

12.4.3　经营资金需要量的预测

经营资金需要量的预测，包括以下内容。

第一，资金增长趋势预测，运用回归分析原理，利用过去销售收入与资金量之间的相互关系，推算出未来期间资金需要量的预测值。

第二，资金需要增加量预测。

第三，定期需要增加的资金数额预测。

资产占用资金增量＝敏感资产引起的资金占用增量＋非流动资产增加额

负债占用资金增量＝敏感负债引起的资金占用增量

第四，根据有关财务指标的约束确定对外筹资数额。

预算期留存收益增量＝预算期销售收入×销售利润率×收益留存率

预算期外部筹资增量＝资产占用资金增量－负债占用资金增量－预算期留存收益增量

12.4.4　经营筹资预算的编制方法

经营筹资预算的编制方法如下。

（1）汇总经营预算中的各项现金收付事项及收付时间和金额，计算出企业预算期间经营预算的现金余缺数量。

（2）将经营预算中的现金余缺数量与经营资金需要量预测得出的资金需求量进行对比，如果两者差距较大，应进行差异分析，找出差异原因。

（3）对企业在预算期内各项短期债务的种类、偿还时间和偿还金额进行排列，确定预算期内企业需要偿还的原有短期债务数额。

（4）将经营预算中的现金余缺数量与企业在预算期内需要偿还的原有短期债务数额进行累加，确定企业预算期内的现金余缺总量。

（5）针对企业预算期内的现金余缺总量，结合对预算期资金市场总体情况的预测，制定预算期的具体方案。第一，如果预算期现金出现节余，则应制定提前偿还借款或将节余资金投向短期债券市场的融资方案。第二，如果预算期现金出现短缺，则应首先从企业内部挖掘自有资金潜力，如清理应收账款、盘活存量资产等，然后根据预算期资金市场情况和资金成本制定向外举债方案。

（6）组织有关人员评审预算期筹资方案。

（7）通过评审后，编制经营筹资预算。

财务预算编制是财务预算管理的基础，同时也是促进企业积极经营的重要步骤。那么，制造业企业如何进行财务预算编制？

13.1　财务预算的编制

财务预算编制是企业根据自身经营目标，科学合理地规划、预计及测算未来经营成果、现金流量增减变动和财务状况，并以财务会计报告的形式将有关数据系统地加以反映的工作流程。

13.1.1　财务预算在全面预算体系中的作用

财务预算在全面预算体系中的作用体现在三个方面：目标与导向作用、控制与约束作用、合理配置财务资源作用。

13.1.2　怎样正确理解企业年度财务预算

很多企业也在做预算，也有做好预算与管控的想法或初衷，但若意识是错误的，未将预算与企业发展战略紧密结合起来，在预算上扣压、指责，就算预算编制得再怎么缜密，对企业稳健发展也无裨益。

（1）预算的是意识

企业如不做预算，再好的企业也会垮台，完全失控。企业发展大了，每项看似花费很小的项目拿出来都不低于百儿八十万元，如车辆费动辄一二百万元，差旅费少则二三百万元。每项不低于 1 000 万元的预算，若每项中能压缩出 10 万元，压缩 1 000 万元对整体预算而言轻轻松松。但企业的利润和发展不是压缩出来的，而是靠体制管理、预算控制出来的。

正所谓不当家不知柴米贵。老板、职业经理人、企业员工中，自是老板最知晓、最能认清预算的本质与利害关系。但唯有企业老板意识到还不够，还需要企业全员有企业经营意识，并为企业的整体经营和发展着想。

对企业老板而言，企业不怕没钱，就怕没人，更怕没能人；所谓能人就是有较高层面的认识、能为企业发展开源节流的人。

（2）预算的是导向

企业做预算，站在企业发展层面讲，就是在做战略导向。单纯地站在生产角度带着生产型指标做预算容易，但站在企业角度，带着生产型指标做预算，就需要站在企业发展全局的角度。因此，无论是中心还是部门做预算，应考虑清楚做预算的本质是什么——本质是做导向。

如何分析导向？取决于三点。第一看自身发展现状。看企业未来两三年的发展战略。第二看行业大环境。例如：原材料行情有变，相应带动销售市场的变化。它的变化，代表了产品结构要调整，如不调整将打乱企业机构。因此，企业要根据原材料行情的变化，适时进行调整。第三看其他环节。诸如企业的研发、生产以及新增项目、经营结构等。

对企业来说，搞经营不把经营结构搞清楚，做方向就如同缘木求鱼。另外，企业发展阶段不同，策略有别，不宜轻易拿自己找对手比，因为情况不同，没可比性。

（3）预算的是年度战略目标

企业战略规划体系的进一步细分与落地，就是企业年度战略目标的体现。例如，第一年投入期，投入多少？第二年持平增长期，增长多少？第三年快速增长期，增长多少？依据是什么？

某投资机构所控股的 A 公司，是一家劳动密集型的生产型加工公司，从内勤到生产一线，公司员工一两千人，规模上十亿元，且正处于快速发展期。年终公司在召集几大部门做预算时，因为整体战略发展体系不够清晰，公司年度战略目标制定出现了偏颇，预算下来，公司一年到头忙活利润都是负数，如同数千人一起辛辛苦苦忙到头，到头来竟是白忙活了一场。

而且预算会开了一次又一次，大家互相推诿、指责。然而，细究不难发现，关键在于未能制定一个清晰的年度战略目标。

（4）跳出圈子做预算

跳出圈子做预算包括三层含义：跳出企业做预算；跳出部门做预算；跳出中心做预算。进一步说，做企业整体预算，就要站在行业高度和战略高度层面；做部门预算，就要站在中心角度；做中心预算，就要站在企业层面。

要跳出圈子来做年度预算，一年要比一年规范，要站在企业整体层面上做，避免单纯站在各自中心角度来做。

（5）先确定目标，再做预算

各中心、部门做预算之前，必须使生产指标、销售指标、利润指标明朗化、清晰化，这是做好预算的大前提。同时，无论是中心还是部门做预算，除结合自身新一年度需求及资源匹配程度做预算外，还要结合中心、企业发展角度等因素做预算，这样才能使得预算更趋于合理。

更为关键的是，每次做预算，要与前三年的各项指标进行对比分析，避免出现闷头做、闭门造车的现象，从而使得做出的指标更具可行性。高层定方向性指标，增长率多少，预算上某项预算占总体多少，比率增长还是下降，至少要一目了然。这样即便决策，因为有了各项指标增长或下降的比率等关键要素，也简单可行。

确定目标是否吻合企业发展实际，否则，在目标可变或不稳定的情况下做预算，本末倒置，只会做无用功。

（6）先确定发展基调再做预算

对企业而言，每年发展阶段目标不一，发展态势有别。产能扩大，是为企业创造效益而扩展；市场扩大，是为企业创造效益而扩展；人力结构扩大，是为企业创造效益而扩展。每个阶段，企业发展各有侧重。

因此，相应在预算制定上也有差异。如果确定新一年度为企业的基建扩展年或市场扩展年，这意味着企业的利润不仅将用在基建与市场上，还将可能出现资金缺口，需要再融资，以满足企业快速扩展的需要。倘若企业新一年度为市场收效年，这意味着企业的投入成本缩减，利润成本上升。无论企业利润是正还是负，都要让企业高层知道正负的原因、增幅或降幅及投入与产出的周期。

案例　某公司全面预算管理存在的问题及改进建议

某公司注册资本为 1 800 万元人民币，现有员工八百余人，其中各类中高级专业技术人员及工程技术人员百余名。公司主要从事各类汽车水泵轴承、汽车滚针轴承、单向离合器轴承、平面轴承、机械用轴承以及电机专用轴承的研发、生产和销售。

公司组织构架如图 13-1 所示。

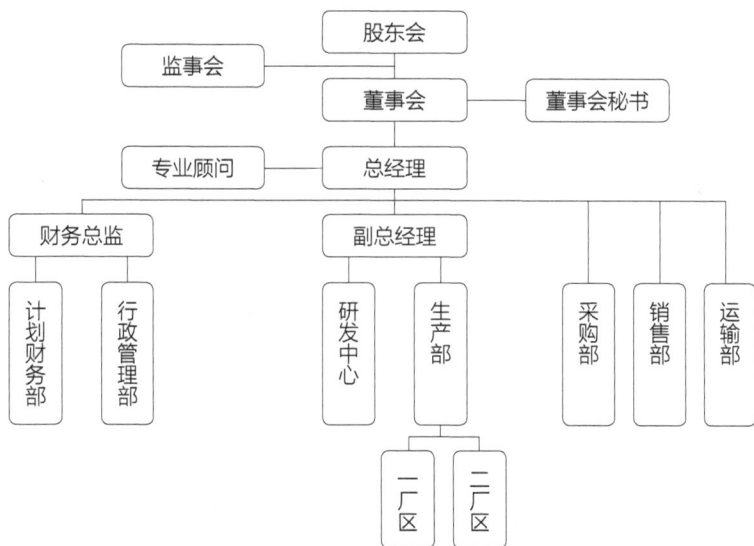

图 13-1　公司组织构架

公司以其年度销售额作为预算编制的出发点，运用上下结合的预算编制方式，再以固定预算法和增量预算法为主编制下一年度的预算。

公司全面预算管理的编制流程如图 13-2 所示。

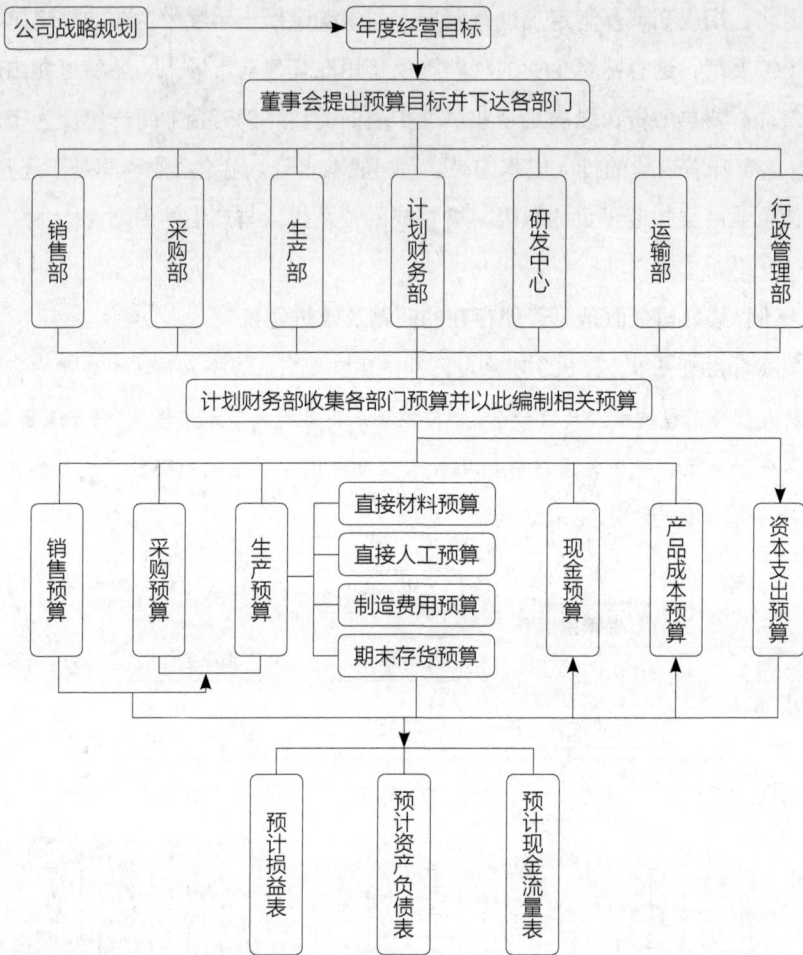

图 13-2　公司全面预算管理的编制流程

公司全面预算管理的执行与监控。各个执行部门建立起预算管理账，根据账面上的预算项目登记具体的预算数额、实际发生额、实际与预算的差异额等数值。

公司全面预算管理的考评。公司要求各部门签订一份目标责任书，在此基础上各部门主管向公司交纳相应的责任风险资金，年底公司对各个部门的预算完成情况进行整体考量。

该公司全面预算管理存在的问题如下。

（1）盲目照搬预算管理模式。

公司盲目照搬其他公司的全面预算管理经验模式，使得预算管理的作用难以真正发挥出来；加之公司预算管理体系与预算编制中存在一些不足，最终使得公司的预算管理效果大打折扣。

（2）对全面预算管理的认识不全面。

在全面预算管理的实际推行过程中，认为预算管理就是预算编制。就该公司的预算实施过程来看，其预算管理的核心工作就是预算编制，有部分员工认为，只要预算编得科学、合理就可以达到降低成本、有效控制资金的目的，完全忽略了过程监控的重要性；认为预算编制是领导者的事，无论领导者制定多少预算额都被动地接受。

（3）预算编制方法缺乏综合性。

该公司运用了固定预算法和增量预算法两种编制方法，但对于复杂的经营环境和多变的市场环境来说，这两种预算编制方法还是显得过于模式化了。

（4）预算管理的执行力不强。

该公司把重点都放在了预算的编制上，忽视了预算的日常追踪和调控。预算的过程监控变得虚无，其管理与控制的作用也难以发挥。

（5）预算考核制度存在缺陷。

预算考核体系不健全。该公司的预算考核制度过度重视财务业绩指标而忽视非财务业绩指标，无法全面、真实地反映公司的经营状况。

预算出现潜在松弛倾向。持续使用以财务业绩指标为中心的预算考核体系，将出现相应的预算松弛倾向。

预算考核与业绩薪酬脱节。该公司的预算考核制度不够细化和明确，并未实质性地将预算考核和工资奖金相结合，使得公司的战略目标难以圆满实现。

该公司全面预算管理的改进建议如下。

第一，采用适合本公司的预算管理模式。由于该公司旗下有两个生产厂区，在统筹规划公司预算目标时，不仅要站在全局角度上考虑总目标，还要兼顾各子目标所占的比重。这一点直接影响了公司全面预算管理模式的选择。该公司应采取以成本为核心和以利润为核心两者相结合的预算管理模式，以提升各环节的资金周转速率，最终达到资金管理控制的有效性目的。

第二，实行预算编制方法的多元统一。针对固定预算法与增量预算法的诸多缺陷，该公司可采用零基预算法、弹性预算法、滚动预算法和概率预算法相结合的预算编制方法。

①生产等部门在编制预算时可采用滚动预算法和弹性预算法相结合的方法。

②相关的职能部门在编制预算时可采用弹性预算法和固定预算法相结合的方法。

③研发中心所发生的费用与公司销售额无直接关联，因而该中心可依据其全年工作目标，使用零基预算法编制部门预算。

④采购部在编制采购预算时比较适宜采用滚动预算法。

⑤其他业务收支预算的不确定性偏高，公司使用概率预算法来编制比较恰当。

总之，为了提高预算的准确度与可控性，确保所编预算的质量，公司应努力实现预算编制方法的多元统一。

第三，完善预算执行控制制度。增加相关的预算管理条例以细化预算工作流程，如在预算执行过程中，各责任部门要及时检查、追踪预算的执行状况，以月度或季度为时间单位形成部门预算差异分析报告，再在限期内将上期预算差异分析报告上交至计划财务部，然后由计划财务部汇总各部门的预算差异分析报告形成总的分析报告，上交给董事会。最后，董事会依据该分析报告对公司预算进行动态调控。

第四，完善预算考核制度。完善预算考核指标的设计：在各部门责任主体的责权范围内，将各自的可控事项纳入考评范围，并依据责任中心的实际状况和具体特点设置考评指标，包括财务指标、非财务指标和预算管理指标。针对预算执行的结果，可采用平衡计分卡将财务、客户、内部运营、学习与成长作为最终的考评基础。

第五，建立完善的信息沟通机制。防止公司潜在预算松弛倾向的出现，关键在于经营管理者与各部门负责人之间要建立起一个相对完善的信息沟通机制，彼此以诚信为基础，加强对预算管理问题的协商与沟通，保证预算执行过程有一定的灵活性，以促使双方目标一致，使得整个管理层都能适当掌控预算控制的尺度。

第六，细化业绩考评制度，强化激励作用。为了改变预算考核和业绩薪酬"两张皮"的局面，公司应在实施预算考核与业绩评价相挂钩的基础上将个人预算执行情况作为一个重要的考评项目，而不单是把部门责任人纳入公司的业绩考评范围。计划财务部要仔细地研究不同岗位、不同层次员工的激励需求，制定出详细而合理的业绩激励制度，以通过这种刚柔并济的控制措施达到激发每个员工工作热情的目的。同时，公司还应预防考评制度在控制管理过程中出现的负面效应，特别是刚性的考评预算制度所带来的消极影响。

第七，加快建设全面预算管理信息系统。全面预算管理信息系统的优势在实际工作中尤为突出。全面预算管理信息系统能保证预算的严格性，无论是在填写报销单据阶段，还是在费用审批阶段，都可以随时查看费用预算执行的进度、节余，不需要到计划财务部查询或者等计划财务部结账后再告知。融智天 i9 全面预算管理软件的调整模拟功能，可以快速模拟计算出本次调整申请对相关预算的影响结果，包括对总体预算目标的影响，从而为审批决策提供参考依据。该公司应加快公司全面预算管理信息系统的构建，这不仅能够解决公司当前所面临的预算管理问题，而且对公司全面预算管理的持续推行大有益处。

全面预算管理是提高企业管理效率和提升企业经济效益的一项重要工具。与国外相比，我国推行全面预算管理制度的时间较晚，但是推广与发展的速度可谓相当之快，可见推行全面预算管理对企业实现战略规划、达成经营目标有着深远的意义。

全面预算管理是一个庞大而系统的工程，它作为一种全方位、全过程、全员参与编制和实施的预算管理模式，凭借其计划、协调、控制、激励、评价等综合管理功能，整合和优化配置企业资源，提升企业运行效率，成为促进企业实现发展战略的重要抓手。

13.2　现金流量预算

现金流量预算是指在一个给定的时间段（通常是一个月内），按时间顺序对收入和开支进行的总预算。

企业在编制现金流量预算时，有关信息可以从会计记录中直接获得，也可以在利润表营业收入、营业成本等数据的基础上，通过调整存货和经营性应收应付项目，以及固定资产折旧、无形资产摊销等项目后获得。

13.2.1　现金流量预算概述

现金流量预算是以销售预算、生产预算、成本预算、资本预算等提供的数据为基础编制的。最佳现金持有量的确定：企业持有现金的成本包括占有成本、管理成本和短缺成本，使这三种成本之和最小的现金持有量就是最佳现金持有量。

占有成本又称机会成本、投资成本。现金来自债权人和股东，企业持有现金要付出代价。如果将现金进行短期投资，则有投资收益；如果未进行投资，则丧失了取得投资收益的可能。

短缺成本主要体现在三个方面。

①现金不足使企业不能在折扣期内付款，从而使购货成本提高。

②企业不能在债务到期时及时偿还，带来的罚款、罚息损失，以及信誉损失。

③现金不足致使企业丧失支付能力，带来生产经营的中断损失。

现金流量预算编制要点如下。

（1）以收付实现制编制现金流量预算。

（2）为保证现金流量预算准确、合理，基础预算如销售预算、生产预算、成本预算、费用预算的编制必须合理。

（3）不需要考虑利润表项目、资产负债表项目的经济性质，只要与现金流量有关的项目都应包括在现金流量预算中。

（4）如果一个预算期内的现金流入和现金流出发生的时间不一致，则可能高估或低估融资需求量，这时应以中期为基础编制现金流量预算。

（5）每个企业都应该有一个最佳现金持有量，这样既能保证企业生产经营的需要，又能使企业获得最大收益。

13.2.2　现金流量预算的作用

现金流量预算的作用体现在三个方面。

（1）现金流量预算是现金流量管理的重要工具，有利于企业对现金收支活动进行有计划的安排。

（2）企业通过编制现金流量预算，可以合理配置财务资源。

（3）提供企业绩效评价标准，便于考核，强化内部控制。

13.2.3　现金流量预算的内容

现金流量预算是按收付实现制来全面反映企业的生产经营活动的财务预算之一，是从现金的"流入""流出"两个方面进行的。

现金流入预算的内容包括生产经营活动产生的现金流入和其他非经营活动产

生的现金流入。生产经营活动主要是指企业投资活动和筹资活动以外的所有交易活动，就工商企业来说，主要包括销售商品、提供劳务、经营性租赁、购买商品、接受劳务、广告宣传、推销产品，缴纳税款等。而销售商品、提供劳务收到的现金则需要以销售收入预测为基础，考虑销售方式来确定；同时还要利用历史资料进行定量的趋势分析预测并参照专业销售人员意见进行定性预测。

现金流出预算的内容包括生产经营活动产生的现金流出和非生产经营活动产生的现金流出。在成本费用的现金流出中，购买商品、接受劳务支付的现金和经营租赁所付的现金以及支付给职工的现金可以根据经营收入预算或销售量预测倒推确定，也可以采用直接计算法确定。

总之，现金流量预算，除了要反映预算期内现金流入与现金流出的数额外，还要反映发生的时间，因为只有总量没有时间的"流量预算"是无意义的。现金流量发生的时间预算越准确，资金调度就越从容，从而越有助于提高资金使用效率、降低资金占用成本。

所以，从内容上说，现金流量预算是二维的。企业的运转分分秒秒都离不开现金的流动，支付工资、购买办公用品、购置原材料和固定资产、支付税款、偿还贷款等，都体现现金流动。大多数企业一定时期内的现金收支是有一定波动的。市场热点或季节变化都会直接影响经营额，进而影响现金流入流出的数量。

13.2.4　现金流量预算的编制

企业在进行现金流量预算的时候，通常可以按照以下步骤开展：销售预算—生产预算—直接材料预算—应交税金预算—直接人工预算—制造费用预算—产品成本预算—期末存货预算—销售费用预算—管理费用预算—经营决策预算—现金流量预算。

销售预算是编制全面预算的关键和起点。在每个预算环节中，都有一系列相应的公式，可以帮助企业更容易地确定预算的确切数字。

（1）销售预算

销售预算依据年度目标利润、预测的市场销量或劳务需求，以及提供的产品结构和市场价格编制。

销售预算如表 13-1 所示。

表 13-1　销售预算

项目	行次	第一季度	第二季度	第三季度	第四季度	全年
预计销售量（件）	1	500	750	1 000	900	3 150
预计销售单价（元/件）	2	100	100	100	100	100
销售收入（元）	3	50 000	75 000	100 000	90 000	315 000
预计现金收入：	4					
上年应收账款	5	15 000				
第一季度（元）（销售50 000元）	6	30 000	20 000			50 000
第二季度（元）（销售75 000元）	7		45 000	30 000		75 000
第三季度（元）（销售100 000元）	8			60 000	40 000	100 000
第四季度（元）（销售90 000元）	9				54 000	54 000
现金收入合计（元）	10	45 000	65 000	90 000	94 000	294 000

（2）直接材料预算

直接材料预算为编制现金流量预算提供采购资金现金支出数据。

直接材料预算如表 13-2 所示。

表 13-2　直接材料预算

项目	行次	第一季度	第二季度	第三季度	第四季度	全年
预算直接材料需用量（件）	1	5 050	7 750	9 900	8 900	31 600
预算期期末材料库存（件）	2	1 550	1 980	1 780	1 600	1 600
合计（件）	3=1+2	6 600	9 730	11 680	10 500	33 200
预算期期初材料库存（件）	4	1 600	1 550	1 980	1 780	1 600
直接材料采购量（件）	5=3-4	5 000	8 180	9 700	8 720	31 600
直接材料采购单价（元/件）	6	2	2	2	2	2
直接材料总成本（元）	7=5×6	10 000	16 360	19 400	17 440	63 200
预计现金支出：	8					
上年应付账款（元）	9	4 500				4 500
第一季度（元）（采购款10 000元）	10	5 000	5 000			10 000

项目	行次	第一季度	第二季度	第三季度	第四季度	全年
第二季度（元）（采购款 16 360 元）			8 180	8 180		16 360
第三季度（元）（采购款 19 400 元）				9 700	9 700	19 400
第四季度（元）（采购款 17 440 元）					8 720	8 720
现金收出合计（元）		9 500	13 180	17 880	18 420	58 980

（3）直接人工预算

直接人工预算为编制现金流量预算提供直接人工现金支出数据。

直接人工预算如表 13-3 所示。

表 13-3　直接人工预算

项目	行次	第一季度	第二季度	第三季度	第四季度	全年
预计生产量（件）		505	775	990	890	3 160
单位产品人工小时（小时/件）		10	10	10	10	10
预计总工时（小时）		5 050	7 750	9 900	8 900	31 600
预计小时工资率（元/小时）		2	2	2	2	2
直接人工成本（元）		10 100	15 500	19 800	17 800	63 200

（4）制造费用预算

制造费用预算为编制现金流量预算提供制造费用现金支出数据。

制造费用预算如表 13-4 所示。

表 13-4　制造费用预算

单位：元

项目	行次	第一季度	第二季度	第三季度	第四季度	全年
变动制造费用小计		2 525	3 875	4 950	4 450	15 800
其中：机物料消耗		505	775	990	890	3 160
水电费		505	775	990	890	3 160
低值易耗品摊销		100	100	100	100	400

续表

项目	行次	第一季度	第二季度	第三季度	第四季度	全年
修理费		1 010	1 550	1 980	1 780	6 320
运输费		100	100	100	100	400
模具摊销		200	200	200	200	800
其他		105	375	590	490	1 560
固定制造费用小计		8 450	8 450	8 450	8 660	34 010
其中：折旧费		4 000	4 000	4 000	4 000	16 000
车间管理人员薪酬		3 000	3 000	3 000	3 000	12 000
办公费		200	200	200	200	800
差旅费		500	500	500	500	2 000
劳保费		300	300	300	300	1 200
租赁费		200	200	200	200	800
保险费		150	150	150	160	610
其他		100	100	100	300	600
制造费用合计		10 975	12 325	13 400	13 110	49 810
减：折旧		4 000	4 000	4 000	4 000	16 000
现金支出		6 975	8 325	9 400	9 110	33 810

（5）销售费用预算

销售费用预算为编制现金流量预算提供现金支出数据。

销售费用预算如表13-5所示。

表13-5 销售费用预算

单位：元

项目	行次	第一季度	第二季度	第三季度	第四季度	全年
一、变动销售费用		2 400	3 000	2 750	2 550	10 700
差旅费		250	250	250	250	1 000
包装费		500	500	500	500	2 000
运输费		300	600	500	600	2 000
促销费		500	700	500	500	2 200
广告宣传费		600	600	700	400	2 300
业务招待费		200	300	250	250	1 000

续表

项目	行次	第一季度	第二季度	第三季度	第四季度	全年
其他		50	50	50	50	200
二、固定销售费用		2 300	2 300	2 300	2 400	9 300
销售部门薪酬		1 500	1 500	1 500	1 500	6 000
办公费		100	100	100	100	400
折旧费		250	250	250	250	1 000
租赁费		200	200	200	200	800
保险费		150	150	150	150	600
其他		100	100	100	200	500
三、销售费用合计		4 700	5 300	5 050	4 950	20 000
减：折旧		250	250	250	250	1 000
现金支出		4 450	5 050	4 800	4 700	19 000

（6）管理费用预算

管理费用预算为编制现金流量预算提供现金支出数据。

管理费用预算如表 13-6 所示。

表 13-6　管理费用预算

单位：元

项目	行次	第一季度	第二季度	第三季度	第四季度	全年
一、约束性管理费用		3 000	3 500	5 000	5 000	16 500
管理人员薪酬		600	600	600	600	2 400
折旧费		1 000	1 000	1 000	1 000	4 000
低值易耗品摊销		100	100	300	300	800
财产保险费		200	200	400	400	1 200
租赁费		300	300	500	500	1 600
工会经费		200	200	200	200	800
职工教育经费		200	200	200	200	800
无形资产摊销		300	300	800	800	2 200
其他		100	600	1 000	1 000	2 700
二、非约束性管理费用		2 000	2 600	3 100	3 100	10 800
办公费		300	300	400	400	1 400

项目	行次	第一季度	第二季度	第三季度	第四季度	全年
邮电费		300	300	300	300	1 200
差旅费		500	600	800	800	2 700
业务招待费		500	800	900	900	3 100
物料消耗		200	200	200	200	800
其他		200	400	500	500	1 600
合计		5 000	6 100	8 100	8 100	27 300
减：折旧		1 000	1 000	1 000	1 000	4 000
现金支出		4 000	5 100	7 100	7 100	23 300

（7）财务费用预算

财务费用预算为编制现金流量预算提供现金支出数据。

财务费用预算如表 13-7 所示。

表 13-7　财务费用预算

单位：元

项目	行次	第一季度	第二季度	第三季度	第四季度	全年
利息收入		−500	−500	−500	−500	−2 000
利息支出		1 500	1 500	1 500	2 000	6 500
汇兑损益		300	300	300	500	1 400
金融机构手续费		200	200	200	500	1 100
现金折扣		500	500	500	500	2 000
其他		0	0	0	0	0
合计		2 000	2 000	2 000	3 000	9 000

13.2.5　现金流量预算基础表的编制

汇总以上各预算现金收支数，编制现金流量预算基础表。

现金流量预算基础表如表 13-8 所示。

表13-8　现金流量预算基础表

单位：元

项目	行次	第一季度	第二季度	第三季度	第四季度	全年
期初现金余额	1	18 000	19 675	18 920	18 000	74 595
本期销售现金收入（表13-1）	2	45 000	65 000	90 000	94 000	294 000
本期其他现金收入	3	0	0	0	0	0
可供使用现金合计	4=1+2+3	63 000	84 675	108 920	112 000	368 595
直接材料现金支出（表13-2）	5	9 500	13 180	17 880	18 420	58 980
直接人工现金支出（表13-3）	6	10 100	15 500	19 800	17 800	63 200
制造费用现金支出（表13-4）	7	6 975	8 325	9 400	9 110	33 810
销售费用现金支出（表13-5）	8	4 450	5 050	4 800	4 700	19 000
管理费用现金支出（表13-6）	9	4 000	5 100	7 100	7 100	23 300
财务费用现金支出（表13-7）	10	2 000	2 000	2 000	3 000	9 000
对外投资、购建固定资产	11	0	40 000	0	22 000	62 000
缴纳企业所得税	12	2 000	2 000	2 000	2 000	8 000
缴纳流转税	13	1 500	1 500	1 500	1 500	6 000
支付各项预付款	14	1 000	1 000	1 000	1 000	4 000
其他现金支出	15	500	500	500	500	2 000
本期现金支出合计	16=5+6+……+15	42 025	94 155	65 980	87 130	289 290
现金余缺	17=4-16	20 975	-9 480	42 940	24 870	79 305
加：新增金融机构借款	18		29 000			29 000
减：偿还借款及利息	19			24 500	7 300	31 800
预算期末现金余额	20	20 975	19 520	18 440	17 570	76 505

最后，根据现金流量预算基础表数据、上年现金流量实际、本年累计现金流量实际，结合现金流量台账编制现金流量预算。

13.3 利润预算

利润预算是以货币形式综合反映预算期内企业经营活动成果的利润计划，是现代化的科学管理方法。

13.3.1 利润预算概述

利润预算按照利润表的内容与格式编制，用于综合反映企业整个预算期间经营活动的财务成果、必须履行的纳税业务。企业基于其观察留存收益，合理有效融资。

13.3.2 利润预算的编制流程

利润预算的编制流程如下。

（1）以营业收入为基础，减去营业成本、税金及附加、销售费用、管理费用、财务费用、资产减值损失，加上公允价值变动收益（减公允价值变动损失）、投资收益（减投资损失），计算出营业利润。

（2）以营业利润为基础，加上营业外收入，减去营业外支出，计算出利润总额（或亏损）。

（3）以利润总额为基础，减所得税，计算出净利润（或亏损）。

注：利润表数据主要来源于现金流量预算中的各基础表。

利润预算表如表 13-9 所示。

表 13-9 利润预算表

项目	月份												合计
	1月	2月	3月	4月	5月	6月	7月	8月	9月	10月	11月	12月	
一、营业收入													
减：营业成本													
税金及附加													
销售费用													
管理费用													
财务费用													

续表

项目	月份												
	1月	2月	3月	4月	5月	6月	7月	8月	9月	10月	11月	12月	合计
资产减值损失													
加：公允价值变动收益（损失以"-"号填列）													
投资收益（损失以"-"号填列）													
二、营业利润（亏损以"-"号填列）													
加：营业外收入													
减：营业外支出													
三、利润总额（损失总额以"-"号填列）													
减：所得税费用													
四、净利润（净亏损以"-"号填列）													

13.4 资产负债预算

资产负债预算对企业会计年度末期的财务状况进行预测，它通过将各部门和各项目的分预算汇总在一起，表明如果企业的各种业务活动达到预先规定的标准，在财务末期企业资产与负债会呈现何种状况。作为各分预算的汇总，管理人员在编制资产负债预算时虽然不做出新的计划或决策，但通过对预算表的分析，可以发现某些分预算的问题，从而有助于采取及时的调整措施。

比如，分析流动资产与流动负债的比率，可能发现企业未来的财务安全性不高、偿债能力不强，可能要求企业在资金的筹措方式、来源及其使用计划上做相应的调整。另外，将本期预算与上期实际发生的资产负债情况进行对比，可发现企业财务状况可能会发生哪些不利变化，从而指导事前控制。

13.4.1 资产负债预算概述

资产负债预算将反映决策周期企业生产经营活动结束时，企业所拥有的全部资产总和、负债程度、偿债能力、所有者权益等情况，主要包括资产预算和负债预算两个方面的内容。

资产预算实际上是指企业资金占用的预算，由固定资产预算和流动资产预算两部分组成。固定资产主要是指企业厂房、设备和其他生产设施。流动资产是指原材料和配件、产成品、债权（本周期未能收回的销售收入部分）、购买的有价证券和现金。

负债预算实际上是指企业资金的来源预算，由自有资金预算和外来资金预算两部分组成。自有资金是指注册资金、盈余公积、利润留存和企业税后净利等，外来资金则主要是指银行的长期贷款、中期贷款和透支贷款等。负债预算合计和资产预算合计应当持平。

13.4.2 资产负债预算的编制步骤

资产负债预算的编制步骤如下：预计预算期初数据；分析和计算预算期末数据；编制资产负债预算草案。

第 14 章
房地产企业全面预算管理

房地产企业全面预算管理有着自身行业的特殊性。

首先，房地产企业有着不同于传统制造业企业的特点。房地产企业的核心业务是房地产项目开发，业务环节大致包括项目前期投资测算、拿地、设计、施工，以及后续的物业服务及资产运营等，开发周期一般为 2～3 年。项目预算是企业预算管理的基础，项目预算编制内容涉及销售、建安成本、期间费用、税金、现金流等。企业预算一般以自然年度为预算周期，而项目预算的周期一般会跨年度。项目预算与企业年度预算之间的匹配是房地产企业预算管理需要重点关注的内容。

其次，房地产行业属于资本密集型行业。对于单个房地产项目而言，现金流波动会十分剧烈，项目前期土地成本及建安成本需要投入大量现金，开盘后则可能会迅速回流现金，实现现金流平衡，但项目尾声阶段可能会因为税务清算及工程结算等，现金大额流出。因此现金流预算是房地产企业预算的核心。

最后，由于房地产行业受宏观政策、经济动态影响较大，施工过程中可能会存在各种难以预料的因素。这些因素可能会导致房地产行业预算编制难度比其他行业更大，最终可能会导致考核难以落地。

14.1 房地产企业全面预算管理模式

14.1.1 房地产企业三大特点

房地产企业的三大特点如下。

首先，开发周期长，大多数项目跨年度，需要2～3年，且涉及的外部因素多。

其次，开发投资额大，动用资金多，成本开支大。

最后，销售受国家政策和金融市场影响，销量和销售价格波动大，企业把控难度大。

14.1.2 房地产企业全面预算管理的六大特点

房地产企业全面预算管理的六大特点如下。

（1）全过程性。全面预算管理是对企业各项经营活动的事前、事中和事后的全过程管理。

（2）全方位性。全面预算管理的内容包括财务预算、经营预算和投资预算。预算编制涉及企业生产经营的方方面面，将供、产、销，人、财、物全部纳入预算范围。

（3）全员性。企业领导、各部门负责人、下属企业负责人、各岗位员工必须都参与全面预算管理。

（4）以现金流预算为基础。由于房地产企业的高利润、高负债、高风险，现金流的健康顺畅显得尤为重要。因此，房地产企业对编制现金流量预算的重视程度大于基于权责发生制编制的利润预算、资产负债预算。

（5）以工程项目预算为核心。工程项目成本的业务量大、成本内容复杂、成本开支难控制的特点决定了工程项目预算的核心地位。

（6）以工程形象进度为节点。由于房地产开发周期长，与总包方的结款一般参照形象进度来进行，因此，年度预算以年底工程形象进度为节点是会计确认开发成本的依据。这对企业的会计利润影响很大，重要性不言而喻。

14.1.3 常用的全面预算管理模式

（1）以销售收入为导向

以追求收入最大化或收入高速增长为目标的全面预算管理模式。这种全面预算管理模式适用于处于成长期的企业，通过企业收入的高速增长占领市场，以销售收入为核心确定相关预算指标和进行资源配置。

（2）以目标利润为导向

以追求利润最大化为目标的全面预算管理模式。大多数企业采用这一模式，围绕确定的目标利润测算销售收入和目标成本，以及相关的销量、产量、质量、进度等预算指标。

（3）以目标成本为导向

以控制成本费用为中心，以追求成本优势为目标的全面预算管理模式。这一模式适用于处于成熟期的企业或竞争激烈的行业中缺乏核心竞争力的企业，以及产品价格波动较大、影响销售的外部因素不易控制的企业。预算编制和管理的中心是有效地控制成本费用。

（4）以现金流为导向

以确保企业现金流正常运转、追求现金净流量最大化为目标的全面预算管理模式。这一模式适用于现金短缺、现金流转困难的企业，或投资额大、资金运用多、现金流量大的企业。

14.1.4 适合房地产企业的全面预算管理模式

房地产企业实施全面预算管理，最早都学习借鉴制造业企业，但因房地产企业有其自身特点，照搬来的管理经验并未发挥应有的作用。

近几年，一些房地产企业结合行业特点，在全面预算管理方面进行了广泛的探索与实践，逐步形成"以项目成本控制为核心，以现金流量控制为重点"的具有房地产行业特色的全面预算管理模式。

该模式的主要特点是以开发项目成本为核心，预算编制以成本费用预算为起点，预算控制以成本费用控制为主轴，预算考评以成本费用为主要考评指标，运用现金预算控制开发项目的投资金额和现金支出。

具体做法如下。

（1）在明确具体开发项目实际情况的前提下，将市场定价、企业潜力和预期利润进行比较，倒挤项目目标成本。

（2）将确定的开发项目的目标成本，按照成本项目、成本费用的具体用途，以及发生费用的责任单位（人），加以分解、量化和分类整理，形成一套系统完善的开发项目成本费用预算指标。

（3）将分解的开发项目成本费用预算指标落实到开发项目的具体工作过程和工作事项，及相关的责任单位和个人。

（4）依据开发项目成本费用预算指标，签订采购、建筑、安装等各项招标合同。

（5）明确以开发项目成本费用预算指标完成情况为考评依据的考核指标体系和奖惩制度，使相关责任单位和个人责权利紧密结合。

（6）在项目开发过程中跟踪成本流程，按照开发项目成本费用预算指标编制投资进度计划、付款计划，并汇总编制现金收支预算。

（7）项目开发过程中的所有费用支出，严格按照现金预算进行，对开发项目的成本费用实行全过程控制管理。

案例 某房地产集团全面预算管理实施的误区

某房地产集团是一家以房地产开发为主业，跨地区、跨行业的大型投资控股集团公司，经过20年的发展，先后投资成立了100多家分、子公司，分别涉足住宅与商业地产开发、产业园区建设与运营、旅游文化产业、商业资产运营、物业服务等相关产业。集团文化较为强势，强调军事化管理，团队执行力强，重视人才培养。

该集团10年前便开始推行全面预算管理，集团大股东兼董事长高度重视全面预算管理，由集团财务总监和运营总监联手牵头成立全面预算管理工作小组，梳理完成全面预算管理制度、流程及模板。然而这一套看起来十分完善的全面预算管理体系几乎从未执行，集团为全面预算管理耗费了数百万元资金，最终几乎没有产生任何经济效益。

在该集团推行全面预算管理过程中，全面预算管理工作小组核心人员对行业特殊性认识不足，懂行业的人不懂预算，懂预算的人不太懂行业，聘请的咨询专家也缺乏房地产行业咨询经验。

（1）未区分集团与项目公司全面预算管理的诉求差异。

作为一家大型投资控股集团公司，全面预算管理应当从集团和项目两个层面进行考量。从集团层面而言，全面预算管理的目的在于实现集团战略规划，有效调配集团资源，实现集团管控；从项目公司层面而言，全面预算管理的目的在于落实集团的管理要求，注重成本费用控制，确保项目关键节点达成等。

该集团梳理搭建的全面预算管理体系，没有区分集团层面和项目公司层面的不同诉求，较大程度上影响了这套体系的可执行性。

（2）缺乏明晰的战略规划。

全面预算管理是一种战略规划实施的工具，是联系战略规划和绩效考核的纽带。战略规划是全面预算管理的起点，没有明晰的战略规划，全面预算管理就会失去方向。

该集团所有关于企业的愿景及战略规划都存在于董事长脑海里面，并没有做系统梳理，企业员工及中层管理者对企业的战略规划几乎没有概念。这是全面预算管理体系难以落地的重要原因。

（3）企业文化与全面预算管理的匹配度较差。

全面预算管理作为一种实现企业经营目标的管理手段，需要融入企业文化中，需要每一位员工的参与和认可。该集团多年以来一直强调产品创新，强调要把每一个楼盘当作一个"作品"来做，这一理念导致集团各项目产品标准化程度较低，项目之间可比性较差，预算定额难以确定，在一定程度上加大了实施全面预算管理的难度。

（4）绩效考核形同虚设。

绩效考核是全面预算管理成功实施的保障。对预算执行结果进行考核，有助于强化预算的刚性，有助于提高各级人员对全面预算管理工作的重视程度，从而有助于在集团形成良好的目标文化和绩效文化。

该集团一直没有建立明确的考核规则，目标设定存在较大的主观性和随意性，年度目标是否达成对预算责任人的收益影响并不明显，年终绩效的发放更多取决于董事长的主观判断，存在较大的随意性。

（5）实施策略不当。

该集团在实施全面预算管理的策略方面，没有充分考虑到集团整体管理水平不高、预算管理基础薄弱的现状，没有对下属单位业务流程进行梳理优化，也没有对集团管控模式做全面的梳理和调整，试图一次性实施一整套全新的全面预算管理制度体系，结果在试点过程中发现很难落地。新的全面预算管理体系看起来像一把枷锁，阻碍了集团正常业务的开展，最终被全盘抛弃。

根据房地产企业全面预算管理的特殊性，结合该集团管理现状，下一步推行全面预算管理时，应努力做好以下几点。

第一，抓住重点，分步推进。

首先，建立并实施项目全面预算管理体系，加强对房地产开发项目的管控。房地产企业项目预算是全面预算的基础，在企业没有建立起项目全面预算管理体系之前，全面预算管理不可能真正落地。项目预算应当根据房地产项目开发进度逐步细化，从投资测算阶段的项目估算，到规划设计阶段的项目概算，再到施工图确定后的项目预算，每一个阶段都应有严格的控制标准和控制重点。在项目施工阶段，应重点关注项目动态成本、合约变更、预算调整以及项目关键节点的达成等。

其次，梳理集团管控模式，明确集团管控的方式及重点。全面预算管理是集团战略的实施工具，也是集团管理控制的一种手段。在集团项目全面预算管理体系正常运行之后，需要对集团管控模式进行全面梳理，明确集团对下属单位的管控究竟是采用战略管控、财务管控还是业务管控，明确具体的管控重点及内容，并在此基础上搭建全面预算管理体系。

最后，在实施范围上，应先试点，后分批次逐步推广。全面预算管理涉及集团业务的全过程，势必会对集团原有的业务流程产生较大的冲击，采用先试点，后分次逐步推广的方式可以减少实施的阻力。

第二，分别搭建集团层面与项目公司层面的全面预算管理体系。在搭建体系时，应分别搭建集团层面与项目公司层面的全面预算管理体系。首先，从集团整体管理要求出发，建立集团层面的全面预算管理体系，明确集团目标设定的原则、集团管控的重点、预算编制流程、预算编制方法、预算调整流程、预算考核规则等；其次，各项目公司应在集团层面全面预算管理体系的基础上，制定项目公司全面预算管理体系，将集团管理要求落到实处，明确项目公司层面的目标分解、管控重点、考核规则等。

第三，建立合理的考核机制。考核机制在内容层级上包括集团对项目公司的考核以及项目公司对各部门、员工的考核两个维度，在考核形式上包括项目考核和年度考核。建立合理的考核机制，需要从集团层面和项目公司层面分别考虑具体的考核规则，同时也需要明确项目考核和年度考核的关系。

在设定集团层面考核规则时，应考虑集团整体战略目标的需要，同时也需要充分考虑各项目公司所处的开发阶段、项目定位等因素，不可"一刀切"。在设定项目公司层面考核规则时，应当考虑集团管控的具体要求，在不违背集团层面考核导向的基础之上，充分考虑本项目公司的具体情况，明确各部门的职责，将公司目标分解到各部门、各员工。在设定考核指标时，应考虑财务维度指标和非财务维度指标的有机结合。

对于该集团而言，考核机制的有效运行需要董事长充分授权，董事长需要主动遵守规则，不得随意违反规则。同时，鉴于集团长期以来对财务维度考核指标的轻视，建议加大财务维度考核指标的权重，强制要求财务维度考核指标的权重不得低于 70%。

14.2　房地产企业全面预算的编制

全面预算是一种全方位、全过程、全员参与编制实施的预算，其根本点就在于通过预算来代替管理，使预算成为一种自动管理机制。房地产企业通过全面预算管理体系可制定项目进度计划，并对项目销售收入、项目成本支出实现全面管控。全面预算管理体系，可让管理者及全体员工明确：要实现企业的战略目标和年度经营计划，企业需开工多少项目、在什么节点开工、如何把握开工进度；如何规划产品类型、如何把握销售节奏；如何合理控制资金支付、如何筹措和调配资金等。

14.2.1　如何设计合理的预算编制体系

预算编制是全面预算系统化管理的核心，关系到全面预算管理实施的各个环节。健全的预算编制体系应包括全面预算管理的组织体系、目标体系、指标体系、预测分析体系、流程控制体系以及信息技术支持，如图 14-1 所示。

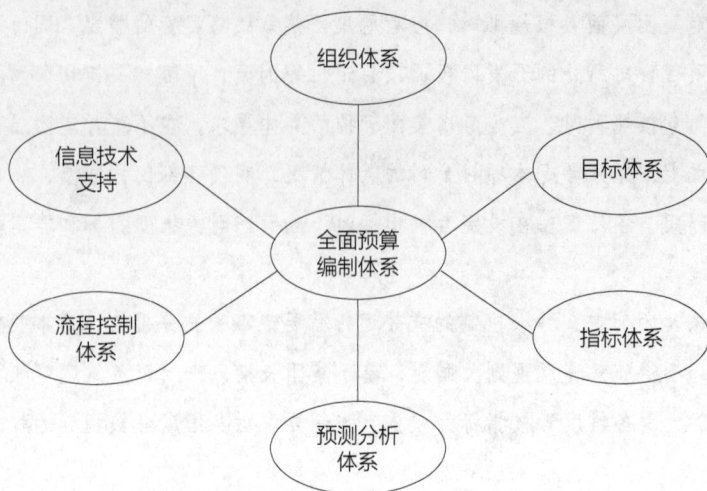

图 14-1　全面预算编制体系

（1）组织体系

房地产企业组织体系如图 14-2 所示。

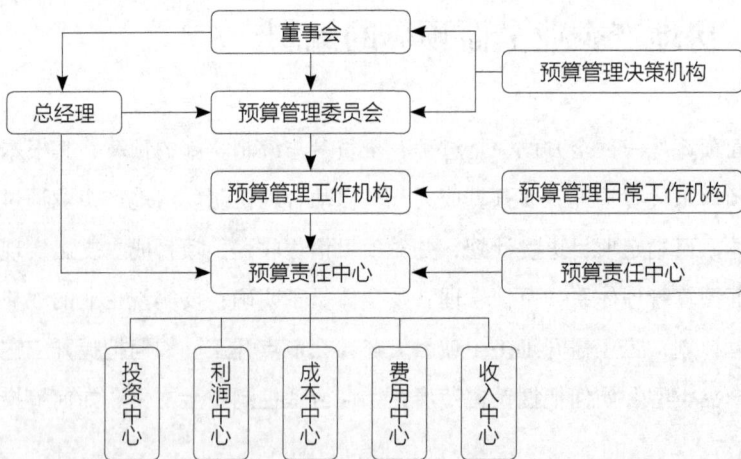

图 14-2　组织体系

①预算管理决策机构。

预算管理决策机构是组织领导企业预算管理的最高权力机构。企业应设立预算管理委员会，作为专门履行全面预算管理职责的决策机构。预算管理委员会一般由企业负责人任主任，总会计师（财务总监、分管财务副总）任副主任，成员包括主管副总、主要职能部门和子（分）公司负责人等。

②预算管理工作机构。

企业应当在预算管理委员会下设立预算管理工作机构。其负责人由预算管理委员会副主任兼任，成员由各部门相关岗位人员组成。

③全面预算责任中心。

全面预算责任中心是根据其在企业预算总目标实现过程中的作用和职责划分，承担一定经济责任，并享有相应权力和利益的内部单位。全面预算责任中心在预算管理部门（指预算管理委员会及预算管理工作机构）的指导下，组织开展本部门或本企业全面预算的编制工作，严格执行批准下达的预算。

投资中心——除控制成本、收入和利润以外，还能对投入的资金进行控制的责任中心。其具有最高决策权，不仅拥有最高的生产经营决策权，而且拥有一定的投资决策权。其一般是企业的最高管理层次，如集团下的子公司、分公司、事业部等。

利润中心——对利润负责的中心。由于利润由收入与费用两个因素决定，因而利润中心实际上既要对收入负责，又要对费用负责。利润中心拥有生产职能和销售职能。

成本中心——对成本负责的中心。任何发生成本的生产部门都可以确定为成本中心。成本中心的活动可提供一定的物质产品。

费用中心——对费用负责的中心。费用中心主要为企业提供一定的管理或专业性服务，可以是各职能部门。

收入中心——对产品或劳务的销售收入负责的中心。

（2）目标体系

企业战略目标是对企业战略经营活动预期取得的主要成果的期望的值，是指企业在实现其使命过程中追求的长期结果。它反映了企业在一定时期内经营活动的方向和所要达到的水平。因此，企业的战略目标是多元化的，既包括经济目标，也包括非经济目标；既包括定量目标，也包括定性目标。

企业关键领域的八大目标：市场方面的目标；技术改造和发展方面的目标；提高生产率方面的目标；物资和金融资源方面的目标；利润方面的目标；人力资源方面的目标；发挥职工积极性方面的目标；社会责任方面的目标。

（3）指标体系

第一，预算指标体系设计原则：导向性原则；兼顾性原则；客观性原则；激励性原则。

第二，预算指标体系基本框架。

①财务预算指标。该指标是以货币形式反映资金活动、企业生产经营过程和成果的预算指标。该指标主要有：企业发展规模指标（年销售收入、利税总额、员工总数等）；盈利能力指标（销售利润率、总资产报酬率等）；营运能力指标（应收账款周转率、存货周转率等）；获取现金的能力指标（销售现金比率、全部资产现金回收率等）；发展趋势指标（销售收入增长率、利润增长率等）。

②非财务预算指标。该指标面向未来，强调企业为获得长期可持续发展而应当采取的必要措施。该指标主要有：市场控制能力指标（市场占有率、市场应变能力、客户满意度等）；组织管理能力指标（生产能力有效利用率、组织结构的合理性等）；技术创新能力指标（人均技术装备水平、设备先进程度、新产品开发成功率等）；社会生态环保指标（原料的可回收率、环保投入资金率等）。

③综合指标。该指标是财务预算指标与非财务预算指标相互配合而形成的指标。主要有：基本指标（营业收入、营业利润、营业利润净现金率等）；辅助指标（资产周转率、成本费用收益率、不良资产处理率等）；修正指标（顾客投诉率、市场占有率、预算准确率等）；否决指标（安全生产等）。

第三，确定预算指标。

①基数加成法。其是指以上年完成利润或前几年完成利润的平均数为基础，再结合其他因素，以此确定企业预算指标的方法。

②目标导向法。其是指强调通过企业发展战略分析，确定企业的战略重点，从而确定预算指标的方法。

③标杆管理法。其是指参照同行业各项经营指标的平均或先进水平，在考虑企业行业竞争策略的基础上，合理确定企业的预算目标的方法。

④因素分析法。其是指分析指标与其影响因素的关系，从数量上确定各因素对分析指标的影响的一种方法。

⑤作业基础预算法。其是指根据企业作业活动和业务流程之间的关系合理配置企业资源而建立预算的一种方法。

（4）预测分析体系

第一，预测分析体系的基本程序：确定预测目标—搜集和分析数据—选择预测方法—预测、分析、判断—评估预测结果—形成预测报告。

第二，预测分析方法：定量预测法、定性预测法。

第三，预测分析体系的内容：销售预测、利润预测、成本预测、资金预测。

（5）流程控制体系

流程控制体系包括预算编制、预算审批、预算下达、预算指标分解和责任落实、预算执行控制、预算分析、预算调整以及预算考核八个环节和主要风险及考核措施。

（6）信息技术支持

信息技术的发展及其在企业管理中的应用，改变了在西方发达国家流行了一百多年的企业全面预算管理模式。

例如，用友公司设计的 ERP 预算系统：自动化技术的支持；信息沟通的支持；预算数据质量的支持；预算编制、监督控制、分析调整考核一体化的支持；全面预算管理体系发展的支持；预算全员参与的支持；企业实现发展战略的支持。

14.2.2　房地产企业预算编制流程

企业应在预算年度开始前，即每年 12 月底前编制完成第二年的初步预算方案。预算的编制按照"上下结合、分级编制、逐级汇总"的程序进行。

（1）下达目标。董事会根据企业经营决策，于每年 11 月底以前拟定下一年度预算目标，并确定预算编制政策，由预算管理工作组下达至各预算执行单位。

（2）编制上报。各预算执行单位按照下达的预算目标和政策，编制详细的业务预算方案，于 12 月底前上报集团公司本部财务部。

（3）审查平衡。集团公司本部财务部对上报的预算方案进行初审、汇总。财务部在审查、平衡过程中，与预算管理工作组充分协调，提出调整意见并反馈至预算执行单位予以修正。

（4）审议批准。集团公司本部财务部在预算执行单位修正调整的基础上，编制企业预算方案，报预算管理工作组讨论。在讨论、调整的基础上，集团公司本部财务部正式编制年度预算方案，提交董事会审议批准。

（5）下达执行。预算管理工作组在次年1月底以前将董事会审议批准的年度财务预算逐级分解下达至各预算执行单位执行。

预算编制方法以固定预算法为主、弹性预算法为辅。预算执行单位应根据不同的预算项目和各种方法的适用性选择相适应的方法进行预算编制。

14.2.3 房地产企业项目整体预算的编制

集团公司董事会是全面预算管理的审批机关，下设预算管理工作组。

预算管理工作组由集团公司总经理助理及各职能部门经理组成，负责拟订预算目标，制定预算管理的具体措施、办法，审议、平衡预算方案，协调解决预算编制和执行中的问题，组织下达预算目标，组织审计、考核预算的执行情况，并对董事会负责。集团公司本部财务部为预算管理的组织部门，在预算管理工作组的领导下，负责组织预算的编制、汇总、上报、下达等具体工作，分析财务预算与实际执行的差异及原因，提出改进管理的措施和建议。集团公司本部各职能部门以及项目公司是预算的具体执行者，即预算执行单位。集团公司本部各部门经理、项目公司总经理为预算执行单位的责任人，负责分管业务涉及的预算的编制、执行、分析、控制等工作。

（1）项目进度预算

项目进度预算也称项目进度规划，是依据项目开发流程，将开发项目从前期开发到项目施工、项目销售的全过程的所有工作事项（任务）的工作时间（工期）、开始和结束的起止时间规划编制出来。

项目进度预算表如表14-1所示。

表 14-1　项目进度预算表

序号	任务名称	工期	开始时间	完成时间	前置任务	备注
1	项目立项	20个工作日				
2	节能环保评估	30个工作日				
3	项目定位	40个工作日				
4	方案设计	25个工作日				
5	方案设计审定	40个工作日				

（2）项目成本预算

项目成本预算是依据项目概算和工程建造预算，按照房地产企业的成本明细，编制的包括土地成本、前期费用、建筑安装成本、配套设施成本在内的预算。

项目成本预算表如表 14-2 所示。

表 14-2　项目成本预算表

序号	费用项目	计费依据	费率（%）	费用金额（元）

（3）编制项目进度、成本费用汇总表

项目进度、成本费用汇总表将项目的成本费用分解到构成项目的具体事项（任务）上，按照项目的进度事项（任务）反映项目的成本费用。

项目进度、成本费用汇总表如表 14-3 所示。

表 14-3　项目进度、成本费用汇总表

序号	任务名称	工期	开始时间	完成时间	成本费用金额（元）

（4）画出项目进度（成本）甘特图

甘特图又称横道图，以时间为坐标，用横线表示工作（事项）的起始和结束，反映各工作之间的先后顺序和进度要求。

项目进度（成本）甘特图如图 14-3 所示。

编号	项目名称	时间/月	成本（万元/月）	工程进度/月											
				01	02	03	04	05	06	07	08	09	10	11	12
11	场地平整	1	20	▬											
12	基础施工	3	15		▬	▬	▬								
13	主体工程施工	5	30				▬	▬	▬	▬	▬				
14	砌筑工程施工	4	20							▬	▬	▬	▬		

图 14-3　项目进度（成本）甘特图

（5）编制项目销售预算

项目销售预算依据项目概算确定的销售目标，结合项目进度预算确定的项目销售时间编制，包括制定销售方案、预测销售价格、测算销售收入。

（6）编制项目预计损益表和预计现金流量表

项目预计利润表和预计现金流量表依据项目销售预算和项目成本预算汇总编制。

14.2.4　年度预算编制体系

（1）如何制定年度业务计划

年度业务计划要预先确定：①未来要做什么（目标）；②由谁去做（责任人）；③未来何时做（时间）；④未来如何做（措施）。

年度业务计划的五项内容：业务单位战略规划及经营计划预算前提；主要经营业绩指标及计划；为达到战略目标以及主要经营业绩指标的主要经营举措、时间表、责任人及资源需求；影响经营计划目标完成的主要风险及发生的可能性、影响程度和防范措施；损益、投资、筹资、资金等财务计划。

（2）如何设计合理的预算编制体系

①设计关键预算驱动因素，要找到影响企业经营的关键因素，并把这些因素

落实到相关单位。这些因素如销售数量、销售价格、材料单价、单位定额、单位成本等。

②多维度预算，如销售预算要综合分析图 14-4 所示的因素。

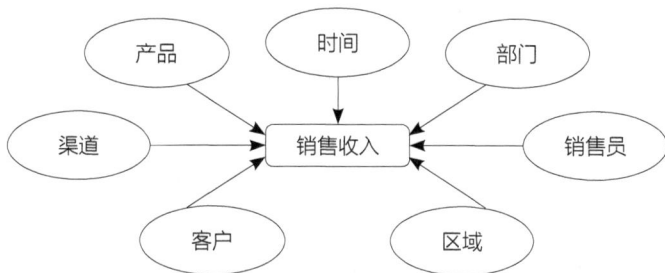

图 14-4　销售预算综合分析的因素

③建立由业务预算、资本预算驱动财务预算的完整模型。

④坚持责、权、利清晰的原则。

⑤考虑会计核算的基础。

⑥对费用预算进行分类管理。

14.2.5　房地产企业年度预算的编制

房地产企业的经营目标主要包括：销售额目标、成本目标（销售成本、费用总额）、利润目标、投资总额、新增土地储备、开发进度目标（新开工面积、竣工面积）、质量目标等。

（1）年度经营目标的确定

第一，企业战略规划。企业战略规划是制定年度经营目标的指导依据。企业战略规划属于长期目标，必须将其细化落实到年度执行，一般按照"制定战略规划—分解年度经营计划—执行与反馈—考核与激励—修订战略规划"这一流程循环滚动。全面预算发挥着连接企业战略规划与战略规划执行的纽带作用。

从企业战略规划出发，年度预算目标不仅包括在建项目，还包括预计新开发项目。企业依据战略规划，确定年度的整体投资、融资，销售收入、成本费用，利润、现金流量、土地储备等目标。

第二，项目整体预算的执行进度。年度预算的销售收入和成本费用指标与开发项目的进度直接相关，因此在确定年度经营目标时，必须依据开发项目的进度确定年度的销售、成本、利润等目标。

（2）年度预算的编制

年度预算编制以项目整体预算为编制基础。年度预算根据项目开发进度将项目整体预算分解到年度，按照年度汇总。

已完成年度预算要用实际替换，并根据项目变化动态调整以后年度预算，以动态反映项目预算执行情况及剩余任务。

以在建、拟建项目为基础，综合平衡确定企业整体投资、融资及销售收入、成本费用、利润、土地储备、质量、安全等年度经营目标。

将确定的年度经营目标在企业各部门、各开发项目中分解落实。企业业务部门依据年度经营目标编制年度销售预算、成本预算、费用预算、筹资预算、资本预算、现金预算等专业预算。

年度预算编制的基本流程如图 14-5 所示。

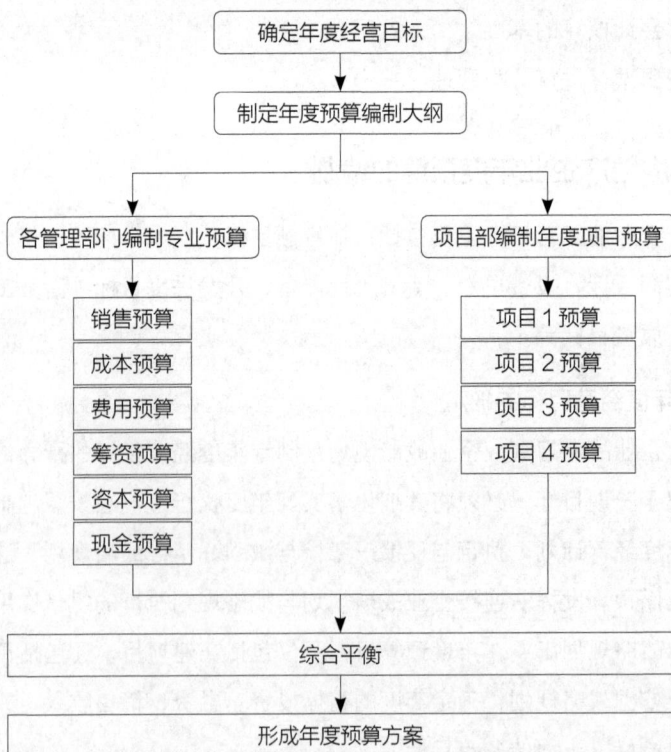

图 14-5　年度预算编制的基本流程

14.3　房地产企业全面预算的执行与控制

房地产行业的特点决定了企业全面预算执行和控制的基本思路：以开发项目的整体预算为主体，以项目开发进度控制为重点，以动态成本控制为核心，以合同管理和现金流量管理为手段。

14.3.1　房地产企业动态成本控制

（1）分解目标成本，落实成本责任

结合市场定价、企业潜力和预期利润，倒挤项目目标成本，并对目标成本加以量化和分类整理，形成各个成本预算指标，进而将其分解落实到各级责任单位和个人；同时明确以成本指标完成情况为考评依据的奖惩制度，使相关责任单位和个人责权利紧密结合。

（2）控制项目的各个设计阶段

运用项目的概算、预算控制项目的初步设计和施工图设计，从源头上控制开发成本。

（3）认证审核施工图设计和施工方案

科学合理的施工图设计和施工方案，能有效地降低工程建设成本。

（4）控制工程变更

工程变更引起工程量的变化和承包商的索赔，会造成建设成本超出预算，因此要控制工程变更。

14.3.2　房地产企业合同管理

第一，以项目目标成本和预算成本指标为依据，对对外合同进行全程管理；项目成本基本以合同性成本为主，在对外合同的起草、评审、签署、变更签证及结算等各个环节都要与目标成本和预算成本进行比较，对出现的偏差，查明原因，及时处理。

第二，运用"合约规划"实行对内的合同管理，将目标成本和预算成本指标落实至具体的责任部门和责任人，分解成预计要签的合同。

"合约规划"可以理解为企业内部签订的成本责任"合同"。以合约规划来指导业务的开展，并根据已发生或将要发生的成本与合约规划的比较进行动态成本控制，能为项目成本预算的执行提供准确的依据，并能进行动态成本预警与控制。

"合约规划"以合同为基础将"成本"与"工作任务及其责任人"建立对应关系，为项目成本预算按时间维度分解和按责任人落实提供基础。

14.3.3　房地产企业现金流量管理

（1）现金收支预算原则

收支两条线原则。所谓收支两条线是指收入一条线，支出一条线，两条线要分开。企业各部门、各单位凡是有现金收入的，现金收入必须回到企业财务部门，任何单位不得截留；企业各部门、各单位凡是有现金支出的，必须按照预算规定的项目、金额、时间，由财务部门划拨支出。

硬预算原则。硬预算强调预算要硬、刚性要强、弹性要小。

企业现金收支必须全部纳入预算范围，预算一旦通过，任何人不得随意修改，即使是总经理也不能随便修改。在预算执行过程中，没有预算不开支，杜绝一切超预算开支的现象。

（2）月度现金支出预算的编制

企业各部门、各单位在制订经营计划和各项工作计划的同时，编制现金支出预算，报企业财务部门。

月度现金支出预算要按标准定额逐项核算编制，关键是细。

14.3.4　房地产企业预算控制原则与内容

（1）预算控制的原则

成本效益原则。预算的执行与控制方法直接影响业务部门及管理部门的运作效率，因此因充分考虑成本效益原则。

重要性原则。预算控制不需要面面俱到，而要抓住重点。

预算控制不相容职务：预算编制与预算审批；预算审批与预算执行；预算执

行与预算考核。

（2）预算控制的内容

预算控制包括预算编制、预算审批、预算下达、预算指标分解和责任落实、预算执行控制、预算分析、预算调整、预算考核八个方面。

房地产企业全面预算事中控制：预算内审批控制，执行正常的简化流程进行控制；超预算控制，执行额外审批流程，根据事先批准的额度分级审核；预算外审批控制，执行复杂的特殊审批流程，报经上一级审批。

房地产企业全面预算事后控制：对于销售、回款、存货等不涉及现金支出的预算，采用由预算责任人定期编制报表的方式进行监控。

案例　某房地产企业全面预算管理

某房地产企业全面预算管理制度

第一章　总则

第一条　企业预算通过合理分配企业人、财、物等战略资源，协助企业实现战略目标，并对战略目标的实施进度和费用支出进行控制。

第二条　企业预算是对企业在一定时期内（一般为 1 年）各项业务活动、财务状况等方面的总体预测。

预算管理通过事先确定的一系列以财务指标为主的目标，实现对过程的控制，并以预算目标为依据对结果进行评价。它是一种具有会计数字管理特性的组织内部控制机制。

第三条　编制依据。

1.国家相关法规政策和方针，国内外经济环境及市场发展趋势。

2.本企业上一年度及历史上实际经营情况和本年度预计的内、外部环境变化情况。

3.本企业预算管理制度等相关规定。

第四条　编制范围。

企业预算的编制范围包括企业所有收、支项目。预算具体划分为经营预算、投资预算和财务预算三大类。

1.经营预算：对企业日常发生的各项基本经营活动做出的预算，具体包括销售预算、生产预算、材料采购预算、直接人工预算、制造费用预算、单位生产成本预算、销售费用预算、管理费用预算和财务费用预算。

2.投资预算：在资本性支出可行性研究的基础上编制的预算，具体反映何时投资、投资多少、资金来源和投资收益等。

3.财务预算：反映预算期内有关现金收支、经营成果和财务状况的预算，具体包括现金流量预算、利润预算、资产负债预算。

年度业务计划的五项内容。

1.业务单位战略规划及第一年目标概述、经营计划及预算前提假设。

2.主要经营业绩指标及计划。

3.为达到战略目标以及主要经营业绩指标的主要经营举措、时间表、责任人及资源需求。

4.影响经营计划目标完成的主要风险及发生的可能性、影响程度和防范措施。

5.损益、投资、筹资、资金等财务计划。

狭义的年度业务计划五项内容包括：品种、产量、销量、销售收入、销售对象（单位或区域）。

第五条　编制原则。

预算的编制要遵循合法性、可行性、客观性、科学性和经济性原则。

第二章　组织机构和权责分配

第六条　企业成立预算管理委员会。预算管理委员会是企业预算管理的最高决策机构，由董事长、总经理、财务总监和部分与预算关联度较大的部门负责人组成。部分与预算关联度较大的部门是财务部、市场部、生产计划部、采购科、办公室、总师办、工程部、质量部。

预算管理的各项具体工作由财务总监负责。

第七条　企业预算管理委员会的主要职责。

1.负责讨论制定、修订企业有关预算管理的制度或办法。

2.讨论决定企业的经营预算、投资预算、财务预算指标。

3.讨论决定企业各部门的预算考核办法及奖惩兑现方案。

4.讨论决定企业各部门的年度预算考核指标的重要调整及考核办法的修订。

5.接受并讨论分析预算执行报告。

第八条　企业各部门在预算管理中的职责。

1.财务部负责企业筹（融）资、自筹资金、营运资金、财务费用、各种税费的预算，以及折旧费、财产保险费、租赁费、审计费、差旅费等相关管理费用的预算。

2.市场部负责企业销售收入、销售费用等相关费用的预算。

3.生产计划部负责企业生产计划、产品原辅料成本、制造费用等相关生产成本费用的预算。

4.生产计划部下属设备科负责母子公司设备更新采购和设备修理费的预算。

5.生产计划部下属仓库负责编制母子公司除原材料以外的各种材料的用量、库存均价与金额计划，交采购科汇总。

6.采购科负责企业材料采购、采购环节运输费等相关费用的预算，其中除原材料以外的各种材料根据仓库提供的计划，按预测的市场价汇总编制采购预算。

7.办公室负责企业人工工资及其相关费用、车辆使用费及其修理费、印刷费、会议费、董事会费、通信费、办公费等相关费用的预算。

8.总师办、工程部负责企业新产品开发项目投资（含项目内设备投资）与研究开发费等相关费用的预算，并由总师办汇总。

9.质量部负责母子公司质量成本预算。

第三章　预算编制

第九条　预算编制方法。

编制预算采用上下结合、综合平衡的办法：（1）自上而下分解目标，明确任务；（2）自下而上层层预算，逐级审核把关、汇总；（3）根据企业预算总目标进行综合平衡。

第十条　预算编制是实施企业全面预算管理的关键环节，编制质量直接影响预算执行结果。预算编制要在预算管理委员会制定的方针指引下进行。

第十一条　主要预算指标制定方法。

1.经营预算：以销售预算为起点，倒推成本、费用预算，并以此编制生产预算、材料预算等各项预算。

2.投资预算：落实企业核定的投资规模、投资项目、投资完成期限。

3.财务预算：根据经营预算、投资预算及其他有关资料，编制现金流量预算、利润预算和资产负债预算。

第十二条　下列预算指标采用零基预算法和弹性预算法相结合的方法编制，即在零基预算的基础上编制弹性预算。

1.销售收入：根据预计销售业务量和销售单价确定预算收入。

2.税金及附加：根据业务量及适用税率编制。

3.原辅料和燃料动力成本：根据生产业务量、预计消耗定额、预计单位成本确定预算成本。

第十三条　年度预算的编制。

1.企业各部门根据下一年度的经营发展目标和对经济形势与发展环境的初步分析，按照预算编制的原则和方法编制本部门和本企业的下一年度初步预算，并按要求上报企业预算管理委员会。

2.财务部配合财务总监编制企业年度预算草案并报企业预算管理委员会。

3.预算管理委员会对年度预算草案进行充分讨论，由财务总监根据会议形成的决定对草案进行修改完善，形成年度预算。

4.依据年度预算，将有关指标横向分解到各子公司、各部门，纵向分解到各季度。经预算管理委员会讨论确认后，由董事长审批签发年度预算。

第四章　预算控制与调整

第十四条　财务部对预算执行情况进行监控，并按季书面汇总预算执行情况报预算管理委员会。预算管理委员会按季讨论确认并做出处理。

第十五条　各子公司、各部门在当季经营过程中如果发生了超预算情况，先用上季结余弥补，结余不足弥补的，超预算金额在10%（含）以内的不予调整；超预算金额10%以上，属于产业环境变化、市场变化、重大意外灾害等特殊原因引起的，报预算管理委员会核实，经董事长批准后调整预算。

第十六条　超预算是指：（1）实际发生的成本费用数超过年度预算数；（2）物料消耗实际数高于年度预算数；（3）产量、产值、销量、销售收入实际数低于年度预算数。

第五章　预算考核与激励

第十七条　考核内容。

1.对企业经营业绩进行考核评价。

2.对预算执行者（各责任单位）进行考核评价。

第十八条　预算考核原则。

1.目标原则：以预算目标为基准，按预算完成情况考核评价预算执行者的业绩。

2.激励原则：考核与激励制度相结合。

3.时效原则：预算考核具有动态性，每期预算执行完毕应立即考核。

4.例外原则：如发生产业环境变化、市场变化、重大意外灾害等，考核时应做特殊情况处理。

5.分级考核原则：根据组织架构分级考核，企业预算管理委员会考核到二、三级机构；三级机构以下由主管部门考核。

第十九条　考核的实施。

1.财务部每季向预算管理委员会汇报预算完成情况。

2.根据考核结果，按季兑现奖惩。

3.根据年度财务决算结果、年终考核结算兑现奖惩。

14.4　全面预算管理存在的问题与对策

房地产企业全面预算管理存在哪些问题？针对这些问题，应采取怎样的对策？

14.4.1　房地产企业全面预算管理存在的问题

房地产企业全面预算管理存在的共性问题包括：预算目标问题、预算编制问题、预算监控与分析问题、预算调整与考核问题。

预算目标问题：缺乏对企业整体战略、发展目标和年度计划的进展状况进行细化的明确手段；缺乏有效的预算目标制定和分解模型；预算目标的制定与企业战略目标不一致。

预算编制问题：往往以年度为单位，缺乏季度和月度预算；以考虑上年完成情况的变动幅度为主，缺乏当年工作计划的支持和与其的连接，导致预算审批部门在审核预算时缺乏有效的依据。

预算监控与分析问题：缺乏明确的预算执行控制流程及有效的监控措施，以事后控制为主，缺乏事中控制，没有建立有效的预警机制；会计核算对预算的支持力度不够，无法直接准确获取预算分析所需要的实际数据，难以实现实时动态分析；预算分析仅限于财务数据对比，缺乏业务部门的参与。

预算调整与考核问题：缺乏预算调整，使得预算由于未能随着市场变化及时调整而失去其应有的指导作用；不断追加预算，且按追加后的预算目标进行考核；对相关影响因素未予以区分并落实相应责任，导致预算刚性不足，对预算的严肃性不够重视；绩效考核与企业预算目标不匹配；预算考核未落实到具体责任中心，使得预算部门缺乏预算控制的意识，易造成总预算超标等情况。

14.4.2　解决房地产企业全面预算管理问题的对策

第一，树立正确的全面预算管理观念。

首先，要强化预算的"法律效力"。房地产企业预算管理要求一切经济活动都围绕企业目标的实现而开展，预算一经确定，企业各部门在房地产开发建设期至销售期的各项活动中都要严格执行，提升预算的控制力和约束力。

其次，要增强全体员工的参与和配合意识，应动员企业全体员工主动参与预算的策划、编制和控制，统一观念和标准，增强全面预算管理的合力。

最后，需要企业领导的支持和重视。实施全面预算管理需要企业领导强有力地推动和反复地宣传，企业领导要全程参与和支持。领导的认同和支持是实施全面预算管理的重要保证。

第二，加强全面预算管理的制度建设。

①完善制度。针对房地产企业全面预算管理中的难题，完善明确责任中心的权责，界定预算目标，预算编制、汇总、复核与审批，预算执行与控制管理，业绩报告及差异分析，预算指标考核等一系列全面预算管理制度。

②制定标准。根据企业管理模式和房地产企业特点以及经验数据分析，建立一套房地产项目开发成本、费用科目体系，做好成本数据积累。同时，在标准执行过程中，不断改进、完善，逐步形成企业自身的成本、费用定额标准。

③加强全面预算管理的基础。原始记录工作、定额工作、计划价格工作、计量工作、标准化工作、信息工作、规章制度制定和员工培训等，是专业管理工作中最基础的部分。加强基础工作，可以有效地提高企业各项经营活动的绩效和整个企业的管理水平，为企业全面预算管理做好铺垫。

④改进全面预算管理工作的方法。

由"自上而下"的方式变更为"上下结合"的方式。笔者建议，房地产企业内部采用"自上而下，自下而上""上下结合"的编制方法，先由企业高管层提出总目标和部门分目标，各部门再根据目标制定预算计划并呈报预算管理委员会。

预算管理委员会审查各部门预算计划，进行沟通和综合平衡，拟订整个组织的预算方案，再反馈给各部门并征求意见。经过自下而上、自上而下的多次反复调整，形成最终预算，经企业最高决策层审批后成为正式预算，再逐级下达各部门执行。

改进房地产企业的预算编制方法。对房地产项目来说，其开发周期为 2 ~ 3 年或更长时间，不确定性因素多，编制的预算不仅反映年度财务状况，而且反映项目综合情况，因此，房地产企业预算编制应做好以下工作。汇总分解工作。首先，对总体构成进行分解，将收入总体与开发的房地产项目类型、面积、拟销售均价挂钩，预测出各项目的销售总价；将土地、前期、基础、建安、配套等成本项目根据工程逐步分解，并对应到相关成本项目中，预测出开发总成本；对新增工程项目，应及时补充、修订成本预算依据。其次，对构成项目按时间分解，将各项目按照工程进度和预计付款方式以及工程总额控制点的要求等，结合项目开发周期进行各个年度、月度的分解，将预算责任落实到各个单位直至各个项目。

⑤加强企业预算的预警管理。

首先，设置预警控制指标和预警级别。针对实际运行结果与预算目标之间的偏差，设置、调整预警控制线，进行实时监控，将监控结果与各部门绩效挂钩。

其次，采取例外管理。对于超预算和预算外的支出项目，不能随意增减，要先分析其产生原因，然后将其变化细化分解，组织成本控制部门、预决算部门、财务部门等进行成本费用测算，分析其对总目标的影响，提出多个认证方案，最后按一定的审批流程选择确定最优方案。

最后，调整预算。预算方案一经批准，一般情况下不得随意调整，当不利于预算执行的重大因素出现后，通过内部挖潜或采取其他措施弥补；在无法弥补的情况下，才能提出预算调整申请。

14.4.3 大数据时代房地产预算管理分析

分析发现，房地产企业的全面预算管理，是提升企业整体战略发展能力、实现资源优化配置、提升企业盈利能力、提升企业抵御风险能力的关键。在大数据技术支持下，房地产企业的全面预算管理得到了全新的优化。

（1）利用大数据技术加强全面预算管理对房地产企业的重要性

首先，提高企业资源利用率。针对房地产企业的全面预算管理，其中很重要的一个功能就是对企业内部资源进行科学合理分配，满足企业各个部门、各个单位的运转需要。通过全面预算管理，企业可以从整体情况出发对资源进行科学分配，从而提高资源的优化配置效率，提高资源利用率。在这个过程中，大数据技术和区块链技术的应用，为企业实现资源的精细化分析、智能化控制和使用提供了基础，因此对进一步促进企业资源的优化配置具有重要作用和意义。

其次，实现资金的快速回笼和周转，有效预防资金链断裂。房地产企业需要大量资金作为支撑，而且在发展过程中资金周转速度很快。此外，房地产企业在经营发展过程中，资金的投入较多，资金的占用时期较长，这种情况下，如果无法及时有效实现资金周转，就会影响到企业的整体运营，威胁企业的健康发展。基于此，房地产企业要想实现稳步增值，就必须做好资金的回笼和周转，确保自身资金流充足。在这个过程中，房地产企业的全面预算管理具有关键性作用，采用科学有效的大数据技术加强全面预算管理，能够确保房地产企业实现资金的快速回笼和周转，有助于预防资金链断裂，为促进企业的健康发展打下基础。

最后，提升企业应对内外部风险的能力。近年来，房地产行业的竞争日益激烈，在这种环境下，企业必须增强自身的抗风险能力，才能在市场中生存。针对房地产企业的全面预算管理，可以通过利用大数据和区块链等先进技术，实现内部资源的优化配置，还可以根据企业发展情况制定相应的管理体系，这有助于增强企业自身的抗风险能力，促进企业实现健康发展。

分析发现，房地产企业面临的风险可以分为两种：一种是外部风险，指的是政府部门针对房地产行业的政策调控和市场形势的不确定性；另一种是内部风险，指的是企业自身经营过程中面临的管控风险，包括资金链断裂、工程质量与安全管控风险等。总之，在企业经营发展过程中，利用大数据技术加强全面预算管理可以帮助企业提升自身抵御各种风险的能力。

（2）大数据对房地产企业财务管理的影响

首先，提高财务数据处理的效率。在大数据时代，房地产企业财务信息的处理效率可以不断得到提高。大数据时代的数据处理技术，可以实现财务系统的智能化，实时进行数据处理。采用大数据技术建立房地产企业财务管理的信息化共享平台，在云端进行数据储藏，使财务人员脱离大量低端、重复性工作，并降低企业人力成本。

其次，为房地产企业风险管理和内控优化提供空间。在房地产企业财务管理当中，风险管理占据着重要的地位。房地产企业面对纷繁复杂、变幻莫测的外部环境以及尚需完善的企业内部环境，迫切需要行之有效的内部控制制度对企业的运营予以支持。而内部控制的主要部分就是风险管理。有效的风险管理，可以使企业更好地适应外部环境变化，降低房地产企业经营风险发生概率。房地产企业风险管理过程中利用大数据及风险指标，通过使用全面准确的数据，利用财务云的智能化处理系统及时分析风险，利用信息化处理系统对风险进行自动评估，智能分析各项资产情况，建立风险分析报告，使企业实现风险的高效管理。

最后，提升现有预算管理水平。实施全面预算管理，可以促进房地产企业更好地发展。当前我国的房地产企业数据处理不够全面、科学和系统，因此数据输出结果就会缺乏真实性。很多房地产企业在预算分析当中，通常都是利用简单的数据处理技术实施简单分析，导致实际分析结果和实际情况存在一定的偏离。在预算控制当中，控制力度有待加大。

利用大数据技术，可以促进房地产企业建立预算管理平台和提升预算管理水平。通过预算管理平台，企业不仅可以获得真实的数据，同时也可以比较预算数据，形成预算管理报告。企业能够利用预算管理报告，及时调节和控制以后期预算，对企业各个部门的工作给予高效的调节和协调，使企业的运行效率不断得到提高。

（3）大数据时代背景下房地产企业财务管理模式的创新性

第一，提升财务管理的大数据发展意识。在大数据时代下，数据海量化和集中化可以促进企业财务管理发展。提升房地产企业财务管理的大数据认识，可以有效地创新企业财务管理方法。一方面企业需要重视财务管理部门和财务人员的积极作用，融合大数据的理念和高效财务处理技术，并在企业财务管理过程中充分利用，使企业财务管理方式更加高效和智能，提供更多的财务数据支持，从而使财务信息的应用意义和价值不断提升。房地产企业全员应树立大数据技术发展观念，这样在日常运营和管理过程中，才可以使财务数据的分析能力和处理能力不断得到提升，更好地应对外界的风险挑战。

第二，创新财务管理模式。在大数据背景下，创新企业财务管理模式，需要协调现有的体制。创新房地产企业现有的财务管理体制，需要注重财务管理系统信息化建设的协调性和持续性。建设信息化体系属于长期性工作，不建议颠覆性创新现有系统，建议在企业现有水平上进行优化。例如，房地产企业可以利用财务云功能，结合企业实际，建立财务共享中心，处理和分析海量的财务数据，输出财务分析报告，在企业经营和决策过程中发挥指导作用。这样不仅可以使企业的信息化水平不断得到提升，同时也可以使企业核心竞争力得到提升，促进企业更好地发展。

第三，加强财务软件升级与安全控制。大数据时代下的数据信息包括各种数字和字母以及简单的代码等，为了在复杂的数据当中提取出有效的信息数据，使房地产企业财务管理工作具备有效的信息，需要全面升级房地产企业的财务管理软件。

一方面需要加强升级数据集的信息处理功能，将代码转换为图片、声音等信息，这样才可以更加方便地集合和提取信息。

另一方面需要开发有关财务数据信息关键词的搜索引擎，使信息数据的有效性得到提高。同时需要规范录入端口管理，从信息的源头开始，实现数据信息的统一化和标准化，这样一来数据信息的利用效率和质量也会得到提升。

另外，需要提高财务信息安全性，构建高安全性的财务网络环境，保障企业数据不被不法分子或病毒侵害。

第四，提高从业管理人员的综合素质。信息化发展速度直接关系到企业财务管理的创新水平。网络经济的高速发展，要求房地产企业培养综合型高素质人才。

财务人员不仅要具备扎实的财务业务基础，还要积极学习和掌握现代化信息技术，在财务工作中学会有效利用大数据技术。当前房地产企业财务数据非常繁杂，再加上电子商务越来越发达，企业财务人员需要实现财务管理知识的信息化和数字化，能够精确地提取数据当中有价值的信息，进行科学分析，及时反馈，并对经营做出必要预测，保障企业运营安全，助力高层决策。

同时，企业需加强对财务人员的专业培训，使之更符合数据时代要求和企业发展需要，以促使房地产企业更高效、更科学、更健康地发展。

近年来，随着互联网技术的迅猛发展，大数据和区块链等技术得以产生并广泛应用，对各行各业的发展产生了深远影响。房地产企业的全面预算管理非常重要。在新的环境下，房地产企业在实施全面预算管理的过程中，有必要充分利用大数据、区块链等先进技术，结合企业自身发展实际，科学合理做好企业的全面预算管理工作。

综上，大数据时代，房地产企业的全面预算管理面临新的挑战。针对目前房地产企业全面预算管理中存在的问题，应有效施策，强化全面预算管理意识，完善全面预算管理体系，合理安排预算时间，健全控制和考核机制，以此构建新常态下房地产企业全面预算管理的新框架，助力实现房地产企业目标。

案例 R 房地产公司做好预算

房地产行业是一个依靠资金和资源进行运作的行业，具有鲜明的行业预算特点，R 房地产公司（以下简称"R 公司"）也不例外。

首先，必须立足于项目公司和公司两个层面设置预算体系。

一般而言，房地产公司在开发一个项目时都会为此设置一个子公司，由该公司对项目进行核算管理，这就是项目公司。房地产企业都是基于项目开展业务的，R 公司也是如此。项目是 R 公司的基石，也是日常管控的主体。因此，R 公司必须在项目公司和公司两个层面上设置预算体系。

其次，预算必须跨年度，覆盖项目的生命周期，体现实际业务运作过程，按照业务环节体现收入、成本与现金流的特点。

房地产开发的周期通常在 2～3 年，而如果遇上一个大型项目，周期则会更长。譬如，R 公司的上海某项目自 2010 年启动，2018 年才全部建成。

因此，与很多行业只需要重点编制年度预算不同，在房地产行业，1 年的年度预算根本满足不了管理决策层的信息要求。通常来说，对销售、开发、融资等方面的预算要求在 3 年左右，而长期战略规划至少在 5 年以上。R 公司有三套预算系统，分别为年度预算、滚动预算和九年规划。

最后，从管理细化的角度，预算要从项目深入最底层的地块，乃至楼栋。

R 公司的预算内容包括指标预算、业务预算、资本预算和财务预算，其中，业务预算是核心。在业务预算中，售楼和回款预算、税金预算、开发成本预算和融资与利息分摊预算是 R 公司的预算编制重点。

我国全面预算管理在企业的全面实施，对建筑施工企业的经营管理产生了重大影响。特别是企业全面预算管理水平，直接关系到企业经营管理、经济效益和未来发展的走向。

15.1　建筑施工企业预算管理概述

建筑工程项目管理包括很多方面的内容，比如建筑质量管理、建筑安全管理、建筑成本管理。全面预算管理对企业的可持续发展、经济效益的提升有十分重要的意义。随着建筑事业的不断发展，在未来的发展过程中应该要加强对建筑施工过程中各种成本的控制，做好预算方案的编制，并且要按照预算方案加强成本管理。

15.1.1　实施预算管理的现实意义

建筑施工企业实施预算管理的现实意义如下。

（1）有利于改善企业内部责任单位的沟通

预算将企业长期战略规划目标具体量化到各责任单位，明确各责任单位详细的经营目标，但分工不同、信息不对称，势必会引起各责任单位的冲突。在预算管理实施过程中，各责任单位必须经过沟通协调，了解彼此的行动计划、需求和相互的影响关系，相互理解，从而达到同一个目标，采取同一种行动。

实施预算管理也能使每个员工清晰地认识自己的努力方向和要完成的任务，使各自的工作内容和奋斗目标都服从于企业未来的总体经营目标。

（2）有利于应对企业经营过程中的风险

在预算编制前，需要对企业内外部环境，以及重大影响事件进行综合分析，这样在抓住、利用机会的同时，也能发现和识别生产经营过程中潜在的风险。对潜在风险发生的可能性和影响程度进行分析和判断，进而采取必要的防范和应对措施，以降低或杜绝风险给企业带来的损失。

（3）有利于投资者对经营层的管控和绩效考核

随着经济体制改革的深入，建筑施工企业出现了多元化的投资者，投资者对企业经营层的管控也从经营结果转移到经营过程，甚至延伸到经营质量。预算管理满足了投资者对经营层实施管理的需要。

同时，预算指标为绩效考核提供了尺度标准，将经营层以及各责任单位的实际完成情况与预算对比，肯定成绩，找出差异，落实奖惩政策，调动积极性和创造性，激励全体员工共同努力，提高企业效益水平。基于这些现实意义，一部分建筑施工企业已经开始实施预算管理，但大多数企业并未从根本上认识到预算管理在企业管理中的重要作用，所以效果自然不明显，不能落到实处，在实施过程中存在这样或那样的问题，导致预算管理要么半途而废，要么流于形式。

15.1.2　实施预算管理存在的问题

建筑施工企业实施预算管理的过程中，主要存在以下问题。

（1）对预算管理的整体认识存在偏差

建筑施工企业人员配备多以工程技术人员为主，更多地注重工程质量和施工安全，专业企管人员很少，对预算管理存在着错误认识：认为预算是在玩数字游戏，计划永远赶不上变化，执行起来不准，存在很大的差异；认为预算是财务行为，应该由财务部门负责编制、执行和控制，预算考核也只是针对财务部门预算管控好坏的考核；认为预算是财务控制资金支出的手段和措施，没有必要建立专门的、完全发挥职能作用的预算管理组织机构；认为预算是衡量企业管理水平高低的标准，而不是提高企业管理水平的手段。

（2）预算编制环节存在的问题

预算编制不以企业战略规划为指导思想。企业不宣传战略规划，编制人员不了解，往往凭感觉制定与企业战略目标完全脱节或相背离的预算目标，或者只重视短期目标，而忽视长期目标，使预算目标不适应企业长远战略发展的需要。

预算编制方法不合理。预算编制往往由企业领导召集部门负责人召开年度预算会议，参照往年的数据确定来年的各项预算指标，没有客观分析企业内外部环境的变化，缺少必要的假设，没有考虑不确定因素对未来的影响，编制过于刚性。

（3）预算执行与控制环节存在的问题

预算执行不严，滥用调整权。预算编制一丝不苟，绝对刚性，但对不按规范执行的行为却视而不见，超预算、无预算的项目照常进行，项目资金相互拆借挪用，使预算失去了应有的权威性和严肃性。更有甚者在预算编制完成后索性将预算直接存放在财务部门，交由财务部门执行。

执行差异不分析反馈、不调整；对预算执行情况不及时进行对比分析，找出差异原因；分析结果不反馈预算管理委员会；不根据内外部环境的重大变化及时调整或修正预算。

（4）预算考核环节存在的问题

预算考核不力，或者完全缺失。预算考核是有效推动预算管理的重要保证，可以促进预算管理的完善和发展，但往往预算考核的部门不明确，内容不具体，标准随意性强，不能形成制度化的预算考核。被考核方过多强调客观因素而故意回避主观因素，而考核方却掺杂着个人感情色彩，导致预算考核失效。预算考核落实不到位，是建筑施工企业预算目标无法很好实现的重要原因。

预算考核没有相配套的奖惩措施。缺乏有效的激励机制，考核是没有实际意义的，预算管理名存实亡。没有奖惩，员工就会带着消极的态度应付预算工作，使预算流于形式，这样不但无法提高企业效益，而且增加了企业管理成本。通过对当前建筑施工企业实施预算管理的现状分析发现，各个环节存在的问题已经严重阻碍了预算管理在建筑施工企业管理中发挥重要的作用，因此有必要针对以上问题采取相应的解决对策。

15.1.3 完善预算管理的对策

建筑施工企业如何完善预算管理?

(1)发挥领导模范带头作用

营造全员参与预算的氛围,建筑施工企业领导层必须重视预算管理工作,在预算管理实施中发挥核心作用和模范带头作用,这样才有可能确保预算管理有效实施。企业领导层通过会议、培训等多种形式进行宣传,让每一名员工都清楚地认识、了解预算管理工具,在企业中营造一个全员参与预算的氛围。预算管理需要全体人员的共同参与,人们只有参与了预算,享受了权利,得到了重视,才有可能接受预算,进而真正有效地推行预算管理工作,完成企业的经营目标。

另外,预算是生产经营活动的预演,涉及各个环节的方方面面,而这些具体工作是由全体员工来承担完成的,他们对生产经营活动过程最为熟悉,对预算目标的确定、执行和控制最有发言权。

(2)加强编制的前期准备,提升预算编制的可操作性

第一,编制预算指南,指导预算。在指南中,明确企业长期发展战略目标、经济发展预测、预算的基本假设、主要经济参考指标、预算管理组织机构及预算单位的确定、预算编制的时间安排等相关内容。明确企业战略规划,据以制定年度经营计划,将战略意识融入预算管理,立足于企业发展的客观目标进行预算编制。

经济发展预测对未来的经营事项和面临的环境进行客观分析和预测,以便准确地设定预算编制的基本假设。企业应成立专门的预算管理组织机构,在董事会下设预算管理委员会,预算管理委员会下设立日常工作机构预算管理办公室,各司其职,发挥各自职能,组织管理预算工作的全过程。

第二,编制预算手册,指导实际操作。在预算手册中,明确预算政策、预算表格、预算表格注释、预算表格的填写方法、项目之间的相互关系以及关键业绩考核指标等。在预算政策中,指出预算编制方法,比如采取零基预算法,要求一律不考虑以往的项目,从零开始。零基预算法一般每隔几年采用一次,避免过去不合理的项目长期保存,避免各单位以用尽预算来保证下年预算额度的现象发生。采用表格形式,将生产经营活动行为进行定量转化,提高预算的准确度。

第三,预算编制培训针对预算编制中的难点和要点,领导牵头组织认真学习

预算管理方面的知识，必要时聘请专业机构进行讲解和培训，在提升专业技能水平的同时，还要重视职业道德素养的提升，因为职业道德素养低是发生虚假预算、用尽预算等行为的根源所在。

（3）加强预算过程控制

建立预算分析和修正制度预算管理是以企业经营活动为控制内容的，预算执行要以过程控制为主，各责任单位应定期召开（一般每季度召开）预算执行情况分析会议，及时发现偏差，查找原因，加以控制。预算是企业的整体"作战方案"，涉及各个相关部门，一旦编制完成，不得随意调整，所有的相关部门都必须严格按照预算计划开展各项工作。因此预算是对所有部门都有约束力的机制。但若属于预算确定时未能预见的政策环境、市场或内部环境发生重大变化，引起生产经营发生较大变化的，可以纳入预算调整范围，由相关责任单位提出具体改进建议和措施，按规定程序和权限提请预算管理委员会审批，评估调整后再以书面形式下发给各责任单位预算。

建立预警机制。在预算执行过程控制中，对超预算、无预算、反常事项建立预警，提高一个级别的审批，将非正常的事项控制在萌芽中，减少企业不必要的损失。为避免年底集中花钱用尽预算现象的出现，规定年度最后三个月每月预算支出不得超过总预算额的10%，超过10%的需要进行特殊的审批程序。

（4）完善预算考核制度，重视考核后续工作

首先，完善预算考核指标。预算考核在内容上应该包括预算执行情况和预算管理情况两部分。预算执行情况的考核，是对各责任单位预算目标的执行效果和执行效率进行考核评价。考核，不断强化预算目标执行，评定责任单位是否完成各阶段的预算目标，以及明确完成目标所耗费的资源、资源的利用效率。预算管理情况的考核，是对各责任单位在预算管理实施各个环节中的管理情况进行考核。在实际操作中，企业往往关注预算执行情况的考核，而对预算管理情况的考核较少关注。

比如，对预算编制前的组织准备，预算编制的及时性、准确性，预算差异分析有无、是否定期，预算调整是否按程序审批等。根据程度不同赋予不同的分值，使考核结果清晰透明、公平公正。

考核指标要求清晰明确、科学合理、客观可控。指标制定应越具有激励意义

越好，越经济越好，以达到扎扎实实的效果为佳。考核指标过高会使边际成本成倍增加，难以完成，挫伤积极性；过低则不利于激发、挖掘潜力。考核要与控制相对应，谁控制相关业务和资源，谁就要被考核，每个管理者对自己的预算负责，明确考核责任，以免出现预算考核中的推诿扯皮现象。

其次，重视预算考核后续工作，建立激励约束机制。为了保证预算管理的效果，充分调动广大员工的积极性，有必要进行物质奖励和非物质奖励，将考核结果与评先评优、个人晋升、工资资金挂钩，让员工感受到不同考核得分的区别，从而促使员工规范工作行为，提高工作热情，朝着既定的目标奋斗。

建立考核者和被考核者之间的沟通面谈机制。沟通面谈是有效考核必不可少的环节，通过沟通，建立合作关系，使考核深入人心，使员工、各责任单位了解考核的依据、对自己有影响的指标、哪些方面还需要提升，从而总结存在的问题，交流经验；同时使员工发表自己的见解和意见，对考核评估结果心服口服，从而改进自我和激励自我，以求共同发展和进步。

总之，预算管理是企业管理体系的重要组成部分，是一项复杂的系统工程，建筑施工企业必须根据自身实际情况，借鉴国内外成功经验，不断完善发展预算管理手段。面对竞争日益激烈的建筑市场，建筑施工企业必须高度重视预算管理在提高企业管控水平、增强企业竞争力中的作用，严格控制企业经营管理过程，进行全流程监督和约束，最终实现企业长远发展战略目标。

案例　某施工公司预算管理

某公司至 2020 年年底尚未实行全面预算管理。由于没有全面预算管理，在日常生产管理中存在很多问题，如不合理的最低价中标、业主故意拖欠工程款以及招投标行为不规范；公司经营粗放，片面追求规模效益，管理水平还停留在一个比较低的层面上；管理机制相对落后，高产值、低效益的特征十分明显、基础管理落后以及公司对生产经营缺乏约束激励机制等。面对激烈的市场竞争，建立全面预算管理体系是提高经营管理水平、提升组织能力、加强财务监督和提高经济效益的重要手段。

因此，自 2021 年起，公司开始实行全面预算管理。

公司应建立健全预算组织体系。预算组织体系应当包括预算审批机构、预算决策机构、预算组织机构、预算编制执行机构以及预算监控机构。股东会为预算审批机构，负责审议批准公司的年度预算方案；董事会为预算决策机构，下设预算管理领导小组，预算管理领导小组负责制定公司年度预算方案；总经理为预算组织机构负责人，下设预算工作小组。

财务部门是企业全面预算管理工作的牵头部门，接受预算工作小组的直接领导，对预算工作小组负责。分公司、各项目部、各部门为预算编制执行机构，财务部门为预算监控机构。

预算管理具体如下。

（1）预算所使用的方法。

本公司年度预算的编制中收入及期间费用应采用增量预算法，成本费用采用固定预算法。对收入及期间费用采用增量预算法主要是基于以下假定：现有的业务活动是公司必需的；公司原有的各项开支都是合理的；增加费用预算是值得的。

对成本费用采用固定预算法是因为在预算期内，施工成本及费用支出是依据《××省建筑和装饰工程综合基价》《××省建筑和装饰工程综合计价综合解释》等相关政府工程造价方面的规定编制的。

（2）预算的流程。

该公司预算流程如图 15-1 所示。

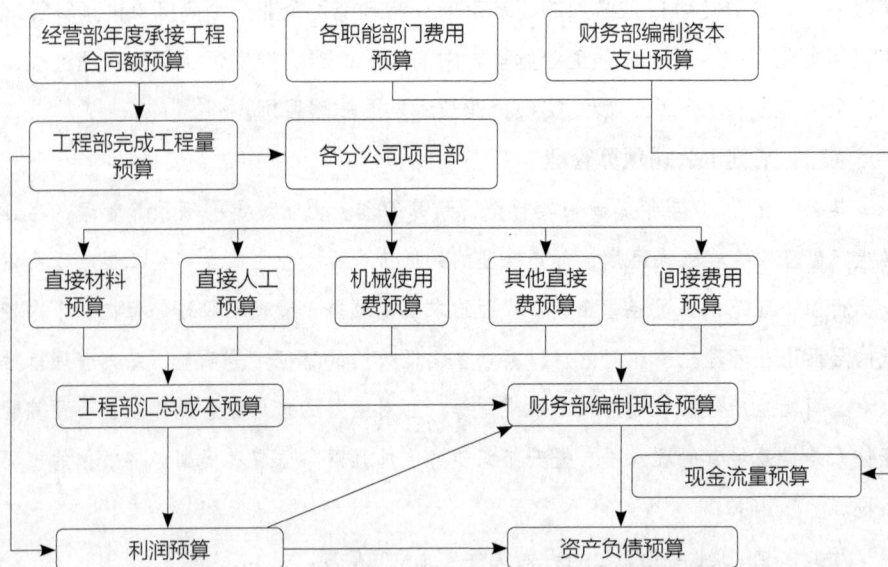

图 15-1 公司预算流程

预算的编制应当采取"上下结合、分级编制、逐级汇总"的程序进行。其顺序如下。

①每会计年度 7 月，企业管理层根据企业战略及跨年度的战略行动计划，提出预算年度的战略目标和企业运作计划。

②每会计年度 8 月，公司财务部将指标分解并下发给各分公司、各项目部，各分公司、各项目部结合自身情况编制预算草案。（各职能部门及各分公司涉及的主要是费用预算，预算编制人员可以根据上年度费用支出情况并结合下年度业务情况编制费用预算草案。项目部是公司最基层的单位，同时也是公司经济效益的源头，因此，项目部的预算编制人员应结合工程项目的实际情况充分预计项目施工过程的成本费用，上报预算草案。）

同时，财务部应在企业战略目标的指导下编制资本支出预算，即投资预算。

③每会计年度 9—10 月，预算工作小组初步协调和汇总各分公司、各项目部预算草案，形成预算草案并报预算管理小组审议。预算管理小组审议后提出修改意见和建议，返回各分公司、各项目部修改。

④每会计年度 11—12 月，各分公司、各项目部对预算草案进行修改后重新上报，预算工作小组召集各分公司、各项目部负责人等协调各级预算，形成最终预算并报预算管理小组审批通过。

⑤通过的预算方案以内部文件的形式下达各分公司、各项目部、各部门执行。结合建筑施工企业的特点，本公司主要应做好收入预算、成本预算和现金流量预算。

（3）预算的执行与监控。

预算一经批复下达，各分公司、各项目部必须认真组织实施，并将预算指标层层分解，从横向和纵向落实到内部各部门、各环节和各岗位，形成"全员参与，全面覆盖，全过程实时控制"的全方位预算责任执行体系。各单位应将预算作为预算期内组织、协调各项经营活动的基本依据，同时，将年度预算细分为季度预算，以分期预算控制的形式确保年度预算目标的实现。

公司的预算管理应遵循"工作计划—预算编制—支付—反馈—工作计划"的管理循环。

工作计划，是一切预算形成的基础。离开工作计划编制出来的预算不是真正的预算，是无法执行的预算。

预算编制。预算编制过程中，财务部将按预算大纲中的协调计划开展预算编制协调工作，而各单位在预算编制过程中也可与财务部随时保持联络与沟通，以便财务部能够掌握充足的信息，随时进行必要的协助。

支付。各单位开支支付除按程序逐步审批外，还需各单位负责人在支付申请单的预算控制栏签字认可。各单位对有关开支予以记录并定期与财务部核对分析。

反馈。预算反馈包括对预算执行情况实行定期分析、报告与考核。财务部每季汇总编制《预算执行情况及成本分析季报》，分析预算及成本的执行情况，揭示发展趋势及重大异常现象，汇总公司生产经营、财务状况的重要信息及各单位的运作状况，报财务部经理、总经理审核批示。每年年终财务部根据预算年度成本执行情况编制《年度预算执行情况分析表》和《预算年度成本与往年同期成本费用对比分析表》，对年度内预算管理工作进行考核，揭示成本控制工作的成绩与不足，并编制《年度预算控制回顾报告》，报财务部经理、总经理审核批示。财务部每季将预算监控报告发送各分公司、项目部，以便各单位掌握预算开支情况，了解各项目的具体执行情况，促使各项目按原计划日期及时完成并办理支付。

各预算部门和预算管理工作办公室分别从业务和财务角度对全面预算的执行情况进行及时、准确记录，为预算执行的信息反馈提供基础资料。公司开支应当执行"没有预算不能支付"这一原则，同时使用预算系统的实时监控，保证公司业务按计划开展，促进公司目标顺利实现。

（4）预算的考核评估。

建立严格的预算控制体系，实施有效的过程控制。各分公司、各项目部负责人是预算管理的直接责任人。

激励机制是公司全面预算管理不可缺少的一个重要内容。只有通过对预算执行情况进行科学合理的考核、分析与评价，并实施奖惩分明的激励，才能确保公司全面预算管理落到实处。因此提出建议如下。

第一，建立科学合理的考评制度。在公司原有的年终考核制度基础上，对预算执行情况进行考核、分析与评价。参照行业标准指标值，制定适合公司的标准考核指标，对全面预算管理的各个环节进行考核，分析实际值与预算值的差异，并对差异进行分解和细化，挖掘差异产生的根源，从而对预算执行情况做出评价，并提出相应的改进方案。预算的考评应按季和年进行。

第二，建立预算执行情况奖惩制度。奖惩制度是预算激励机制的具体表现。首先要建立奖惩标准；其次对考评结果进行奖惩兑现，尤其要对预算执行差的部门或个人进行一定的经济或职务惩罚。

15.2　建筑施工企业经营预算管理

建筑施工企业经营预算管理，是指企业以战略目标为导向，通过对未来一定期间内的经营活动和相应的财务结果进行全面预测和筹划，科学、合理配置企业各项财务和非财务资源，并对执行过程进行监督和分析，对执行结果进行评价和反馈，指导经营活动改善和调整，进而推动实现企业战略目标的经营管理活动。

15.2.1　建筑施工企业经营预算管理体系搭建

建筑施工企业经营预算管理以战略目标为导向，以指导目标为依据，以业务预算为基础，以经营创效为目标，以资源获取和资源的有效利用为保障，以考核激励为手段，实行全面预算管理。

经营预算目标的制定要依托企业战略，先有企业战略，再有经营预算目标。指导性目标是企业战略目标阶段性的分解，是编制年度预算指标的依据。预算目标是战略目标和指导性目标的细化，是保证企业战略意图得以实现的有效手段和工具。

建筑施工企业经营预算管理体系组织架构如下。

（1）决策层

决策层为股东大会，成员是各位股东，职能是审议通过企业战略目标及长远规划、审议通过企业发展预算、对预算调整做出决议、听取全年预算执行情况的报告、对影响企业战略目标的重大事项做出决策。

（2）制定层

制定层为董事会，成员是董事会成员、预算办公室，职能为分析企业外部环境及内部条件、制定企业年度预算报股东会通过、对预算执行情况进行跟踪评价、提出企业预算调整的建议。

（3）执行层

执行层为总经理、各级管理人员。其职能是具体组织全年预算执行工作；负责预算日常事务的协调管理；将预算指标具体落实到经营及管理工作中；进行信息反馈，为预算的编制及调整提供依据。

15.2.2 经营预算编制流程

从本年 10 月到下年 1 月中旬，为预算编制时期。

企业应根据"由上而下、由下而上、三上三下、综合平衡、逐步修订"的原则，以战略目标为导向，以指导性目标为依据，参照历史数据，开展预算调研，进行双向沟通，并按组织体系进行责任分工，开展预算编制工作。预算编制工作阶段和内容如表 15-1 所示。

表 15-1　预算编制工作阶段和内容

阶段	工作内容
预算调研	根据企业战略目标，对预算编制年度企业外部环境、宏观市场形势、企业综合能力进行分析 对上年已完成预算指标汇总分析，了解上年全年预算完成情况 与业务管理部门沟通，听取下年预算指标编制意见 撰写预算编制提纲
预算制定（三上三下）	召开布置会，下发预算编制提纲 各单位根据布置会要求及预算提纲，编写第一轮企业预算指标（草案） 对第一轮预算指标（草案）进行修订，并返还各单位 各单位对返回的预算指标进行修订，编写第二轮企业预算指标（草案） 对第二轮预算指标（预算）进行修订，并返还各单位 向董事会报告预算编制情况，董事会提出修订意见 各单位对返回的预算指标进行修订，编写第三轮企业预算指标（预算） 按董事会修订意见，结合企业年度计划指标，对第三轮预算指标（预算）进行修订，形成总预算（草案）
预算审议	总预算（草案）报董事会讨论、修正、确定 报股东会审议并发布企业预算文件 各单位根据企业预算文件编制并发布本单位预算

案例　昆明经投集团全面预算流程

第一步（2020 年 11 月 20 日前完成）。

各部门及子公司报送预算申报资料。财务部初审后进行汇总平衡形成初步方案，拿出初审意见。

第二步（2020 年 11 月 30 日前完成）。

组织预算编制相关人员开会讨论，各部门、各子公司反馈沟通意见，财务部进一步整理、汇总后，形成详细的预算报告并报集团班子成员审议。

第三步（2020 年 12 月 10 日前完成）。

各部门及子公司根据预算讨论会反馈意见，修改预算申报资料，财务部审核后进行汇总平衡形成第二稿方案。

第四步（2020 年 12 月 21 日前完成）。

组织预算编制相关人员开会讨论，各部门、各子公司反馈沟通意见，财务部进一步整理、汇总后，形成详细的预算报告。

第五步（2020 年 12 月 31 日前完成）。

2021 年度全面预算报告在报总经理办公会审定后再上报董事会审议，通过后下达。

建筑施工企业经营预算的编制，要发挥领导模范带头作用，营造全员参与预算的氛围。

建筑施工企业领导层必须重视预算管理工作，在预算管理实施中发挥核心作用和模范带头作用，这样才有可能确保预算管理有效实施。

经营预算编制流程如下。

（1）下达目标（自上而下）：董事会（预算管理委员会）下达任务给各部门。

（2）编制预算（自下而上）：各部门参与预算草案的编制。

（3）审查平衡（自上而下）。

（4）审议批准。

（5）下达执行。

15.2.3　经营预算范围与内容

建筑施工企业经营预算范围与内容包括以下几个方面：建筑工程费；安装工程费；设备购置费；工具、器具购置费；其他工程和费用，如单位工程预算（由直接费、间接费、计划利润构成，设备及安装工程的单位工程预算还包括设备及其备件的购置费）。

（1）营业收入

建筑施工企业的营业收入包括以下几个方面。

第一，建筑工程服务收入。上年未完工的建筑工程项目在预算年度取得的建筑服务收入；已中标且在预算年度开工的建筑工程项目的建筑服务收入；计划在预算年度投标、中标并开工的建筑工程项目的建筑服务收入。

第二，安装工程服务收入。上年未完工的安装工程项目在预算年度取得的安装服务收入；已中标且在预算年度开工的安装工程项目的安装服务收入；计划在预算年度投标、中标并开工的安装工程项目的安装服务收入。

第三，其他收入。其他收入包括已完工程项目的多余材料销售收入、积压的存货销售收入、残值回收收入等。

（2）销售费用

建筑施工企业销售费用包括应由企业负担的运输费、装卸费、包装费、保险费、委托代销手续费、广告费、展览费、租赁费（不含融资租赁费）和销售服务费，专设销售机构的职工薪酬、办公费、折旧费、固定资产的修理费、物料消耗、低值易耗品摊销以及其他经费。

（3）财务费用

建筑施工企业财务费用包括企业生产经营期间发生的利息支出（减利息收入）、汇兑净损失、调剂外汇手续费，金融机构手续费，企业发生的现金折扣或收到的现金折扣及筹资发生的其他财务费用等。

15.3 建筑施工企业预算编制流程

企业经营目标通过全面预算得以固化与量化，预算的执行与企业经营目标的实现同步进行，预算的有效监控确保企业经营目标最大化。采用一系列流程确定企业的经营收入，有助于配合财政控制，也使企业收支在可控的平衡范围内。同时，预算控制可以发现潜在的风险，将这一情况及时向企业经营管理者反馈，以便采取相应的防范措施，化解潜在的风险。

15.3.1　建筑工程预算的编制

建筑工程预算的编制是一项坚苦细致的工作，它需要我们专业工作者有过硬的基本功，良好的职业道德，实事求是的作风，勤勤恳恳、任劳任怨的精神。它需要专业工作者在充分熟悉掌握定额的内涵、工作程序、子目包括的内容、建筑工程量计算规则及尺度的同时，深入建筑工程一线，从头做起（可行性研究、初步设计、施工图设计、工程施工），收集资料，积累知识，着手编制。

建筑工程预算编制有两种方法：第一种是单价法，第二种是实物量法。

不管用哪种方法都需要依循预算编制程序及步骤。

第一，做好准备工作，广泛搜集、准备各种资料，包括建筑工程勘察地质报告、地形测量图、建筑施工设计图纸及说明、各类标准图集，并勘查现场、调查建筑施工环境、拟定建筑施工组织设计，做好建筑施工方案研究，走访定额管理部门，收集现行建筑安装工程预算定额、取费标准、统一的建筑工程量计算规则和地区材料预算价格，确定编制方法。

第二，熟悉建筑施工图纸，计算建筑工程量及套用定额单价。在计算建筑工程量之前，必须充分熟定额总说明、册说明、章说明及子目附注，学习定额问题解答，了解定额子目分项布局，熟练掌握并运用工程量计算规则。在此基础上认真阅读图纸，尤其是总平面布置图，了解工程全貌，做到"心中一盘棋"。在研究建筑专业图纸过程中，应随时了解设计人员意图及图纸表达内容，对建筑施工前已发生的设计变更也应做到心中有数。只有这样，才能准确做出预算编制分项和计算出相应建筑工程量，合理地套用单价，防止出现漏计、重计、错套等错误。与此同时，预算人员在提升自身工作能力外，还应深入现场，了解施工工序，关注市场价格信息，了解建筑新技术、新工艺、新材料、新设备，增长设计知识，避免出现重大疏漏。

第三，计算其他各项费用和利税并汇总。当前，计算机的应用较为普及，计算机在合并汇总计算工作中起了很大的作用，它在减轻预算人员工作量的同时也减少了人为计算的错误。在计算机操作过程中，应努力提高原始数据输入的准确性。例如：求和公式范围的输入，不慎漏计一个或几个分项的情况是常有发生的。取费标准，在工程结算时已经明确，但在预算编制期间施工单位尚未确定。选择取费标准，应既保障国家及建设单位利益的同时又维护施工企业的合法权益，这要求我们从实际出发，了解工程项目对施工队伍的吸引力或参加工程竞标队伍的实力，通过认识工程项目的重要程度，争取做到公正、合理计费。

15.3.2 安装工程费预算的编制

安装工程费预算编制程序和方法与建筑工程预算的编制程序和方法基本相同，简述如下。

（1）充分熟悉图纸，掌握施工方法，了解施工现场。

（2）按照工程量计算规则的有关规定计算工程量。

（3）套用定额预算基价，计算直接费用。

（4）计算各项费用及总造价。

（5）写编制说明。

（6）装订成册。

15.3.3 设备费预算的编制

设备费是指在项目实施过程中购置或试制专用仪器设备，对现有仪器设备进行升级改造，以及租赁外单位仪器设备而发生的费用。

设备费包括以下三种费用。

设备试制费是现有仪器设备无法满足项目检测、实验、验证或示范等研究任务需要而试制专用仪器设备发生的费用，一般由零部件、材料等成本，以及零部件加工、设备安装调试、燃料动力等费用构成。

设备改造费是指因项目任务目标需要，对现有设备进行局部改造以改善、提升性能，及项目实施过程中相关设备发生损坏需维修而发生的费用，一般由零部件、材料等成本和安装调试等费用构成。

设备租赁费是指项目研究过程中需要租用承担单位以外单位的设备而发生的费用。设备租赁费主要包括设备的租金、安装调试费、维修保养费及其他相关费用等。

注意：根据重点研发计划预算编制要求，设备购置费和试制费需要单独列表说明，设备改造费和租赁费在预算说明中列出即可。

设备购置的要点如下。

（1）容易被误认为"通用或办公设备"的设备购置

编制预算时应注意说明以下内容。

一是说明设备专业性。说明购买设备与项目研究的相关性，最好说明购买设备性能或参数与一般通用设备有所区别，是为所申请项目研究专门购置的。

二是说明承担单位确实不具备基础条件。新成立不久、跨领域研究、基层科研协作单位等原因都可以如实反馈，说明承担单位不具备申请购买的设备，因为项目研究确实要购买。

（2）进口设备购置

项目研究确实需要购置进口设备的，应强调说明已经优先考虑选择国产设备，但国产设备无法支撑研究；建议给出进口设备和国内设备性能参数的对比以及研究任务的需求情况说明。

（3）大型设备购置

50 万元以上的设备，支持共享或者租赁，本着节约、充分利用原则，尽量减少大型设备的购置。

10 万元以上的设备，需提供三家报价作为预算支撑依据。

若购置或试制设备为单一来源采购，需在预算中予以说明，解释原因，并提供相关支撑依据。

15.4　其他工程和费用预算的编制

其他工程和费用预算包括以下两个方面。

15.4.1　工程建设其他费用

工程建设其他费用包括土地、青苗等补偿费和安置补助费、建设单位管理费、研究试验费、生产职工培训费、办公和生活家具购置费、联合试运转费、勘察设计费、供电贴费、施工机构迁移费、矿山巷道维修费、引进技术和进口设备项目的其他费用等。

工程建设其他费用是根据有关规定应在基本建设投资中支付的，并列入建设项目总概预算或单项工程综合概预算的，除安装工程费和设备及工具、器具购置费以外的费用。

15.4.2 工程管理费

工程管理费包括以下内容。

（1）管理人员工资：管理人员的基本工资、工资性补贴、辅助工资、职工福利费、劳动保护费等。

（2）办公费：企业管理办公用的文具、纸张、账表、印刷、邮电、通信、书报、会议、水电、燃气、集体取暖（包括现场临时宿舍取暖）、防暑降温、卫生保洁等费用。

（3）差旅交通费：职工因公出差、调动工作的差旅费、住勤补助费，市内交通费和误餐补助费，职工探亲路费，劳动力招募费，职工离退休、退职一次性路费，工伤人员就医路费，工地转移费，以及管理部门使用的交通工具燃料费、养路费等。

（4）固定资产使用费：管理和试验部门及附属生产单位使用的属于固定资产的房屋、设备仪器等的折旧、大修、维修或租赁费。

（5）工具、用具使用费：管理机构和人员使用的不属于固定资产的生产工具、器具、家具、交通工具和检验、试验、测绘、消防用具等的购置、维修和摊销费。

（6）劳动补贴费：企业支付离退休职工的易地安家补助费、职工退职金，六个月以上的病假人员工资，职工死亡丧葬补助费、抚恤费，按规定支付给离休干部的各项经费。

（7）工会经费：根据国家行政主管部门有关规定，企业按职工工资总额计提的经费。

（8）职工教育经费：为保证职工学习先进技术和提高文化水平，根据国家行政主管部门有关规定，企业按照职工工资总额计提的费用。

（9）财产保险费：施工管理用财产、车辆的保险费用。

（10）劳动安全卫生检测费：按照国家劳动安全管理规定，企业接受劳动安全管理部门对企业进行安全资格认定、特种设备安全检测、劳动卫生检测、劳动安全培训考核所发生的费用。

（11）财务费：企业为筹集资金而发生的各种费用。

（12）税金：企业按规定缴纳的房产税、土地使用税、印花税和车船税等。

（13）其他：工程排污费，建筑工程定点复测、工程点交、场地清理费，检验、试验费，技术转让费，技术开发费，业务招待费，绿化费，广告费，公证费，法律顾问费，咨询费等。

15.5　建筑施工企业资金预算管理

对于建筑施工企业而言，全面预算以实现企业经济效益为目的，以工程承接预测为起点，对施工、工程成本和货币资金收支等进行预测，进而编制预测财务表，反映企业未来某一段时间的财务情况和经营成果。

其中资金预算，特别是现金流量预算是最重要的部分之一。因为在项目管理活动中，资金始终是一项值得高度重视的内容，资金管理历来是项目管理的核心内容。

建筑施工企业很多项目的资金管理，存在明显的漏洞或缺陷，典型的如：管理模式不清晰、管理手段落后及管理效率低下，监控不力，缺乏事前、事中的严格监控等。

这就需要建立完善的全面预算管理体系，特别是需要强化资金预算管理，通过推行全面预算管理，建立和完善预算编制、审批、监督、考核的全面预算控制体系。资金预算范围需要由单一的项目资金收支计划扩大到整个项目各个层面，预算主体扩大到项目内部各个成本单元。

15.5.1　资金预算管理流程

建筑施工企业集团的资金预算管理，要形成覆盖集团、工程公司、项目公司或项目部以及部门和成本责任中心等的完整组织架构，形成从资金预算编制、汇总、上报、平衡，到执行、控制、查询、分析等多种功能的体系，并与全面预算中的收入和成本保持一致性。

资金预算管理流程如图 15-2 所示。

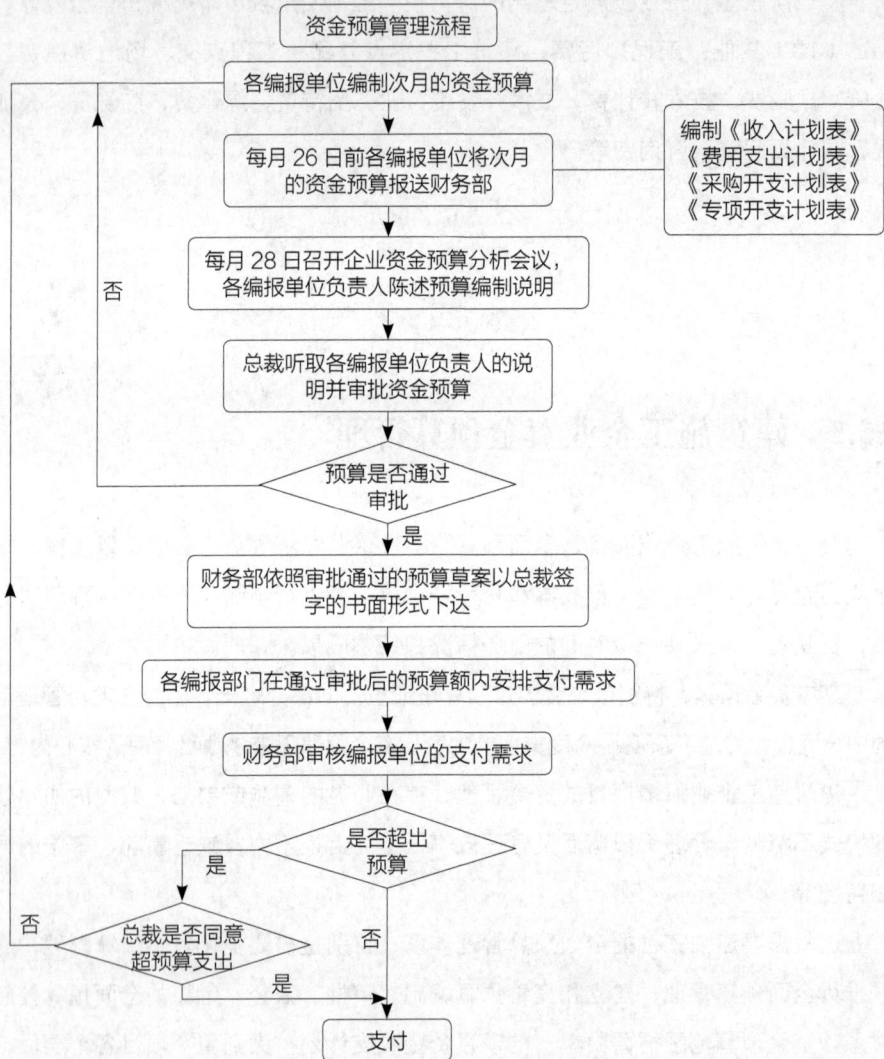

图 15-2 资金预算管理流程

预算编制可以采取逐级编报、逐级审核、综合平衡和统一管理的方式，预算一经确定，即成为项目内部生产活动的依据，不得随意更改。针对预算单位的特点，资金预算管理应遵循以下程序。

第一，自下而上逐级编制资金预算计划，可以按照项目存续期的自然期间（年、季、月等）进行编制，编制以项目为主要维度，结合合同、采购、投资以及往来等要素。

第二，自上而下设定逐级审批流程，经综合平衡后确定整个项目资金预算。

第三，执行严格的预算调整程序。原则上，各级预算一经确定，不得更改，如因特殊情况需调整的，应遵循严格的审批制度，并在下个期间核定预算中扣回，保证对各个预算单位公平合理。

第四，实行严格的监督考核制度，对制定虚假预算套用资金、不按预算使用资金的单位要进行处罚，对预算执行得好的单位要进行奖励。

15.5.2　资金预算范围与内容

建筑施工企业资金预算范围与内容包括：内销收入；劳务收入；退税收入；其他收入；薪资支出；购买材料支出；购买设备支出；分包工程款支出；工程费用支出；销售费用支出；管理费用支出；财务费用支出；其他支出。

15.6　资金预算编制

资金预算是根据经营预算、资本性支出预算权责发生制口径对年度预算期间相应资金流入、流出情况进行的预测。资金预算是预算期间资金计划的基础。

此类预算包括资金计划编制控制、应收应付预算、应交税费预算、筹资预算、还款明细预算、资金收支汇总等内容。

15.6.1　资金预算具体编报方法

资金预算类表单由成本管理与结算中心编制，具体编报方法如下。

（1）成本管理与结算中心分析历史年度资金变动情况，并预测资金存量余额，确定收入回款周期、供应商信用周期是否调整，银行利率变化、还款时间调整等，为编制相关资金预算做准备。

（2）在安排资金时要遵循分红支出、技改、还款配置顺序和规则，资金计划编制控制要符合企业资金管理规定和控制目标。

其中，股东分红，要满足上级单位股东分红规定；技改投入，要符合企业技改管理规定，合理确定技改项目投入的比例，有效控制费用支出，提高设备的健康水平，保证设备的安全经济运行，实现效益最大化。

对于负债，要从企业实际生产经营能力出发，进行可行性分析，确定最优负债水平，保证偿债期间现金流量能按时还本付息，债务到期偿还的期限应尽量分散；确定合理的无息负债规模，避免无息负债规模过度膨胀，避免信用风险的累积影响企业自身发展。

对于筹资，要根据企业对资金的需要、企业实际条件确定筹资最高额度及最低额度，以及筹资的难易程度和成本情况，量力而行来确定企业合理的筹资规模，合理设计筹资方式及筹资渠道，适度筹资，控制筹资风险。

对于流动资金占用额度，要根据企业生产经营状况，在流动资金最高与最低占用额度范围内，合理测定企业流动资金占用额，并以此为基础，确定不同时期流动资金贷款的合理需求额，以提高资金使用效率。

（3）应收应付预算为应收应付款项的存量、增减、余额预算，为资金收支汇总提供数据，编报方法如下。

成本管理与结算中心根据业务部门的主营业务收入预算、材料采购预算等业务预算，预测应收账款、应收票据的增加额；根据配套厂、其他客户的合同或协议的付款时间约定，填报应收账款、应收票据的减少额。

参考与供应商确定的付款信用期，以业务部门预测的材料采购预算、物资采购预算等内容，填报应付账款、应付票据的减少额。对于长期应收 / 应付款项、其他应收 / 应付款项等，根据预算年度本企业预算安排进行填报。

（4）应交税费预算提供应交税费的期初余额、本期发生额、本期缴纳额和期末余额信息，其中增值税销项税额链接自根据主营业务收入计算的销项税额。

（5）筹资预算是根据预算年度资金的缺口，进行资金筹措安排的预算，它为资金收支汇总、财务费用提供数据支持。

筹资预算由成本管理与结算中心根据借款合同、当年经营预算、资本性支出预算填报情况确定的资金缺口、筹资方案编制。

（6）还款明细预算是企业对预算年度金融机构偿还款项的预算。成本管理与结算中心根据本企业筹资结构、金额、期限、已还款累计本金，按照借款协议预测预算期间本金偿还、利息偿还数额。本年预算合计总额应与筹资预算表中本年预算减少合计总额保持一致。

（7）资金收支汇总主要以收付实现制反映预算年度资金流入、流出情况。资金收支汇总直接根据业务部门编制的预算表单，通过应收应付的减少，对资金流动进行预测，是形成现金流量表的基础。"筹资活动资金收入"链接自筹资预算中相应筹资明细额，"筹资性资金支出"来自还款明细预算。

"购建固定资产、无形资产和其他长期资产支付的现金"取自业务部门对基建、技改项目、固定资产和无形资产的资金支付预算。税费返还、税费资金支出数据来自应交税费预算。

资金收支汇总中不能链接生成的项目，需要根据业务部门填报的权责发生制相关预算项目，扣除已在资金收支表中反映的项目后，对预算期间的资金流入、流出情况进行预测填报。

（8）成本管理与结算中心填列完成资金预算，提交全面预算管理办公室平衡后，提交预算管理委员会审批。

15.6.2　项目资金管理工具化

建筑施工企业应该制定一整套资金管理方案及操作手册，明确规定各个环节的时间、流程、负责人等；应借助互联网工具，建立动态预测模型，针对不同项目，模拟优化，动态监管。互联网工具逐渐普及有利于节约人力成本，大大提高工作效率。此外，建筑施工企业还要做到预算审批过程公开透明，实现数据共享、资源共享。

对建筑施工企业而言，项目可持续发展离不开高效的资金管理，只有建立有效的资金管理制度和科学的考核机制才能提高资金管理水平。建筑施工企业要及时转变思维，采取行动，在建筑行业的变革浪潮冲击中打造一副坚实的盔甲。